Convém Sonhar

Miriam Leitão

Convém Sonhar

Organizado por
Débora Thomé

EDITORA RECORD
RIO DE JANEIRO • SÃO PAULO
2010

CIP-Brasil. Catalogação-na-fonte
Sindicato Nacional dos Editores de Livros, RJ

L549c Leitão, Miriam
Convém Sonhar / Miriam Leitão; organizado por Débora Thomé. - Rio de Janeiro: Record, 2010.

Crônicas publicadas em jornais
ISBN 978-85-01-08870-3

1. Brasil – Condições econômicas. 2. Brasil – Condições sociais. 3. Brasil – Política e governo. 4. Crônica brasileira. I. Thomé, Débora. II. Título.

10-2410.   CDD: 869.98
                                          CDU: 821.134.3(81(-3

Copyright © Miriam Leitão, 2010.

Organização: Débora Thomé
Projeto gráfico de capa: Rodrigo Abranches (FleshBeck)
Composição de miolo: Abreu's System

EDITORA AFILIADA

Direitos exclusivos desta edição reservados pela
EDITORA RECORD LTDA.
Rua Argentina 171 – 20921-380 Rio de Janeiro, RJ – Tel.: 2585-2000

Impresso no Brasil

ISBN 978-85-01-08870-3

Seja um leitor preferencial Record.
Cadastre-se e receba informações sobre
nossos lançamentos e nossas promoções.
Atendimento e venda direta ao leitor
mdireto@record.com.br ou (21) 2585-2002

*Mariana e Uriel, meus pais,
me ensinaram a trabalhar e sonhar.
A eles, este livro e minha saudade.*

Sumário

Qual é o tema?   13

Profissão: repórter

O jornalismo   21

Repórteres de um tempo louco   25

Atores e papéis   28

Adeus, Lênin   31

Jornal de amanhã   35

A notícia vive   38

Flagrantes da vida do Real

Os caras fizeram tudo direitinho   43

Brasil Velho, Brasil Novo   47

Por quem toca a sirene de Tatuapé   52

Papel do consumidor   57

Única solução   59

Confusão telefônica   61

Fundos polêmicos   66

O voto econômico   70

Crise existencial   73

Balanço FHC I   76

No fundo, no fundo   80

A vitória do grampo   83

Pedras no caminho	86
Só o Brasil salva o Brasil	89
Escalada fiscal	93
Tempo do medo	96
Em resumo	99
O processo	103
A Vale e o óbvio	107
Volta ao passado	111
O risco é nosso	115
Depois da travessia	119
Memória dos dados	123
Tudo é tão desigual	127
Retrato do consumo	130
Vida que segue	133
Para que serve?	136
Ainda anormal	139
Polêmicas agências	142
O risco do dano	146
Voltas do mundo	149
A reforma da vez	153
Lições do acerto	157
Herói e vilão	161
Dinheiro dos outros	164
Só a bailarina	167
Dois mundos	171
Desde aquele dia	175
Crise sem fim	178
Estado vivo	181
Lei das Crises	184
Zorra total	188
Crime impune	191

Sentimento de país

Sentimento de país	197
Namorando o olho do furacão	201
O mal absoluto	204
Erro nas reparações	208
Senhor juiz	212
Elos da cadeia	216
País hipotético	220
O inexplicável	223
Mãe das batalhas	226
Senhores usineiros	229
Os jovens	232
Medo da rotina	236

Mundo, vasto mundo.

Breve história	241
Uma vez, em Paris	245
No Miraflores	249
Aos onze do nove	253
Crise de valores	257
Bela senhora	261
Verso e reverso	265
O sim e o não	269
Adeus, Bush	272
Era Obama	275
A escolha é nossa	278

Histórias da política

O jogo da franqueza	283
Amor avesso	286
Um dia com Covas	290
Os sem-grupo	294
Festa do direito	298

Vitória do Brasil	301
Ser esquerda é...	305
O Inca é alerta	309
Pensar e falar	313
O desencanto	317
Inaceitável	321
Vingança do invisível	325
O tempo do avesso	329
Tudo, menos nada	333
Marco supremo	337
Terra alheia	341
Terreno fino	345
Bolsas e famílias	349

Democracia partida

Mundos paralelos	355
Além da nossa dor	359
Derrubar fronteiras	362
Meu Rio	365
Aviso da tragédia	369

Preto no branco

Brasil, abre a cortina do passado	375
Escolher o negro	381
Viva o debate	384
Rosa de Alabama	387
Teses e truques	391
Ora, direis!	394
O tom da cor	397
A voz dos senhores	400

Terra nossa

O Rei da Mata Atlântica	407

Você decide	411
Começo do futuro	415
É um lixo só	419
Terra nossa	423
O velho e o bispo	426
Grandes tarefas	429
O velho e o novo	433
Como se desmata	437
Os rios voam	441
Como voam os rios	445
Futuro incerto	448
Visita das águas	452

Das mulheres

Nada de menos	457
Desonrada	461
Histórias de mulher	465
Cortina aberta	469

O senhor tolere

Elas carregam trens	475
Tão bonita manhã	479
O senhor tolere	483
O mestre da música	487
Papéis de Machado	491
Às Marianas	495
Convém sonhar	499

Qual é o tema?

Haverá um país, talvez a Suíça, onde falte tema a um colunista. Mas esse país, definitivamente, não é o Brasil.

Ter uma coluna diária é um exercício inigualável de disciplina. Um desafio que, a princípio, assusta. A vida tem inesperados; o humor oscila; emergências acontecem. Mas a coluna tem seu prazo inegociável. É também um extraordinário privilégio: um espaço diário reservado para análises, notas, notícias, debates, reflexões.

Escrevo coluna desde 1986, com apenas um breve intervalo. Comecei no *Jornal do Brasil* e, na época, recebi do professor Mário Henrique Simonsen um conselho:

— Faça estoque regulador, nem todo dia haverá notícia.

No *Globo*, estreei em 1991 e nele firmei minha carreira de colunista. Inicialmente, era uma coluna de notas; depois evoluiu para um texto corrido. Foi devagar. A primeira nota foi crescendo até ocupar o espaço todo. Fui amadurecendo no meio desse longo caminho. Nunca quis fazer coletânea. Algumas vezes, tentei organizar; depois achava que o material de jornal devia ficar nos arquivos, pois são instantâneos, retratos de um momento apenas. Recebi pedidos de leitores para que publicasse algumas em livros e a todos os que me solicitaram isso, agradeço o carinho. Ainda hoje me acanho, pensando se vai ser mesmo de alguma valia para o leitor ver retratos antigos; flagrantes de tempos passados.

16 Miriam Leitão

Sou colunista de economia, mas avanço por necessidade — ou atrevimento — em outras áreas, por isso o livro foi dividido em assuntos. Há espaço para jornalismo, economia, política, questões sociais, ambientais. Há algumas crônicas, relatos de viagens que fiz, como a ida ao Parque Grande Sertão Veredas, contada na coluna "O senhor tolere". Há histórias minhas, quando considerei que elas traziam algum valor universal, como a que dá título a este livro: "Convém sonhar."

A ideia de organizar assim, e com uma pequena frase, extraída de alguma coluna, indicando o tema, é da jornalista Débora Thomé. Ela brigou para que o livro fosse publicado. Teve um trabalho insano de pesquisa, afinal escrevi milhares de colunas. Fez várias versões, entregava-as prontas em minha mão, e eu fugia. Ela não desistia e trazia nova versão atualizada. Insistiu até vencer; nunca saberei como agradecê-la.

Tive, ao longo dos 19 anos de coluna no *Globo*, vários assistentes, aos quais agradeço o esforço para corrigir meus erros e me ajudar na apuração. O sucesso profissional deles na vida me encanta e me enche de orgulho. O jornal me entregou o espaço de papel passado. Tenho tido absoluta liberdade, o que, registre-se, faz com que os erros sejam meus.

Não se faz jornalismo, não se faz coluna diária sem fontes. Eu as tenho, felizmente. Às vezes, um texto parece ser apenas o colunista pensando. Engano. Escrever exige conversas com especialistas que sustentam, corrigem e ilustram o pensamento. A todos aos quais liguei, perturbei, entrevistei, pedi estudos, estatísticas, tempo e ajuda, meu agradecimento e aviso: continuarei em contato.

Meus filhos, Vladimir e Matheus, eram meninos quando comecei a vida de colunista. Aprenderam a, antes de me interromper por algum problema, ou algum pedido de ajuda, perguntar: "Já fechou a coluna?" Hoje são meus colegas de profissão, dos quais me orgulho, e eu é que pergunto se é hora de interromper.

Sérgio Abranches tem sido o maior incentivador que uma pessoa pode ter. Foi ele quem sugeriu fazer coluna de texto corrido, deixar meu estilo fluir, escrever textos mais analíticos, ousar. Certas vezes, ele ouvia uma explosão de indignação com uma questão nacional, ou a expressão de uma aflição, ou até mesmo uma história de vida e dizia: "Isso dá uma coluna." Pelo incentivo, inspiração e amor, a gratidão da vida toda.

Uma coluna é nada sem o leitor. Se não for lida, morre. Por isso, agradeço a você que me leu ontem e me lê agora. Fico na esperança de continuar sendo lida, porque hoje fazer coluna diária, para mim, é mais do que um desafio e um privilégio: é paixão.

Profissão: repórter

Somos parte do sistema respiratório da sociedade.

O jornalismo

9.4.2004

Há mais de trinta anos não penso em outra coisa, desde o dia em que, pouco mais que adolescente, entrei — por acaso, e para sempre — numa redação de jornal. Nasci num dia 7 de abril, dia do jornalista. Mais que profissão, essa é a minha sina. É um ofício complexo. Não há um conjunto de regras que, se seguido à risca, produzirá um bom profissional. Uma coisa é certa: todo governo achará que não estamos sendo leais, todos vão querer ênfase nas boas notícias. O que diferencia os governos é a índole autoritária de alguns.

Mesmo no regime democrático, aparecem autoridades convencidas de que sabem determinar o que devemos escolher para ressaltar a cada dia, como devemos relatar um episódio ou que opinião devemos ter. Alguns governantes guardarão respeitosamente essa avaliação e resistirão ao impulso de intervir. São os verdadeiros democratas. Outros pensarão em formas de restringir, orientar e até manipular nosso trabalho. Destes, devemos manter o máximo de distância. São perigosos, estejam eles na esquerda ou na direita, sejam de que partidos forem, tenham o passado que tiverem ou mesmo o mais meritório dos fins.

Erramos diariamente. Em qualquer veículo, o jornalismo é exercido sob intensa pressão do tempo. Nas novas mídias, o ritmo é ainda mais acelerado. No jornal, o mais lento dos veículos, pela manhã, não sabemos como será o produto que, dentro de algumas horas, terá que estar pronto. Não há adiamento possível. Trabalhamos com um limite tão definitivo, que só a palavra inglesa *deadline* (linha da morte) define bem.

Se erramos, por que não ouvir o que dizem os oráculos de Brasília? Porque erramos e nos corrigimos, diariamente, e mais erraríamos se nos curvássemos à vontade dos governantes de ocasião. Se algum jornalista errou mais, o outro, concorrente, teve chance de acertar. O que se equivocou será cobrado e aprenderá mais uma lição nesse longo e interminável aprendizado do exercício de uma profissão que muda a cada dia, cujo produto é difuso e tem como aliado o inesperado.

Todas as teorias conspiratórias sobre as intenções e armações da imprensa esbarram numa dificuldade operacional: não há quem possa controlar e planejar um produto feito de forma tão caótica. E mesmo que, em algum veículo, o dono e os editores consigam amarrar todos os profissionais na sua teia de interesses ou convicções, o veículo concorrente vai se aproveitar disso. O produto insosso que resultará de tal prática mandonista acabará perdendo espaço, leitores e prestígio. Estamos sob o escrutínio diário de quem escolhe vencedores e vencidos nesse mercado. Com a ajuda da internet, os jornalistas vivem hoje quase que em assembleia permanente com seus consumidores. Agradamos e desagradamos todos os dias a grupos diferentes; e eles cobram, elogiam, criticam, protestam e até ofendem.

Da nossa experiência com os governos militares, aprendemos sobre o que não deve existir no país. Ficou, nos que viveram aqueles tempos, a convicção de que nada, nada, é pior que a ausência da liberdade. Na democracia, estamos, a cada novo governo, a cada novo ano, aperfeiçoando a utilização de todas as ferramentas que temos à nossa disposição. O jornalismo investigativo foi um aprendizado lento, que poupou o primeiro governo civil, porque os jornalistas estavam reaprendendo a viver em liberdade. Depois da experiência-limite do governo Collor, os repórteres ficaram mais eficientes na técnica de puxar fios condutores que nos levam a fatos que tentaram esconder da sociedade.

O contraditório é uma das nossas mais importantes matérias-primas. Ao explorarmos o contraditório, em todos os campos — nas ideias, na política, na economia, na sociedade e no governo — estamos cumprindo uma de nossas funções mais importantes. A partir da exposição dos opostos e das divergências, damos elementos para que se forme a opinião pública, que, não raro, é completamente diferente daquela que o jornalista tem para si mesmo.

Eterno debate haverá, entre os jornalistas e na sociedade, sobre a busca interminável e jamais atingida da neutralidade. A técnica de ouvir as opiniões divergentes ajuda nessa procura pelo ideal da verdade pura. Jornalistas, estamos condenados a buscar eternamente a verdade absoluta sem ser possível encontrá-la. A meta é inatingível, mas a busca deve ser uma obrigação diária.

Somos controlados externamente pelas leis do país, pelos poderes da República e temos ainda sobre nós uma arcaica e discricionária lei do regime de exceção. Sobretudo, somos controlados por quem nos ouve, lê ou assiste. Internamente, o ambiente é sempre de debate, discordâncias e muita concorrência. As redações são um espaço de discussão intensa, de produção de ideias e de troca de informações.

A profissão é apaixonante, e o seu exercício será sempre controverso e gerador de polêmicas. Uma imprensa independente e crítica é parte inseparável do melhor de todos os sistemas de governo que a civilização já desenvolveu. Governos que prezam o patrimônio de liberdade conquistado pela sociedade brasileira devem resistir à tentação de arquitetar formas de controlar a imprensa que não as previstas na própria instituição da democracia. Os que governam o Brasil já têm poder bastante. Não precisam, não devem e não podem estender seus tentáculos sobre a imprensa. Somos parte do sistema respiratório da sociedade; no jornalismo o país se vê, se revê, se corrige, se aprofunda e se aperfeiçoa a cada dia. Senhores governantes, por favor, governem. Os jornalistas continuarão fazendo jornalismo.

Repórteres de um tempo louco

18.04.1993

Há dias em que o jornalista de economia fica muito aflito. Temos sido, ao longo dessa interminável crise, testemunhas de um tempo em que várias vezes a inflação esteve para fugir de qualquer controle e, como uma besta, sair devorando o país.

Ao fim do ano de 1989, por exemplo, estávamos todos estressados. O Brasil esteve, nos últimos meses do governo Sarney, no limite entre alguma ordem e a hiperinflação. Neste pano de fundo, a tarefa diária do repórter fica mais difícil. Há momentos em que o Brasil é tomado pela histeria de um único boato. No Brasil seria preciso inclusive criar uma palavra para substituir "boato", com algo de farsa e fiapos de verdade: etimologicamente equidistante do rumor e do fato.

Há suspeitas sobre a extrema facilidade com que o mercado descobre, antes de todo mundo, o que o governo faz ou pensa fazer. Pode ser informação privilegiada ou a perícia com que o mercado projeta e prevê. O certo é que este ser, chamado genericamente de mercado, já antecipou vários planos e decisões do governo. Muitas vezes o que parecia delírio confirmava-se. Outras vezes ficava claro que era parte da luta financeira entre "comprados" e "vendidos" em determinada operação. Por isso há instituições interessadas em "boatos ruins", tanto quanto instituições querendo espalhar "boato bom". É um jogo de profissionais.

Mercado e imprensa vivem de informação, mas têm objetivos diversos. Não é à toa que os agressivos e modernos bancos parecem redações de jornais. Não há mais diretores inacessíveis, instalados em salas austeras e protegidos por ranzinzas secretárias. Os jovens executivos se cercam, quando muito, de paredes de vidro. O espaço é aberto para que a informação circule sem barreiras. A diferença entre uma redação e uma mesa de open é que numa as informações estão sendo captadas para serem distribuídas ao leitor, e na outra para garantir investimentos.

O mercado tem sua função. Rotular todos de especuladores como fazem os integrantes do governo é atitude pouco inteligente. É preciso conviver com ele. E ouvi-lo porque ele acerta; duvidar dele, porque ele tem interesses, e entender o seu funcionamento para se proteger dele.

Consumidores da mesma matéria-prima, jornalistas e analistas de mercado se falam constantemente e essa é a origem de diversas aflições. É preciso aprender a decantar o que há de informação na guerra dos rumores. Como um garimpeiro à cata de pepitas. Como um agricultor colhendo trigo num campo de joio.

Nos momentos como o desta semana, em que a maioria das instituições apostava em novo choque, todo o cuidado é pouco. O governo vai sempre negar. Ambos já tiveram razão no passado. Nenhuma informação pode ser afastada, em princípio.

Trabalha-se muito nas editorias de economia nesses dias em que o país se transforma na praça de guerra do boato. Antes, acontecia pontualmente às quintas-feiras. Até que inventaram semanas que só têm quintas-feiras: as batalhas ocorrem em qualquer dia em um campo cada vez mais minado, de uma economia cada vez mais frágil.

Há momentos extremos, quando o descontrole parece iminente: é quando surge uma espécie de conspiração pelo "choque". Espalham-se especulações de que haverá um choque, as instituições se protegem da eventualidade de o boato se confirmar, essa proteção custa caro, aí a instituição começa a realmente precisar de que o choque aconteça. Passa a pedir por ele. Isso realimenta o boato. Agrava a crise e começa a tornar inevitável que o governo faça alguma coisa.

O centro da aflição do jornalista é: falar do problema às vezes agrava o problema; ignorá-lo é não cumprir a missão de informar; ser veículo do nervosismo do mercado é ingenuidade; ser ventríloquo do governo é um equívoco; contaminar-se pela tensão, um amadorismo.

Cada informação falsa que um jornal levar a sério pode beneficiar alguém no mercado. Há informações que vão agravar a crise, mas que a imprensa não pode deixar de dar.

Há momentos em que parece que os sintomas da doença econômica do Brasil atingiram a notícia. Os fatos se sucedem com a mesma rapidez da desvalorização da moeda. O que era fato de manhã, morre à tarde, renasce de outra forma à noite. Ao dar a última versão, omitimos do leitor a visão toda do processo. Outro dia os jornais deram em manchete o desmentido de uma notícia que não havia sequer sido noticiada. É a inflação da notícia no tempo acelerado da crise brasileira.

No dia a dia da cobertura econômica aprende-se uma lição mais importante que as outras: a de que a crise não é fruto dessa ou daquela disfunção monetária, mas o resultado da soma dos erros nacionais, síntese de velhos equívocos. O Brasil enfrenta nessa fase terminal do seu curto-circuito econômico uma grande hora da verdade em todas as áreas. O nosso papel é ao mesmo tempo pequeno e relevante.

O desafio está em saber exatamente a fronteira entre ser repórter de um tempo louco ou parte da engrenagem que fomenta a loucura.

Atores e papéis

5.8.2000

Fajuta a democracia brasileira não é. Pelo contrário, é um bem valioso, conquistado a duras penas, numa batalha na qual o senador Pedro Simon, que hoje a chama de fajuta, foi um lutador. A democracia brasileira já foi testada e comprovou-se sólida. Não há dúvida que precisa de aperfeiçoamentos. O episódio da obra do Tribunal Regional do Trabalho de São Paulo — com denúncia de superfaturamento nas obras — mostra falhas no comportamento de várias instituições. Corrigi-las tornará nossa democracia melhor e mais forte.

Procuradores e jornalistas têm objetivos comuns. Sempre trocarão informações. Mas cada um deve seguir sua pauta de trabalho. Do contrário, podem ser rasgados os manuais de boa conduta de ambos. A pressa inerente ao jornalismo não pode ser desculpa para o profissional deixar de cumprir todas as etapas do processo de apuração. Por isso, o *Correio Braziliense* transformou o erro desta semana (quando acusou sem provas o ex-secretário-geral da presidência, Eduardo Jorge) em uma rara demonstração de coragem. Pôs em destaque acima da manchete o título "O *Correio* errou".

Do mesmo modo, procuradores não podem informar aos jornalistas quando há suspeitas apenas, para que eles façam o trabalho de investigação. Nem podem se contentar apenas com o que leem nos jornais. A relação tem feito um movimento circular: indícios são passados aos jornalistas como se provas fossem; a imprensa considera a palavra do procurador a expressão da verdade e a divulga. Com base nas publicações, os procuradores iniciam processos. Quando as acusações são inconsistentes, há o risco de fazer uma de duas coisas: condenar um inocente ou inocentar o culpado. Ninguém tirará de Fernando Collor de Mello o argumento de que ele foi inocentado "pela mais alta corte do país", como costuma dizer. E se pode dizer isso é porque o Ministério Público não construiu elementos convincentes e sólidos de acusação, apesar de tudo o que vimos e foi revelado.

"Ministério Público não pode ser partidário. Não pode escolher a oposição", ensinou o senador Roberto Freire. Referia-se à reunião preparatória que houve entre senadores da oposição e procuradores na véspera do depoimento de Eduardo Jorge.

Palavras como as de Roberto Freire ajudam na construção de uma democracia melhor, em que cada um tenha consciência do seu papel institucional.

A reunião mostrou que os procuradores não tinham nas mãos mais do que recortes de jornais.

Quem se lembra da sessão da CPI que interrogou o juiz Nicolau sabe o poder demolidor que tem um interrogatório bem conduzido. Naquele dia, o senador Paulo Souto tinha em mãos documentos que desmascararam o juiz e o fizeram cair em contradição. Foi uma sessão magistral. O senador, com firmeza e provas, mas sem perder os bons modos, mostrou os erros e as culpas do juiz.

O problema não é a falta de poderes da subcomissão. É que os senadores não se prepararam para fazer as perguntas que tinham que fazer. O senador Pedro Simon demonstrou que nem sequer sabia que cargo ocupara Eduardo Jorge. O senador criticou o presidente da República por ter dado o título de ministro ao seu "secretário particular".

Eduardo Jorge tomou notas e esperou a vez para faturar mais uma: lembrou que fora secretário-geral da Presidência.

O senador Artur da Távola fez uma reflexão importante a certa altura. Disse que em momentos como aquele o papel dos parlamentares tinha que ficar mais claro.

— Somos acusadores, inquiridores ou julgadores?

Tem ficado claro, nesse e em outros momentos, que o Parlamento brasileiro precisa aperfeiçoar seus métodos e definir seu papel para melhor servir à democracia. Mas outros têm falhado ao exercer sua função.

O país ainda não conhece o rosto nem o nome dos técnicos do TCU que, em 1992, constataram irregularidades nas obras do TRT de São Paulo. São anônimos defensores do dinheiro público. Seu zelo foi inútil. A auditoria só foi levada a sério pelo Tribunal em 1998.

Na tentativa de se livrar das suspeitas pelos excessivos contatos com o juiz Nicolau, o ex-secretário da Presidência mostrou uma parte das feias entranhas do poder. O Judiciário tem autonomia para gerenciar uma obra de forma desastrosa, enquanto o Executivo tem autoridade para nomear um exército de juízes classistas — 58 juízes em quatro anos! — escolhidos com critérios estabelecidos por um burocrata que queria "formar uma nova filosofia jurídica".

Procuradores não são políticos, senadores não são juízes, juízes não administram obras, jornalistas não são auxiliares de procuradores, assessores do presidente não decidem que filosofia jurídica devem ter os tribunais, ministros de tribunais de contas não esperam seis anos para acreditar na apuração dos seus auditores, funcionários poderosos que saem do governo não usam o prestígio que tiveram para facilitar negócios e fechar contratos. Democratas não fazem pouco da democracia, chamando-a de "fajuta". Lutam para aperfeiçoá-la.

A democracia precisa que cada um saiba o seu papel e o execute. Precisa de regras, normas, ritual. A democracia é uma construção coletiva. Será fajuta se todos formos fajutos.

Adeus, Lênin

7.8.2004

Numa semana, duas ameaças: uma agência para controlar a produção cultural e um conselho para fiscalizar o jornalismo. A ideia da agência, que diante dos protestos foi recolhida ao estaleiro, nasceu na Casa Civil. No caso do jornalismo, a Federação Nacional dos Jornalistas propôs a criação de um conselho para a profissão, mas a exposição de motivos do ministro Ricardo Berzoini deixa clara a intenção controladora. Diz o ministro que não há hoje instituição para "fiscalizar e punir as condutas inadequadas dos jornalistas".

O ministro está errado. O que nos pune, caso tenhamos condutas inadequadas, é o conjunto das leis brasileiras, o Judiciário brasileiro. Sobre o nosso trabalho, recai ainda o peso de uma lei do período ditatorial: a Lei de Imprensa.*

No projeto para a criação da Ancinav — agência que deverá controlar cinema, televisão, TV paga, rádio e outras empresas que atuam no setor audiovisual — o governo nem disfarça sua inclinação autoritária.

---

* A Lei de Imprensa só foi revogada pelo Supremo Tribunal Federal em 2009.

32 Miriam Leitão

Artigo primeiro: "Compete à União organizar a exploração das atividades cinematográficas e audiovisuais. Parágrafo único: a organização inclui o planejamento, a regulação, a administração e a fiscalização das atividades cinematográficas e audiovisuais." Esse início é revelador. O governo deve regular e fiscalizar. Isso está correto. Mas as tarefas de planejar e administrar cabem às empresas. Tudo neste governo é assim: ele não se contenta em exercer as funções que estão destinadas ao Estado. Na cultura, como na economia, o mesmo DNA do autoritarismo, da centralização excessiva, de regras pouco claras, das perigosas ambiguidades aparece em cada iniciativa.

Há frases no texto que parecem singelas, como a do artigo oitavo: "A liberdade será a regra." Parece estar confirmando as garantias constitucionais da república democrática que o Brasil escolheu ser, mas aí vem o fim da frase: "Constituindo exceção as proibições, restrições e interferências do setor público." Leia-se ao inverso e se verá o tamanho da ameaça: estão autorizadas, portanto, as proibições, restrições e interferências.

O artigo todo é abusivo. No terceiro parágrafo, diz que "o proveito coletivo gerado pelo condicionamento (da intervenção estatal) deverá ser proporcional à privação que ele impuser". Ou seja, é possível sacrificar a liberdade se isso for, na interpretação do governo, de proveito coletivo? Liberdade não tem porém. Liberdade não se condiciona a nenhum outro objetivo. Isso aprendemos, dolorosamente.

A Ancinav, Agência Nacional do Cinema e do Audiovisual, como foi proposta, terá o direito de interpretar as leis e decidir em casos omissos — e suas decisões serão irrecorríveis. Admite apenas o recurso ao conselho diretor da própria Ancinav. Vai também "articular os vários elos da cadeia produtiva da indústria cinematográfica e audiovisual brasileira", "fomentar" alguns produtos estrangeiros, expedir certificados, apreciar "os comportamentos suscetíveis de configurar violação das normais legais aplicáveis à exploração de atividades cinematográficas e audiovisuais, inclusive a produção, programação, distribuição, exibição, veiculação". E é ela também que decidirá sobre os casos de defesa da concorrência, função da Secretaria de Direito Econômico e do Cade (Conselho Administrativo de Defesa Econômica). A lista das atribuições é tão interminável quanto inconstitucional.

E quem exercerá esse poder todo? Cinco pessoas. Ou melhor, três pessoas, porque o conselho diretor terá cinco diretores, mas decidirá por maioria simples. Esse triunvirato terá o direito de, no caso em que a divulgação "colocar em risco a segurança do país, violar segredo protegido ou a intimidade de alguém", fazer reuniões secretas e manter seus registros em sigilo. A Ancinav terá também o direito de requerer qualquer informação "técnica, operacional, econômico-financeira e contábil" de qualquer empresa que atue no mercado.

E quem está submetido a ela? Todos os que se enquadrarem nesta estranha definição: "Conteúdo audiovisual é o produto da fixação ou transmissão de imagens, com ou sem som, que tenha a finalidade de criar a impressão de movimento, independentemente dos processos de captação, da tecnologia empregada, do suporte utilizado inicial ou posteriormente para fixá-las ou transmiti-las, ou dos meios utilizados para sua veiculação, reprodução, transmissão ou difusão."

A poderosa Ancinav também tributa. Aumentou a taxação que recai sobre o setor por meio da "contribuição para o desenvolvimento da indústria cinematográfica e audiovisual brasileira" e dá uma lista enorme de fatos geradores sobre os quais recairá a taxa, a "Condecine".

O pior momento da peça está nos artigos 42 e 43. No primeiro, diz que vai exigir das prestadoras de serviços no setor "respeito aos valores éticos, sociais e morais da família", sem dizer que tipo de manual de costumes vai consultar. No 43, outorga-se o direito de dispor sobre "a responsabilidade editorial e as atividades de seleção e direção da programação". Triste é ver o imenso Gilberto Gil aceitar um texto que ele não redigiu e que, em tantas notas, desafina na sua biografia.

Tudo no projeto lembra outra época, outro mundo, cujos muros já desabaram há 15 anos, um mundo em que o poder central planificador decidia, julgava, condenava, organizava e administrava por obscuros e subjetivos conceitos, e transformava os produtores culturais em peças da máquina de propaganda estatal. O governo recolheu o texto e diz que vai refazê-lo. O melhor destino para esse texto é o lixo.

Jornal de amanhã

6.1.2007

No final da década de 1980, visitei o *Wall Street Journal.* Lá perguntei ao editor-chefe por que eles nunca tinham pensado em mudar a primeira página, que todo dia parecia ser a mesma. "Quem vende dois milhões de exemplares por dia tem que mudar?", perguntou, coberto de razão e circulação. Esta semana, o jornal conservador estreou cara nova. O que mudou? Tudo. E tudo continuará mudando nas comunicações, na maneira de fazer circular informação.

O *WSJ* quer reduzir o uso de papel e, por isso, fez uma página mais estreita. Boa providência nestes tempos em que cortar desperdício de recursos, em geral, e de papel, em particular, faz todo o sentido, por motivos empresariais e ambientais. Quer atrair mais o leitor que, depois da internet, busca informação de forma mais rápida e mais atraente. No fim de 2005, visitei novamente o *Wall Street Journal,* e o problema que os editores enfrentavam era como cobrar pelo conteúdo on-line, lutando contra a ideia de informação sem custo que a internet havia disseminado.

Dilemas assim vão continuar acontecendo em toda a imprensa, mas o melhor caminho é seguir em frente, surfando a vertiginosa era da mudança que nos atinge a todos. Tempos revolucionários são mesmo desafiadores. Ano passado, a revista *The Economist* publicou uma reportagem de capa com o título: "Quem matou o jornal?"

Ele está vivo e passa bem, mas o mundo está mudando rapidamente. A circulação dos jornais tem caído em muitos países, mas o consumo de informação tem aumentado. As previsões sobre o fim dos jornais continuam sendo feitas, como antigamente se imaginava que o rádio morreria por causa da televisão. O jornalista Philip Meyer, no livro *The Vanishing Newspaper*, seguiu a tendência da queda do número de leitores para prever que o último jornal será editado em 2043. Os dados são claros: os jovens leem mais jornal na internet que em papel; o erro é achar que jornal é aquilo que sai impresso. A plataforma vai continuar mudando; o negócio de procurar, processar, oferecer, circular, comentar e interpretar a informação permanecerá existindo. O erro é fazer análise com categorias estáticas num mundo em vertiginosa transformação.

Hoje metade dos leitores do britânico *The Guardian*, na sua versão na internet, está nos Estados Unidos, informa a *Economist*. "Qualquer um que esteja procurando informação está mais bem equipado que nunca", diz a revista. Por isso é que cada mídia aprende com a outra, e os jornais têm sites, blogs, podcasts, áudio-slide shows. Um realimentando o outro. Não tem que haver uma competição entre o on-line e o impresso quando está ocorrendo fusão, mudança, influência recíproca de um e outro formato. Se há uma previsão que pode ser feita é que o mundo da comunicação vai continuar mudando.

Passei uma parte da folga de fim de ano de 2006 atracada com o livro *Pulitzer Prize Feature Stories*, organizado pelo jornalista e professor de jornalismo David Garlock. O livro traz todas as reportagens que ganharam o Pulitzer na categoria "*feature*" (matérias especiais) desde 1979, quando foi instituída a premiação para esse estilo. Quem lê conclui que a reportagem nunca vai morrer, qualquer que seja sua forma de apresentação. O primeiro dos textos, "Mrs. Kelly's monster", escrito por Jon Franklin para o *Baltimore Evening Sun*, é sobre uma cirurgia no cérebro. Qualquer pessoa pode achar que o assunto não atrairia a atenção do público em geral. Nem o editor avaliou bem, porque não fez chamada de primeira página e obrigou o autor a dividi-la em duas, para ser publicada com continuação. Jon Franklin teve que se esmerar para prender a atenção do leitor por 24 horas, para que ele quisesse ler a sequência. Escrita há 28 anos, a reportagem ainda hipnotiza até a última linha.

Reportagem em forma de *feature* é um dos inúmeros estilos jornalísticos. A forma de fazer uma reportagem na televisão é espantosamente diferente de contar a mesma história no jornal impresso. A forma como a internet trata a notícia é totalmente distinta. Rádio e revistas são dois produtos inteiramente diversos. São múltiplos os caminhos, as formas, os estilos e as plataformas para se fazer a mesma coisa: buscar informação e oferecê-la aos consumidores. Nada disso vai morrer, pelo contrário, nunca se consumiu tanta informação.

Na carta do diretor do *Wall Street Journal* aos leitores explicando o novo desenho gráfico, L. Gordon Crovitz diz que ele tenta unir "tradição e mudança". O jornal, fundado em 1889, passou por uma mudança em 1940 e agora chegou à sua terceira versão. Internamente, é chamada de *Journal 3.0*. A versão impressa procurará ser "o que a notícia significa", com mais análise e avaliação das consequências do fato. A versão on-line será "o que está acontecendo agora e como será o jornal de amanhã". O *WSJ* tem hoje tiragem de 1,7 milhão de exemplares; no ano passado, teve um aumento de 10%. Tem também 800 mil assinantes on-line. Eles estão convencidos de que os leitores estão demonstrando querer consumir cada vez mais jornal; na forma impressa, na versão on-line ou em qualquer outra forma digital. E que, no mundo atual, de "mudanças tecnológicas, complexidades globais, incerteza econômica, escândalos e dúvidas", o fundamental é ter a confiança dos leitores. O resto é apenas a forma como o produto é entregue. A embalagem.

A notícia vive

14.6.2009

Tudo está se movendo ao mesmo tempo no mundo da transmissão da notícia. Tanto que nem sei por onde começar esta coluna. A *Newsweek*, em edição recente, avisou que aquele era o primeiro número de uma nova revista, reformulada diante do fato de que "a internet está fazendo muito bem o trabalho de dar notícias e análises instantâneas". O que sobra para um veículo lento como uma revista?

A *Newsweek* acha que sobra o espaço para reportagens exclusivas e grandes ensaios que tenham um argumento claro e inédito. A revista fechou editorias, somou outras, foi obrigada a se reinventar. No artigo "Uma nova revista para um mundo em mudança", a publicação começa dizendo que "não é segredo que o negócio do jornalismo está com problemas".

A *Economist* publicou que setenta jornais fecharam na Inglaterra desde o começo de 2008. O *Independent* depende hoje de investidores estrangeiros. Os jornais franceses estão sendo subsidiados. Todd Gitlin, professor de jornalismo da Universidade de Columbia, divulgou um texto on-line sobre "As muitas crises do jornalismo", dizendo que quatro lobos estão às portas da imprensa americana: a queda da receita de anúncios, a queda da circulação, a difusão da atenção

Convém Sonhar   39

do leitor e uma crise de autoridade. A soma dos dois primeiros acabou com a lucratividade das empresas.

O *New York Times* teve um prejuízo tão grande neste começo de ano que apressou as providências para, de um lado, tentar se livrar do que arruína seu balanço, o *Boston Globe*, e, do outro, encontrar novas formas de receita com o conteúdo que produz. Está em dúvida sobre um novo sistema de assinatura, micropagamentos por conteúdo acessado, pedidos de doação, qualquer coisa que aumente suas receitas.

Desde 2001, a circulação dos jornais americanos caiu 13,5% nos dias úteis e 17% nos domingos — cinco pontos percentuais dessa queda só no ano passado. A receita de anúncios caiu 23% em dois anos, e o emprego, 15%. Foram fechados escritórios em vários estados e países. Um mapa-múndi que assinalava todos os locais onde o *Washington Post* tinha correspondentes ou escritórios foi retirado da redação do jornal americano. Era constrangedor o sumiço diário de pontos no mapa.

A crise que atingiu todos os setores da economia bateu também nas empresas jornalísticas, mas o fato é que a mídia convencional já vinha sendo desafiada por todas as novas formas de transmitir a notícia.

As três maiores redes de TV aberta dos Estados Unidos — ABC, CBS e NBC — sempre tiveram pouca audiência diante das TVs pagas, mas de 1990 para cá, o percentual de americanos que se informa nas redes abertas caiu de 30% para 16%. O Pew Research Center, que tem registrado as estatísticas da audiência de notícias no rádio, na TV e nos jornais, constatou em 2008, pela primeira vez, mais gente recebendo informação via internet que nas plataformas tradicionais. Apesar disso, quando se pergunta quem só recebe informação online, o dado é de apenas 5%. O mais alarmante da pesquisa foi o aumento de 25% para 34% dos americanos de 18 a 24 anos que não tinham recebido notícia alguma, em qualquer dos veículos, no dia anterior.

Não sou dos que temem as mudanças como um sinal dos tempos. Não é a notícia que está em crise, é a tecnologia que tem ampliado espaços, revolucionado conceitos, criado novas ferramentas para se fazer o que sempre foi feito na humanidade: informar, discutir, analisar. A imprensa tem vivido o vértice de mudanças intensas, e a sensação de quem vive no mundo da informação é que ele nunca mudou tanto em tão pouco tempo.

O Google News não tem um único editor humano. Seu processo de escolher e distribuir informação é feito por robôs. Arianna Huffington é dona de um dos maiores casos de sucesso da internet, o *Huffington Post*, que reúne 3.000 blogs e tem o dobro de visitantes que o website do *New York Post*. Outro dia, ao receber o Prêmio Webby (o Grammy da internet), ela fez um discurso de poucos toques, como requerem os tempos de Twitter: "Obrigada. Eu não matei os jornais."

Desde que a *Economist* publicou, anos atrás, uma célebre capa com o título: "Quem matou os jornais?", os grandes jornais investiram em versões on-line, aderiram aos blogs e ao Twitter, optaram por não cobrar por conteúdo, depois passaram a cobrar, voltaram a liberar o acesso, agora introduziram sistemas mistos, com textos de livre acesso e outros que exigem assinatura. O *Guardian* é hoje mais lido que nunca. Por causa da internet, ele tem duas vezes mais leitores fora da Inglaterra do que em seu próprio país.

O fato é que a notícia não morreu nem vai morrer. Na verdade, ela nunca circulou tanto, nem encontrou fórmulas tão instantâneas de espalhar-se como agora. O que ainda não ficou claro é como essas empresas serão sustentáveis financeiramente. A receita de publicidade na internet cresce menos do que a queda da receita nos veículos tradicionais.

Muitas respostas terão que ser encontradas pelas empresas e pelos jornalistas para os desafiadores tempos novos. Não resta alternativa a não ser seguir o turbilhão. Afinal, quem não gosta de novidade, jornalista não é.

Flagrantes da vida do Real

*Sofri catando palavras que, juntas,
avisassem que a economia mudou.*

Os caras fizeram tudo direitinho

17.7.1994

Aos 11 dias da Era Real fui ouvir os economistas sobre as impressões que tinham do começo do plano. As observações foram variadas, os alertas um pouco contraditórios e o otimismo, generalizado. Mas, boa mesmo foi a frase de Luiz Paulo Rosemberg: "Foram os melhores primeiros dias de um plano econômico." Como jornalista tenho que subscrever essa definição.

Os planos costumavam chegar às editorias de economia como bombas atômicas, maremotos, prenúncios de fim de mundo. As medidas desabavam com uma onipresença quase divina. Os decretos e, mais modernamente, as medidas provisórias legislavam discricionariamente sobre qualquer aspecto da vida econômica: preços, salários, câmbio, casa própria, aplicações financeiras, contratos, índices. As mudanças imaginadas em meses de conspirações sigilosas contra os bolsos e a ordem constituída tinham que ser entendidas e processadas instantaneamente. Tinha-se algumas horas para ler os indigestos documentos, traduzi-los para a língua corrente do país, tirar as dúvidas, entender o alcance das medidas, repercuti-las com especialistas e atingidos; tirar todas as contas dos economistas do governo. Eles sempre se equivocavam nas operações simples.

No dia seguinte o leitor teria que encontrar alguma ordem no caos produzido pelos economistas. Nos momentos iniciais dormia-se ou comia-se com um mínimo de regularidade nas editorias de economia. Saía-se das redações de madrugada para voltar algumas horas mais tarde. Um dia, ouvi um desabafo: "Isso não é uma redação é uma prisão albergue." Assim, ao contrário, saíamos só para dormir.

Havia momentos de estupor diante das medidas. É conhecida a história de um jornalista experiente que entendeu nos primeiros momentos do Plano Collor que, dali em diante, os brasileiros, independentemente de cargo, classe social, grau de escolaridade, receberiam mensalmente apenas 50 mil cruzeiros. Certamente nem o mais ferrenho líder comunista ousaria pensar em tão instantâneo igualitarismo. Na saga vivida pelo Brasil em busca da estabilização, os absurdos foram tantos que a certa altura qualquer sandice soava razoável.

Na vida das empresas, os congelamentos de preços decretados pelo governo caíam como gás paralisante. "Durante três ou quatro meses não se fazia nada a não ser administrar o congelamento", me contou tempos atrás o presidente das Lojas Americanas, José Paulo Amaral.

Uma grande empresa de varejo compra 17 mil itens por mês de uma lista de fornecedores conhecidos. Perto de planos econômicos, daqueles feitos à moda antiga, os fornecedores armavam seus esquemas defensivos. Vendiam por um preço, mas registravam por escrito que o preço era muito maior, tinha sido vendido "com desconto". No congelamento, valia o que estava escrito. O problema é que os preços no varejo são visíveis. A empresa tinha que sair à caça de outros fornecedores que entregassem os produtos a preços que permitissem cumprir o congelamento. Quando se queria fazer alguma promoção era preciso mandar cartas para a Sunab pedindo autorização para a redução temporária de preço. Do contrário, a promoção ficava congelada.

Uma rede como a Americanas mantinha, em época de congelamento, plantão de advogados e aviões. Em emergências, voava-se para acudir gerentes acossados por fiscais em qualquer uma das centenas de lojas espalhadas pelo país. Gastava-se todas as energias gerenciando não as empresas, mas o congelamento.

Quem conversa com José Paulo Amaral nestes primeiros dias do real encontra um administrador ocupado com suas 200 promoções diárias, mas nada que lembre o gerente da época dos congelamentos. "Desta vez os caras fizeram tudo direitinho", disse.

Os "caras" dessa vez tiveram essa delicadeza. Fizeram um plano em etapas, com medidas preanunciadas, sem mistérios, sem surpresas. É verdade que foram reprovados em matemática na primeira MP das mensalidades escolares e exibiram um extraordinário talento trapalhão no caso dos aluguéis. A tal ponto que muita gente suspeita que nenhum membro da equipe pagou ou cobrou aluguel na vida. Parecem desconhecer a natureza do contrato.

O sucesso inicial, entretanto, não garante que esse seja o plano que tenha vindo para acabar com todos os planos. Pelo contrário, nosso velho calcanhar de Aquiles volta a doer. Aos 15 dias da Era Real já havia se acumulado uma prematura sucessão de demanda por gastos. Como se a partir do primeiro dia em que houve queda de meio ponto percentual na cesta básica, os cofres públicos já pudessem ser de novo reabertos. As estatais querem mais recursos para investimentos, seus funcionários querem mais salários, o ministro da Ciência e Tecnologia quer mais bolsas de estudo, os militares mais soldos, os servidores novos vencimentos e algumas empresas privadas querem a volta dos empréstimos baratos.

Como se tudo fosse pouco, o governo leva a sério o projeto de transposição do Rio São Francisco. O nome, com um som meio bíblico, reduz à condição de obras sensatas os delírios do governo passado. A explicação para a emergência desse item na pauta das questões nacionais inadiáveis quase tem a ver com os astros. "É que esse é o momento em que há uma conjugação única", me disse um funcionário do governo. "O presidente da Câmara é de Pernambuco; o presidente do Senado, da Paraíba; o ministro da Integração Regional, do Rio Grande do Norte; o ministro do Planejamento, do Ceará." É uma explicação, à falta de outra. O ex-governador Antonio Carlos Magalhães, que, por ser baiano, está fora dessa quadratura, já tomou uma decisão: "Essa obra será assunto da minha primeira CPI no Senado."

Brasil Velho, Brasil Novo

10.9.1995

Curiosa a resignação dos que se amontoavam numa janelinha do aeroporto atrás da autorização da Receita Federal para sair com bens de sua propriedade. Numa espécie de mercado persa, as pessoas, sem obedecer à ordem de chegada, exibiam máquinas fotográficas, computadores, vídeos e outras bugigangas *high tech* para uma funcionária da Receita, tão veterana quanto mal-humorada, que decidia poderosa.

— Autorizo... não autorizo.

Os veredictos da juíza-final eram insondáveis. Os donos dos equipamentos autorizáveis preenchiam a papelada da Receita para depois receberem o carimbo.

A um senhor de fala miúda e nenhuma pressa autorizou a saída de uma câmera de vídeo, de última geração, sonho de consumo de dez em cada dez adolescentes. À senhora de voz enervante negou visto para a máquina fotográfica que deve ser a primeira produzida pela cultura da quinquilharia japonesa.

— O que é isso? — me perguntou, refugando para o outro lado do balcão um papel que recebi do jornal, com uma declaração que eu estava saindo do país, a serviço, com um notebook da empresa.

Com certa dificuldade consegui explicar que jornalistas não podem sair de casa sem eles, os computadores, e ganhei um recibo que me permitirá não ter dor de cabeça na volta.

Com alguma paciência e um certo desperdício de tempo, todos estávamos nos livrando da burocracia da alfândega, mas não aquele jovem, tipo atlético, com seus patins. A fiscal recusou-se a carimbar seu formulário.

— Está preenchido errado — determinou a fiscal

— Por quê?

— Você disse um patim e são dois.

— Um par de patins — corrigiu o rapaz

— Não aceito. Tem que fazer outro dizendo que são dois patins.

— Não faço, minha senhora. É óbvio que se não sou saci-pererê, não posso estar saindo para patinar com um único patim — disse o rapaz que pôs, desaforado, os dois enormes patins em cima do balcão.

Isso piorou o humor da fiscal. Os patins, é verdade, mostravam uma evolução da espécie humana, de deixar inquieto qualquer ancestral. A extremidade inferior dos seres humanos tem crescido de forma avassaladora. O par de patins em questão provavelmente só poderia ser usado por quem tivesse um pé acima de 45.

Formou-se um impasse no qual ficaram presos todos os portadores de aparelhos eletrônicos estrangeiros.

— Meu filho, que demora é essa? Vamos perder o voo — lastimou-se um apavorado pai de família.

— Estou aqui tentando provar para essa senhora que sou um bípede — provocou o rapaz.

A declaração de saída de bens estrangeiros é uma espécie de flashback. Dá notícia de um Brasil alérgico a novidades tecnológicas, tomado por reservas e proteções, que está felizmente chegando ao fim. Aquela senhora da Receita notifica sobre esse tempo perdido.

Mesmo com as recaídas das recentes elevações das alíquotas e das cotas, decididas pelo governo Fernando Henrique, a verdade é que os aborrecimentos fronteiriços, como o vivido pelo rapaz de enormes pés patinadores, são cada vez mais raros. O último comentário que fiz na televisão, antes de viajar, foi sobre uns estudos da Receita para simplificar a vida dos cidadãos.

A mesma coisa ouve-se nos Estados Unidos. Durante dois dias, deputados, senadores, sindicalistas, e empresários brasileiros cumpriram uma maratona de conversas com autoridades americanas sobre a difícil convivência dos contribuintes com o fisco dos Estados Unidos. Todos odeiam a Receita e para se livrar dela descobriram uma palavra mágica "simplificação".

Sem pausa para um cafezinho, os brasileiros trazidos pelo Center for Strategic & International Studies acompanharam os debates com uma disciplina de impressionar quem se acostumou a ver plenários vazios e pianistas votando em nome dos outros parlamentares. Maria da Conceição Tavares não gostou muito dos congressistas, mas apaixonou-se, coberta de razão, pelo *staff* técnico da Comissão Mista do Orçamento. São 70 especialistas em tributação, 20 economistas, chefiados pelo impressionante Ken Kies, que deu um show no seminário, com respostas para tudo, números todos na cabeça, alternativas checadas.

Os congressistas falavam generalidades e seus assessores davam consistência às propostas. Bill Richardson, senador pelo Novo México, com cara e cor de mexicano, entrou extra-agenda no seminário e disparou um discurso que não tinha o que ver com o assunto em pauta, que era conhecer o funcionamento do Congresso americano.

— Vim dizer a vocês que o Brasil precisa ser mais ousado. O Brasil é grande e poderoso. É a maior economia da América do Sul. Somos as maiores economias do continente. O Brasil tem que ser líder. Tem que abandonar a timidez e a hesitação. O México não pode mais ser o único líder dessa integração. Temos que nos integrar antes que os asiáticos nos impeçam.

Era 7 de setembro e mesmo assim a adulação ufanista não recebeu mais do que aplausos protocolares. O senador Hugo Napoleão fez as honras da casa com a resposta mais mineira que já se ouviu no Piauí.

Um flash do Brasil novo. Nenhum delírio de grandeza, deputados trabalhando em pleno feriado, mesmo depois da sessão regimental.

— Presidente, estava pensando que é preciso mandar também um grupo de técnicos para passar um tempo aqui para entender como é feito o orçamento — propôs Germano Rigoto ao deputado Luis Eduardo Magalhães, no meio do jantar, que deveria ser de descanso.

A Avenida Massachusetts, no trecho perto da Embaixada do Brasil, estava tão cheia este ano quanto em anos anteriores no dia 7 de setembro. Mesmo com o embaixador Paulo Tarso Flecha de Lima doente. O mesmo Vernon Walters, de todos os anos, com o mesmo português fluente, a mesma mistura de diplomatas e burocratas que povoa estas ocasiões e o mesmo Alexandre Kafka, representante do Brasil no FMI desde 1965. Kafka, que atravessou no mesmo posto o governo militar e o civil, as moratórias e os pagamentos generosos, as cartas de intenção nunca cumpridas e o acordo de securitização com um menu de opções para os credores.

— Dr. Kafka, sua vida agora está um pouco monótona, não? Não tem mais carta de intenção para negociar, rompimentos, crises, moratórias, acordos. Não acontece nada mais entre o Brasil e o FMI — provoquei.

— Tenho outros nove países para cuidar — respondeu Kafka, um tcheco-brasileiro que representa vários países no Fundo. No mesmo dia 7 de setembro, ele tinha dois outros chefes de Estado com problemas junto ao FMI, em visita a Washington.

— O Brasil não é mais problema? — insisti

— País que tem US$ 40 bilhões de reservas não é problema para ninguém — disse ele

— Mas elas podem ir embora, como foram do México.

— Como o México errou, não precisamos errar, não é verdade? — disse Kafka, que, como se sabe, optou nos últimos 30 anos por falar o mínimo possível com a imprensa.

— Quando é que o senhor vai me dar aquela entrevista, dr. Kafka? — tentei

— Quando eu tiver algo sensacional para dizer. Tão sensacional, que nem eu possa saber.

Kafka mudou e continua o mesmo. O Brasil de hoje produz uma série de cenas de avanço e atraso. Um novo Congresso de Germano Rigoto-Maria da Conceição-Luis Eduardo Magalhães que procura caminhos novos para o Brasil é tão verdadeiro quanto a burocracia da Receita com a autoridade de decidir quantos pés deve ter um homem patinador. O misterioso e arredio Kafka do governo militar, revelou-se agora um discreto, porém espirituoso funcionário.

O Brasil, para onde quer que se olhe, é assim: meio velho, meio novo. Meio indexação, meio estabilidade. Meio competitividade, meio proteção. Um país exatamente, precisamente, no meio de um processo de mudança.

Por quem toca a sirene de Tatuapé

14.3.1998

É assustador visitar a antiga fábrica da Vicunha, no Tatuapé, em São Paulo. Tudo lembra uma casa mal-assombrada. Corredores escuros, enormes, desembocam em salas com máquinas de fiação onde só aranhas tecem. O quadro, ao lado do relógio de ponto, guarda cartões de ex-empregados. Sabe-se lá por que, a sirene ainda toca, chamando ninguém. Quando a fábrica foi fechada, em 1996, 1.200 operários foram demitidos, e hoje só funcionários burocráticos do grupo ocupam algumas salas do enorme espaço.

Velha repórter de jornal, eu lancei um desafio ao Calixto, o cinegrafista:

— Quero ver você mostrar este ambiente. O silêncio, o abandono. Sua câmera não pode tudo.

Calixto criou um ar de penumbra com sua luz de mão, apontou a câmera na direção dos meus pés e me mandou andar. O vazio do corredor exagerava o som dos passos. Com aquele "sobe som" e uma imagem escura de filme de suspense, começou nossa reportagem sobre desemprego.

Na sala de máquinas, a câmera de Calixto se fixou, fascinada, num ponto: lá do fundo, vinha um único empregado arrastando seu desconsolo.

Chegar ao Tatuapé havia consumido toda a nossa manhã. A tarefa do dia era fazer três gravações em São Paulo. A redação da capital paulista achou a meta mais que ambiciosa. Quase exótica. Solícitos, presos a um enorme mapa da cidade que fica no meio da redação, como um ícone, os paulistanos tentavam montar a logística da operação. Um deles concluiu:

— Só se alugarmos um helicóptero.

— Precisa não. Vim aqui saber por que as empresas estão indo embora. Já sei.

Toca a sirene também em Pacajus, Ceará, onde chegamos no dia seguinte. E, lá, o movimento colorido dos 1.200 operários da Vicunha, recém-contratados, entrando e saindo da fábrica tinindo de nova, caminhando por jardins bem tratados e ocupando as mesas do restaurante, lembra vida, produção. Do portão, vi uns operários debaixo das árvores.

— Que árvores são aquelas? — perguntei ao motorista.

— Carnaúbas.

— Calixto, comece daquelas árvores, mostre a sombra da carnaúba, venha para os operários e abra na fábrica — sugeri.

Ao fazer, no ano passado, o trajeto Tatuapé—Pacajus entendi melhor esse irreversível processo de desconcentração industrial, que outros países já viveram. Não há como, nem por que, impedir o movimento que espalha a produção pelo país. Há várias razões para explicá-lo. A mais óbvia: em São Paulo, os operários chegavam exaustos após três ônibus e duas horas de viagem. Em Pacajus, eles chegam animados pedalando suas bicicletas.

Quando a fábrica da Vicunha em São Paulo foi fechada, os desempregados entraram na estatística. Quando a fábrica foi reaberta no Ceará, os novos contratados não entraram na estatística. Este é um dos vários problemas com o desemprego: ele é mal medido. O índice de desemprego mais abrangente do país pesquisa apenas seis regiões metropolitanas. São Paulo entra; Fortaleza, não. Não é refazer a estatística que vai diminuir o problema, mas todo bom tratamento começa com um diagnóstico preciso.

O caminho Tatuapé—Pacajus não tem volta. Sem jamais ter ido aos dois lugares, foi mais ou menos o que me disse o economista americano John Dunlop, que eu ouvi sobre o novo mercado de trabalho. Dunlop é meio lenda na economia do trabalho. Foi professor do professor de José Márcio Camargo, um dos maiores especialistas brasileiros no assunto. Ele conserva, aos 83 anos, uma visão inquieta do mundo.

— Falar é fácil. A mais importante qualificação do trabalhador atual é ouvir — disse-me ele, numa conversa em que tive algumas lições sobre o mais complexo tema da nova economia: o emprego. Pedi a ele uma poção mágica contra o desemprego.

— Você está procurando algo que não existe mais. O problema da criação de emprego é muito mais complexo do que parece.

A primeira verdade a derrubar, na visão do professor, é a de que as pequenas empresas são as que mais criam emprego. Dunlop disse que estudos recentes na economia americana mostraram que as pequenas empresas são também as que mais destroem empregos, pelos seus insucessos.

— As maiores empregadoras são as pequenas empresas que dão certo, ou seja, que estão no caminho de se tornarem médias ou grandes.

Quando perguntei sobre o que garantia a permanência de um trabalhador no emprego, ele me corrigiu de novo.

— A pergunta deveria ser o que o trabalhador tem que fazer para entrar no mercado de trabalho e ser capaz de ficar nele no meio das mudanças que inevitavelmente vão ocorrer ao longo de sua vida profissional.

Segundo Dunlop, quem está hoje entrando no mercado passará por, pelo menos, seis ou oito mudanças radicais ao longo da carreira.

A mais recente delas é a das novas relações trabalhistas. Não mais apenas patrão-empregado, mas contratante-fornecedor de serviços.

— Os autoempreendedores, os pequenos empreiteiros da construção civil, os fornecedores de serviços estão aumentando a eficiência do mercado de trabalho — disse.

Ele acha que, para ser capaz de sobreviver neste mundo de mudanças, o trabalhador precisa saber algumas coisas que parecem simples:

— Ler, escrever, aprender, ouvir, explicar o que está fazendo e por que está fazendo.

E isso se aprende na escola? Do alto da sua experiência de professor aposentado de uma das mais renomadas escolas do mundo ele fulmina outra certeza:

— Lá em Harvard tivemos dois casos de alunos que desistiram dos cursos: um deles é atualmente presidente da Polaroid e no ano passado doou US$ 15 milhões para a universidade, e o outro é Bill Gates, da Microsoft, que doou US$ 25 milhões.

— A que conclusão isto nos leva, professor? — perguntei.

— À de que talvez precisemos de mais desistências em Harvard — divertiu-se ele com a minha perplexidade.

Enquanto Calixto preparava a câmera para a entrevista seguinte, eu aproveitava cada minuto com o professor Cláudio de Moura Castro. Ele me contou uma história familiar. Tinha acabado de voltar de uma viagem a Paris e Nova York. Em Paris, encontrou o cunhado revoltado com uma proposta da IBM de demitir um grupo de empregados excedentes pagando como indenização uma quantia suficiente para o início de um trabalho independente. Em Nova York, encontrou a filha animada com sua disponibilidade de tempo:

— Hoje trabalho cedo, amanhã só na parte da tarde, depois de amanhã folgo, porque no fim de semana trabalhei. Podemos passar o dia juntos.

— A Europa resiste às mudanças. Os americanos têm um mercado de trabalho flexível. Isso explica, em parte, as taxas de desemprego: altas na Europa, baixas nos Estados Unidos — concluiu Cláudio de Moura Castro.

Calixto voltou feliz com as imagens. Eu sofri catando palavras que, juntas, avisassem que o emprego mudou. A reportagem na TV teria três minutos.

Papel do consumidor

2.1.1997

As vendas de bicicletas caíram no ano passado, ao contrário do consumo em geral, que cresceu forte. A razão: os preços das bicicletas subiram após a elevação da alíquota de importação e o consumidor não aceitou o novo preço. O caso mostra que o novo consumidor brasileiro, aquele que sabe o preço de tudo, pune os aumentos simplesmente não comprando. Estabelece sobre as empresas a pressão que o governo retira ao fazer suas opções pelo protecionismo.

A venda de frango, que já foi vedete, também caiu. Um pouco. Nesse caso, os produtores enfrentaram um aumento forte na cotação do milho, um insumo básico. Tentaram repassar esse aumento para os preços, sofreram queda de vendas e tiveram que absorver os aumentos de custos. As grandes empresas do setor, como Sadia e Perdigão, chegaram a ter prejuízo no meio do ano, e só voltaram ao azul após esforço de corte de custos. A diferença entre os dois setores é que a produção do frango é um mercado competitivo, com participação de empresas menores e criadores artesanais. Já o setor de bicicletas é um "duopólio", portanto a importação, que foi contida pela decisão do governo, é fundamental para manter a competição.

Os dois casos mostram que a inflação baixa de 1996 não foi, como muitos disseram, apenas um resultado artificial da política cambial. Há uma nova dinâmica na economia brasileira conduzida basicamente pelo consumidor. Ele troca de marca — e até de produto — quando o preço não lhe convém, mostrando que começa a ter noção de preço relativo. Aconteceu com o vestuário no Natal de 1995. Descobrindo, após a estabilização, que a roupa no Brasil era uma das mais caras do mundo, o consumidor evitou comprar nas lojas de confecções, recusou os preços das grifes e fez filas nas joalherias. O resultado foi venda recorde de joias e crise nas empresas de confecção. Os preços das roupas tiveram que cair. Na entrada da estação de verão do ano passado, os preços do vestuário deram um salto na primeira semana de novembro, mas tiveram que recuar nas semanas seguintes.

A pressão exercida pelo consumidor sobre as empresas que elevam os preços acima da inflação é o motor da nova economia. Diante da queda de vendas, a única alternativa das empresas é revisitar seus custos, métodos de administração e logística, para ver onde é possível ficar mais eficiente e cortar custos.

O governo aparentemente não entendeu que é dobrando a aposta que poderá colher resultados dobrados da política de estabilização, e, frequentemente, cede ao choro dos empresários elevando tarifas de importação, criando cotas, restabelecendo muros, como fez com carros, brinquedos, bicicletas, calçados e vários outros produtos em 1996. Ao ceder aos empresários, conspira contra o consumidor, o grande e verdadeiro condutor do processo de estabilização da economia brasileira.

Única solução

27.3.1997

Quando o HSBC Bamerindus abrir na segunda-feira estará encerrado um dos mais longos e dolorosos capítulos da reestruturação bancária, detonada pelo fim da inflação alta, e o país terá dado um novo passo na abertura do mercado financeiro ao capital estrangeiro. Das propostas apresentadas pelo Bamerindus, a pior delas foi a de ser financiado pelo Banco Central com as mesmas taxas que remuneram as reservas cambiais.

Aceita, essa proposta significaria que os então controladores e gestores seriam poupados — já que não estaria sendo usado o dinheiro do Proer (Programa de Estímulo à Reestruturação e ao Fortalecimento do Sistema Financeiro Nacional) —, e o custo do dinheiro seria menor que o do Proer. O presidente Fernando Henrique acompanhou a evolução do problema, mas orientou a equipe econômica para que tomasse a decisão tecnicamente correta, sem qualquer consideração política.

A solução final contraria tudo o que foi proposto pelo Bamerindus e exibe de forma clara que o Proer não foi feito para socorrer banqueiros, mas salvaguardar os interesses dos depositantes. Fosse para socorrer banqueiros, o Bamerindus não teria consumido o tempo que consumiu tentando convencer o Banco Central a adotar outra solução que não envolvesse recursos do programa. O Proer requer intervenção na instituição e indisponibilidade dos bens dos controladores e administradores. A crítica que se pode fazer ao programa é em relação ao subsídio dado ao comprador do banco em dificuldade.

O senador José Eduardo Andrade Vieira demorou a aceitar a ideia de que perderia o banco, depois lutou contra a perda dos seus outros bens. Houve um momento em que o BC propôs que respondesse com seus bens por possíveis dificuldades patrimoniais encontradas no banco. O senador resistiu. Preferiu montar soluções que mantivessem uma porta aberta a ele, para uma futura volta ao banco.

Como o banco teoricamente não é do senador Andrade Vieira, mas da Fundação, o assunto teve que passar pelo crivo de juristas dentro do governo, para evitar qualquer falha que pudesse ser explorada mais tarde pelos controladores que estão sendo afastados.

Todas as soluções arquitetadas pelo grupo do Bamerindus eram temporárias. A do UBS-Graphus era de administração do banco para procura de comprador. Se não encontrasse, o dono do banco, na prática, seria o Banco Central. Por isso, o BC decidiu ir a mercado procurar um comprador e, há algumas semanas, as autoridades relevantes do governo sabiam que era impossível evitar uma solução traumática como a que foi anunciada ontem.

Ter encontrado um comprador estrangeiro, que já tinha um pé no Brasil e no Bamerindus, traz a vantagem extra de aumentar a competição no varejo bancário no país, dominado por um pequeno grupo de grandes bancos brasileiros.

Confusão telefônica

1.8.1998

Dois dias depois da privatização das empresas de telefonia, o ambiente era de confusão e improviso na maior empresa vendida: a Tele Norte Leste (depois Telemar). As conversas que tive com alguns integrantes do consórcio, formado às pressas para a compra da empresa, são espantosas. Os sócios me deram informações desencontradas sobre quem seria o presidente da nova empresa, não se sabia exatamente nem quem fazia parte ou não do grupo comprador. Foi um dia inteiro de muita confusão, que retrato aqui nesta coluna.

O economista André Lara Resende, presidente do BNDES, afirmou que o banco fez uma série de exigências ao grupo que comprou a Tele Norte Leste para confirmar a venda e financiá-la. Exigiu que o grupo tivesse um plano de administração para a empresa, que explicasse de que forma planejava atingir as metas fixadas pelo programa de telecomunicações e que comprovasse a capacidade financeira dos sócios.

— Quero evitar oportunismos — disse.

A preocupação se justifica. A informação que circulava no mercado era que eles compraram sem ter os recursos. Usariam o dinheiro dos fundos e do BNDES para pagar as primeiras parcelas e, depois, a geração de caixa da própria empresa comprada.

O Banco do Brasil, que foi um dos participantes do consórcio, já saiu das negociações; os fundos de pensão, que não estiveram no consórcio, querem participar; ninguém conseguia encontrar o presidente das seguradoras do BB, através do qual o banco participou do consórcio. O BNDES exigia, sem sucesso, que o grupo comprador comprovasse capacidade financeira para todas as etapas da quitação do negócio.

— Ficou a ideia de que esse consórcio é excessivamente pulverizado e não tem compromissos com o projeto da empresa. Que é um grupo muito circunstancial. O mercado refletiu essa preocupação. O problema é que essa empresa é emblemática, e tem que ser um exemplo do que se quer com a privatização, em melhoria de serviço e de gestão — disse André Lara Resende.

O grupo tem até segunda-feira para cumprir as exigências do BNDES.

— Essa empresa é a que mais tem companhias subsidiárias, e tem que ter uma administração única. Se cumprirem as exigências, o BNDES pode participar como debenturista. Mas existem outros condicionantes — explica André Lara Resende.

O grupo que for financiado precisa demonstrar capacidade de aportar recursos próprios, inclusive para as parcelas seguintes do pagamento da empresa. Além disso, o financiamento do banco vai sendo liberado aos poucos. Tudo isso é para evitar oportunismos de quem compra para descobrir depois como pagar.

Durante todo o dia de ontem, o FonteCindam, que foi *adviser* do grupo na operação, não foi chamado para as reuniões. Os sócios estão com dificuldade para se entender. A dúvida é: se sair o FonteCindam, como será possível viabilizar a participação dos fundos de pensão? É que eles entrariam através do fundo Fiago, que é do FonteCindam.

É difícil entender o grupo que comprou a Telemar. A sensação que se tem, ao conversar com o consórcio que comprou a Tele Norte Leste, é de um total improviso. Eles entram em contradição mesmo em pontos de absoluta relevância. Por exemplo: perguntei ao empresário Sérgio Andrade, da Andrade Gutierrez, AG Telecom, o líder do grupo, por que dois executivos da Vale, José Brafman e Miguel Ethel, participaram das reuniões do consórcio. A nossa conversa era por telefone. Ele hesitou por um instante, consultou alguém ao lado — que disse ser Atilano, presidente da Inepar — e respondeu:

— Não sei muito bem, acho que é porque eles são lá do La Fonte. Pra mim eles trabalham lá. (La Fonte é a empresa de Carlos Jereissati.)

Na verdade, ambos trabalham na Vale e Miguel Ethel é membro do conselho do La Fonte. Sérgio Andrade demonstrou mal conhecê-los. Perguntei também a Brafman por que ele e Ethel estavam na reunião. Ele respondeu:

— Somos conselheiros contratados pelo consórcio AG Telecom para ajudar em todos os detalhes: do financiamento à estruturação do grupo. Eu vou ser presidente da Telemar por um mandato até se encontrar um administrador profissional. E o Miguel vai ser membro do conselho de administração.

Uma resposta espantosa, já que o presidente da AG Telecom dizia não o conhecer e ele dizia ser contratado da AG Telecom.

Perguntei a Brafman se já estava combinado com todos, inclusive com Sérgio Andrade, que ele seria presidente e Ethel conselheiro. Brafman respondeu que sim. Perguntei de novo, só para ver se não tinha entendido mal, se ele seria o presidente executivo, e José Brafman respondeu:

— Sim, serei o CEO. — E contou que vai inclusive se afastar da Vale para assumir as novas funções.

Quando perguntei a Sérgio Andrade quem seria escolhido como executivo da empresa, ele respondeu:

— O Carlos Jereissati será o presidente do conselho e o Otávio Azevedo será vice-presidente. Quanto aos executivos, a nossa ideia é manter o Geraldo, o Isaque e o João de Deus — afirmou, e explicou que eles eram diretores da Tele Norte Leste.

— Geraldo e Isaque de quê? — perguntei.

— Me dê aí o cartão do Isaque — pediu ele a alguém próximo.

Perguntei se não revelava muita improvisação ele estar querendo entregar o comando da companhia a uma pessoa da qual nem sequer sabia o sobrenome.

Sérgio Andrade não respondeu, mas em momento algum falou de Brafman como o novo presidente da empresa; nem de Miguel Ethel como membro do conselho.

No final da tarde José Brafman me ligou. Estava na Previ participando de uma reunião. Deu uma informação diferente da que tinha dado sobre quem vai dirigir a empresa. Segundo ele, o consórcio havia tomado outra decisão a respeito da diretoria da Tele Norte Leste. A de manter os atuais diretores.

Ethel e Brafman foram levados para a Vale pelo empresário Benjamin Steinbruch e houve um momento em que concentravam todo o poder na companhia, acima dos executivos, inclusive. Hoje Brafman disse que se afastou de Benjamin porque discorda da maneira como ele dirige a Vale do Rio Doce.

O empresário Sérgio Andrade disse que vai cumprir as exigências do BNDES e apresentar um plano para a empresa. Contou que contrataram o *Business Plan* da consultoria McKinsey, que havia sido contratada pela própria Telebrás para fazer o plano da empresa que seria vendida.

— Nós gostamos muito do plano e vamos segui-lo. Vamos fazer um acordo de acionistas sem qualquer malandragem — garantiu.

De onde vem o dinheiro do consórcio? Na terça-feira, o consórcio terá que pagar R$ 1,3 bilhão ao BNDES para ficar com o grupo.

Se não pagarem, não recebem a concessão, e a empresa irá a novo leilão. Sérgio Andrade disse que estará lá com o dinheiro. Que vai sair das seguintes fontes: os fundos de pensão (Previ, Sistel, Telos e Funcef) vão entrar com R$ 350 milhões; os outros R$ 950 milhões serão divididos em duas partes — uma é financiamento do BNDES; a outra metade, R$ 475 milhões, será dividida entre os grupos Andrade Gutierrez, Inepar, La Fonte e Macal. Andrade admitiu que a sua empresa tem em caixa apenas parte desse dinheiro que terá que depositar na terça-feira, mas que vai se financiar em bancos privados. Os fundos de pensão com que conversei me disseram que nada está ainda acertado. E que não houve conversas em detalhes desde o leilão.

A Andrade Gutierrez está como inadimplente no Cadin (Cadastro Informativo de Créditos não Quitados do Setor Público Federal), porém, segundo Sérgio Andrade, é porque estão sendo cobrados da empresa impostos sobre distribuição de lucro aos empregados, impostos que não são devidos. Os fundos de pensão não podem participar diretamente do consórcio porque não estavam no grupo que fez o lance. Vão entrar pelo private equity do banco FonteCindam, o Fiago. O Banco do Brasil, que estava no consórcio, está fora. Ontem à tarde, os membros do consórcio tentavam confirmar isso, mas não achavam o presidente da Aliança do Brasil e da Brasil Veículos. Os flagrantes neste segundo dia após a privatização da empresa são reveladores. E assustadores.

Fundos polêmicos

19.11.1998

Sempre que os fundos de pensão entram em alguma polêmica, anuncia-se uma auditoria. O que deveria ser rotina vira ameaça. As auditorias nunca dão em nada. A Secretaria de Previdência Complementar sempre foi incapaz de controlá-los. O governo Fernando Henrique não modernizou em nada o trato com essa explosiva questão. Os fundos burlam limitações, fazem o lucro dos seus escolhidos no setor privado e repassam o prejuízo para o Tesouro.

Os fundos de pensão são o mais importante instrumento de captação de poupança no mundo. São a força do capitalismo americano. No Brasil, restam intoleráveis vícios nos fundos das estatais. O Estado sempre teve que dar dinheiro demais para essas entidades. No passado, as transferências do governo correspondiam a várias vezes a contribuição do empregado. Por isso, a Previ ficou várias vezes maior que o Banco do Brasil. Agora, isso tem diminuído e, dentro de dois anos, para cada R$ 1 depositado pelo governo, o empregado entrará com R$ 1. Paulo Kliass, secretário de Previdência Complementar, afirmou que, na Previ, a contribuição já é paritária. Está desinformado. Atualmente, a paridade só vale para quem está entrando agora no Banco do Brasil. Para o resto dos funcionários, o esquema é de R$ 2 para cada R$ 1 depositado pelo empregado. Quem confirmou isso, esta semana, foi o presidente do BB, Paulo Ximenes.

Muita gente pensa que o governo não deve interferir na gestão dos fundos. Por exemplo, seria sempre suspeita qualquer ordem do Banco do Brasil, ou do governo, na Previ. Afinal ela é uma entidade de direito privado. O que é errado é fazer essa interferência por razões nebulosas e caminhos tortos. Por que Eduardo Jorge, quando secretário-geral da Presidência da República, era o homem que falava com os fundos de pensão? Por que Ricardo Sérgio, como diretor internacional, era quem dava ordens na Previ?

A diretoria da Previ tem representantes do banco e dos funcionários. Cada um deve tomar decisões da ótica de quem o enviou. É absolutamente normal que os representantes da mantenedora na diretoria do fundo defendam o investimento que seja do interesse do banco e do Tesouro. Se a Previ der prejuízo ou tiver algum déficit atuarial, quem vai cobrir o rombo será o Banco do Brasil. E quando o Banco do Brasil deu prejuízo, o seu dono, o Tesouro, gastou R$ 8 bilhões. Portanto, o BB e o Tesouro têm o direito, sim, de vetar a entrada do fundo em aventuras financeiras. Mas devem fazê-lo de forma clara e transparente.

Os fundos estatais mostraram todo o seu poder no início da privatização. Os fundos, principalmente a Previ, quando vão para um consórcio desequilibram a competição. Houve um leilão do qual participavam três consórcios; quando a Previ entrou em um deles, os outros dois desistiram.

Algumas vezes, compraram participações minoritárias; outras, o controle. Nas duas formas, erraram. Na CSN, Vicunha e Previ têm o mesmo percentual de ações: 15% cada uma; porém a Previ aceitou o acordo de acionista no qual vota como se tivesse apenas 2% das ações. A Mafersa, comprada integralmente pela Refer, deu prejuízos enormes. Todos cobertos pelo Tesouro.

Se a empresa der lucro, enriquece o empresário, sócio do fundo; se der prejuízo, a conta vai para o Tesouro. Isso acontece mesmo fora da privatização. Anos atrás, os fundos de pensão decidiram comprar a Paranapanema. Ela tem dado prejuízos milionários. Todos absorvidos pelo fundo.

O pecado original é que o regime desses fundos é de benefício definido, e não de contribuição definida. Portanto, o fundo se compromete a pagar a cada associado que se aposentar um benefício preestabelecido. Para se saber se um fundo é capaz de pagar todas aquelas contribuições no futuro, são feitos os cálculos atuariais. Quem os faz são as empresas de auditoria. Elas tendem a exagerar nas contas. Quanto maior o rombo, melhor para o fundo e maior o repasse que o Tesouro tem que fazer. Uma solução para isso seria passar os fundos para o regime de contribuição definida, em que o associado recebe o que o fundo for capaz de pagar. Se ele for rentável, poderá pagar mais. Assim, o administrador será mais cuidadoso, os déficits acabarão e o associado fiscalizará melhor.

O governo alega que não pode obrigar os fundos a passarem para o novo regime, porque isso iria ferir o direito contratual dos funcionários. Não é verdade. Em todas as empresas que foram privatizadas, a primeira decisão dos novos donos foi mudar o regime. Até na Cemig, da qual o estado ainda é o controlador, o regime foi mudado assim que entrou um sócio privado.

Na privatização das telecomunicações, o ministro Sérgio Motta estabeleceu o limite de 20% para os fundos de pensão. Pois a Previ burlou esse limite quando indiretamente financiou os seus sócios, principalmente Carlos Jereissati, do La Fonte. A Previ argumenta que, quando dá lucro, também tem que dividi-lo com o Tesouro. Em 1997, quando o fundo deu um lucro de R$ 11 bilhões, o Banco do Brasil deveria receber a metade. O certo deveria ser dois terços do superávit, porque a contribuição é dois por um, mas isso nem chegou a ser cogitado. Em vez de receber esse dinheiro, o BB fez um acordo com a Previ: ela ficaria com todo o superávit e passaria a pagar os aposentados do banco. Por incrível que pareça, até aquele momento, o BB repassava recursos ao fundo (R$ 500 milhões por ano) e ainda pagava os aposentados.

Pela brilhante engenharia financeira, a Previ ficou com todo o superávit, o banco passou a dever ao fundo e continua a desembolsar a mesma quantia de antes, só que agora como pagamento da dívida. Passará os próximos 32 anos pagando essa dívida. E mais: o acordo aumentou o gasto futuro do fundo. Os funcionários que entraram depois de 1977 tinham sua aposentadoria limitada a três vezes o teto da previdência privada. Agora, passarão a se aposentar com o último salário. Ou seja, o Banco do Brasil aumentou a aposentadoria dos seus funcionários num momento em que se cortam as aposentadorias do resto do país.

A questão dos fundos é, como se vê, muito mais grave do que se imagina. Distorcem a privatização, produzem déficit público, distribuem benefícios para alguns empresários e fazem o sistema previdenciário brasileiro mais perverso. São ainda um caso de injustiça tributária: os fundos não pagam impostos. Até este momento, são isentos.*

---

* Em 2001 passaram a pagar uma pequena alíquota de imposto.

O voto econômico

6.9.1998

O governo não tinha alternativa, a não ser agir. Se fosse possível manter estável o ritmo de saída de reservas, até as eleições teriam saído US$ 30 bilhões do país. A oposição acertou na escolha do alvo. A crise é sua melhor chance. A dúvida é se a alta dos juros e o corte de gastos agora são bons ou ruins para o projeto eleitoral do presidente. Pesquisas passadas mostram que, quando a confiança no plano cai, FH é o primeiro a perder.

Os estrategistas de campanha de Fernando Henrique cometeram dois erros. Primeiro, ignoraram a crise, presente nas manchetes de todos os jornais. Segundo, acharam que a crise favorece o presidente automaticamente. Todas as vezes em que a confiança no plano caiu, Fernando Henrique perdeu popularidade. O casamento entre o Real e ele é para o bem e para o mal.

Por isso, a oposição acertou ao concentrar sua munição na crise. Numa disputa, mira-se o ponto frágil do adversário. Como jamais conseguiram convencer o eleitor de que manteriam a estabilidade, o agravamento da crise abriu sua melhor chance. Mas a crise só inverterá o jogo se a oposição convencer o eleitor de que sabe a solução do problema.

Em outubro de 1997, a eleição estava longe, mas houve um ensaio desse efeito. A preferência eleitoral de Fernando Henrique caiu, acompanhando o movimento de queda da confiança no plano, por causa da crise da Ásia. Apesar disso, Lula não subiu. Mesmo assim, ficou claro que aí havia uma brecha.

A preferência eleitoral de Fernando Henrique, pesquisada pelo Datafolha, caiu cinco pontos de setembro a novembro de 1997, ficando mais baixa que no pior momento este ano, que foi o mês de junho. Mas Lula foi de 22% a 21%. Em dezembro, depois que Fernando Henrique fez um pacote impopular (o Pacote 51), a confiança aumentou, e ele reconquistou os pontos perdidos. O Ibope, na época, numa pesquisa sobre o pacote, fez revelações interessantes. Só 5% disseram ter entendido todas as medidas; 47% disseram que não tomaram conhecimento. Apenas 18% acharam que seriam beneficiados por elas, mas 32% disseram que elas iriam melhorar a situação do país. No Ibope, o índice de aprovação do governo caiu durante os piores meses da crise, de outubro a dezembro.

O eleitor rejeita o candidato que ameaça a estabilidade. E se a estabilidade está ameaçada, ele se afasta do presidente. Portanto a inflação próxima de zero não é o bastante para garantir os votos no governo. O medo de que ela não se mantenha sob controle é determinante na decisão do voto.

Por outro lado, a crítica, para ser eficiente, exige uma estratégia sofisticada: é preciso criticar, passando a ideia de adesão à estabilidade. Até agora, o PT não tem conseguido isso. No programa eleitoral, a sucessão de frases feitas e clichês confunde quem não entende, e não conquista quem entende. Foi inteligente, por parte do PT, o abandono da defesa da desvalorização do câmbio, só que a ideia permanece implícita em todas as declarações que fazem seus economistas.

O presidente Fernando Henrique, na última sexta-feira, acompanhava com telefonemas para a equipe econômica até a preparação de circulares do Banco Central. Tinha tomado a decisão de agir quando percebeu que o que estava em risco era a própria estabilização. Fez bem. Governos governam; não podem abdicar de suas responsabilidades quando estão em campanha. A ideia de guardar propostas, estratégias e planos para depois das eleições estava assustando o país. O Brasil é um país traumatizado. Um dos traumas é o de candidatos que escondem o que pretendem fazer até o momento da abertura das urnas. Há dois casos recentes: Cruzado II e Plano Collor.

Este é um momento delicado. Para quem se queixava da falta de emoção nas eleições deste ano, está servido um prato cheio. A crise internacional é muito grave; os riscos brasileiros, muito grandes. A oposição tem razão em várias de suas críticas. O governo também, quando critica a oposição. Ambos têm sua parcela de culpa por estarmos enfrentando o pior da crise com um déficit do tamanho de 7% do PIB. O governo é o maior culpado, por ser governo. Mas a oposição jamais deu uma demonstração sequer de que tivesse entendido a necessidade de ajustar as contas públicas. Esta semana é decisiva. O governo está dobrando a aposta a um mês das eleições. Se a estratégia para estancar a perda de reservas não der certo, tudo pode acontecer. Na economia e na política.

Crise existencial

29.3.1998

O primeiro-ministro da Malásia, Mahathir Mohamad, em dramática entrevista à *Asiaweek*, afirmou que não é livre nem para falar, porque qualquer coisa que diga derruba a cotação da moeda. O novo presidente da Coreia, Kim Dae-Jung, começou o trabalho de desmontar o modelo apontado como exemplar em vários países. Reconhece os erros coreanos e pede calma. Duas respostas, opostas, para a crise que sacudiu o mundo.

Os dois países são casos extremos de reflexos da crise. Mahathir participou ativamente, nos últimos 18 anos, da construção do modelo da Malásia e está perplexo diante da mudança de avaliação feita por analistas sobre a economia do país. "Em junho, tudo o que eu fazia estava certo; em julho, tudo estava errado."

Kim Dae-Jung tem uma história oposta. Ele foi vítima do governo que construiu o modelo que agora tem a missão de desmontar para salvar o país. Sua atitude é inteiramente diferente da de Mahathir. O *premier* malaio culpa um incorpóreo inimigo externo. O presidente coreano tenta convencer o país, tradicionalmente xenófobo, de algumas novidades. Um exemplo disso pôde ser visto num debate com uma estudante. A jovem estava preocupada com o risco de que o capital externo colonize a Coreia, e Kim Dae-Jung respondeu: "O capital não tem nacionalidade. O importante é onde o capital está sendo investido."

Na primeira entrevista grande que deu desde a eclosão da crise, o primeiro-ministro da Malásia fez declarações inteiramente inesperadas para um chefe de Estado. O repórter da *Asiaweek* achou que ele estava "defensivo". Quem lê a entrevista tem a sensação de que Mahathir Mohamad anda desesperado. Segundo o *premier*, a crise econômica mostrou que os governos não controlam mais os destinos das nações.

"O primeiro-ministro perdeu sua voz, seu direito de falar livremente. Qualquer coisa que eu diga derruba a moeda, e isso leva à pobreza milhões de pessoas; não apenas na Malásia, mas nos países vizinhos. Porque quando você desvaloriza a moeda, você faz as pessoas mais pobres. E eu não sei o que eu fiz que era diferente do que eu vinha fazendo. Não é que eu tenha rejeitado o livre mercado ou a democracia. De repente me disseram: 'Você não tem mais a confiança.' E você não pode criticá-los. Isso é quase uma religião. Se você critica, vira um herético. Você vive com medo", contou à revista.

O repórter da *Asiaweek* perguntou quem seriam "eles". Seriam especuladores? Os bancos que negociam no mercado de câmbio? O George Soros?

O primeiro-ministro disse que não se trata de uma conspiração. É apenas alguém que quer ganhar dinheiro. Disse ainda que Soros — com quem ele teve uma briga pública na reunião do FMI em Hong Kong — é só um exemplo de quem tem acesso a grandes fundos que podem ser usados para "empobrecer países inteiros, regiões inteiras".

A conversa com o novo presidente da Coreia tem outro tom. Kim Dae-Jung passou a maior parte dos anos 1970 e 1980 na cadeia, quase morreu num atentado, e agora, no poder, continua lutando contra o velho sistema. Sua batalha, como disse a revista *Far Eastern Economic Review*, que o entrevistou, é para reinventar a Korea Incorporated como uma economia competitiva.

"Eu acho que esta crise surgiu porque nós não estávamos fazendo o que devíamos fazer. Eu quero transformar esta crise numa oportunidade."

Kim Dae-Jung disse que sabe que a Coreia está mal na avaliação dos investidores, mas avisa que vai mudar a direção da economia, reduzindo o tamanho dos grandes conglomerados, os *chaebols*, incentivando mais as pequenas e médias empresas e iniciando uma reforma do setor público. Kim Dae-Jung está convencido de que o único caminho para salvar a economia coreana é abri-la ao mundo.

Balanço FHC I

4.10.1998

Um balanço dos últimos quatro anos mostra o oposto do que se tem como verdade: o governo Fernando Henrique teve apoio do Congresso para fazer reformas importantes. As não aprovadas foram mal preparadas e mal articuladas. Neste mandato se fez muito para desmontar o velho aparelho do Estado, mas o governo teve núcleos de espantosa inépcia, como o Gabinete Civil. O que deve sair hoje consagrada nas urnas é a moeda.

Há quatro anos, o monopólio estatal do petróleo e das telecomunicações e o tratamento discriminatório contra empresas estrangeiras estavam escritos na Constituição. Hoje as telecomunicações estão privatizadas, e o órgão regulador deve, se bem trabalhar, fomentar a concorrência. Está desembarcando no país a primeira importação de petróleo não feita pela Petrobras, e uma multidão de firmas estrangeiras do setor está chegando. Fala-se em cifras espantosas de investimento das companhias de petróleo que chegam a US$ 100 bilhões.

Convém Sonhar 77

O Brasil recebia US$ 100 milhões de investimento direto por mês há quatro anos; hoje recebe US$ 1,5 bilhão por mês,* mesmo em tempos de crise, como agora. Ferrovias, portos, empresas elétricas e bancos estatais foram privatizados. Consolidou-se a abertura, as empresas tiveram que enfrentar desafios impressionantes: melhorar a produtividade para não perder espaço num mercado de consumo que, em vários produtos, dobrou ou até triplicou de tamanho. Três dos dez maiores bancos do país deixaram de existir, num controverso mas hoje considerado providencial ajuste bancário.

Mesmo assim chega-se às eleições com aflições e medos terminais. Pouco se discutiu, nos últimos meses, sobre a diferença entre as duas propostas de governo que tinham chances de vitória. O tempo foi dominado pela angústia de um país que via suas reservas sangrando diariamente e temia o colapso.

Nestes quatro anos, o país viveu emoções polares. As vendas dos supermercados dobraram, de R$ 25 bilhões para R$ 50 bilhões. Mas o medo do desemprego se alastrou, e os índices dos sem-trabalho chegaram aos níveis mais altos desde a recessão do período Delfim Netto. No quarto ano do governo, o país vai conquistar a inimaginável inflação zero, mas exibe um aleijão: taxas de juros básicas de 40% ao ano.

A mudança do capítulo da ordem econômica da Constituição permitiu uma revolução. O Congresso aprovou as mudanças em votações velozes comandadas pelo inesquecível Luis Eduardo Magalhães. Mas um tortuoso e sofrido processo de votação ainda não conseguiu concluir as reformas administrativa e previdenciária. Culpa do Congresso? Seria simplista dizer isso. As propostas foram débeis, e o relacionamento com o Congresso sempre sofreu com a inapetência do Gabinete Civil para as questões políticas. O país ainda vive

---

* Em 2008, recebeu mais de US$ 3 bilhões por mês.

com uma estrutura tributária construída na época da superinflação porque o governo apresentou três propostas, prepara uma quarta, e ainda não sabe o que quer.

Há quatro anos, anunciou-se que o governo teria uma gestão leve, moderna e eficaz. Foi pesada, velha e ineficiente. A ideia das comissões interministeriais e dos conselhos, todos comandados pelo chefe da Casa Civil, que dariam rapidez aos assuntos administrativos, não funcionou. O ministro Clóvis Carvalho virou uma espécie de primeiro-ministro. Mas sem norte. Exemplo disso foi o que aconteceu com as propostas dos órgãos reguladores. Eram fundamentais para montar o novo Estado: que não é mais o dono das empresas, mas zela pela concorrência e defende os interesses dos consumidores. Todos os projetos que saíram do Palácio eram a cara das velhas burocracias do Estado-proprietário. O Congresso melhorou os projetos. Não por acaso, a agência mais bem elaborada foi a das telecomunicações, feita integralmente pelo ministro Sérgio Motta.

Patéticas eram as reuniões da Câmara de Política Econômica, no Palácio, nas noites de terça-feira. Nos momentos de crise, funcionavam porque eram reuniões da equipe econômica com o presidente da República. Nos dias ordinários, cada um falava o que lhe vinha à cabeça e o bate-papo terminava sem qualquer costura. Reuniões sem chefia, que não davam em nada, de onde não saíam ações preventivas para consolidar a estabilização.

Na área social, o país não teve maiores projetos, exceto os inegáveis ganhos da inflação baixa e da educação. O Ministério da Saúde teve três titulares e, só no fim, parece encontrar uma ideia. O assunto reforma agrária foi entregue inicialmente ao banqueiro José Eduardo Andrade Vieira — hoje sem-banco — que, evidentemente, não tinha qualquer pendor para o tema. Quando foi escolhido um ministro com sensibilidade para o problema, Raul Jungmann, o campo já vivia um ambiente de radicalização. A educação, felizmente, fez visíveis avanços.

Erros no comando na área econômica produziram um estrago: correções de rumo no câmbio e na área fiscal que deveriam ter sido feitas há tempos foram sendo adiadas e hoje cobram do país um preço excessivamente alto.

Este governo mudou o Brasil. Hoje a vida de uma empresa, a cabeça do consumidor, a lógica da economia são totalmente diferentes do que eram na época da inflação e da indexação. Ninguém lhe tirará esse mérito, exceto ele mesmo, se não lutar com muito mais vigor e decisão num segundo mandato para garantir o que foi conquistado. E conquistar significa mudar o país ainda mais.

Durante todos estes anos, quando o Ibope perguntava se o Plano Real dera certo, quase metade dos consultados dizia que "ainda era cedo para dizer". Sábio povo brasileiro o que vai hoje às urnas. O mesmo que, no Cruzado, acreditou em milagres, mas que, nos muitos revezes seguintes, aprendeu a paciência de construir um projeto.

Se o governo for confirmado hoje, como as pesquisas indicam, é a moeda que estará sendo consagrada. E ela está correndo riscos. É apenas parte da verdade dizer que a turbulência é fruto da crise internacional. Nos últimos quatro anos, o presidente Fernando Henrique cometeu erros, teve indecisões e, às vezes, perdeu o rumo. Achou que era fácil, encantou-se com alguns sucessos, adiou decisões inadiáveis, como a mudança do câmbio. Essa conta será cobrada agora. Nesta segunda chance, terá que fazer melhor; sob a pena de perder o projeto que vendeu ao país

No fundo, no fundo

18.10.1998

Ninguém deixa de sentir um certo travo de amargura, um gosto de retrocesso ao reviver o ritual de ida ao FMI, que inclui as desgastadas cartas de intenção. Não há como deixar de sentir frustração pelo país não ter sido capaz de, sozinho, impor a si mesmo a austeridade fiscal. Sozinho, o Brasil resolveu sua dívida externa dos anos 1980; sozinho, estabilizou sua economia. Mas há diferenças agora que podem nos proteger dos erros do FMI.

Na equipe econômica, a operação de ida ao FMI é descrita como uma vitória. Na verdade, ninguém gosta de estar nessa situação. Mas eles estão convencidos de que o Brasil provocou uma ruptura: nunca um país conseguiu socorro financeiro sem estar quebrado. O Brasil mesmo, nas outras vezes, só foi ao Fundo de joelhos: sem reservas, sem respeito internacional. Pela primeira vez, o FMI sanciona políticas nacionais, como fez com a política cambial. Sendo que, nesse assunto, os técnicos do Fundo sofriam a pressão de suas próprias convicções — muitos acham que o câmbio está errado — e do lobby dos bancos, que queriam a desvalorização. Outra diferença é ressaltada por Mailson da Nóbrega:

— Nunca vi um acordo ser precedido de um comunicado conjunto em que o FMI reconhece e aprova políticas adotadas pelo país que pede ajuda.

A convicção na equipe econômica é que o Brasil passou a ser o primeiro exemplo de uma nova forma de relacionamento. É melhor esperar para confirmar. Afinal, um país com tanta experiência na bisbilhotice e na falta de sensibilidade do Fundo Monetário não acredita facilmente em milagres.

O fato é que o passado foi pior. No primeiro colapso cambial dos anos 1980, o de 1982-1983, o Brasil chegou ao Fundo completamente exaurido. Quando Affonso Celso Pastore assumiu o Banco Central, sucedendo a Carlos Langoni, ele perguntou ao diretor da área externa quanto havia em caixa e ouviu uma estarrecedora resposta: "US$ 200 milhões."

Nas cartas de intenção, pedia-se o impossível. Havia metas nominais de déficit. Esta medida de déficit só é compatível com inflação baixa, porque ela registra também tudo o que é pago em correção monetária e cambial da dívida interna. Portanto, se a inflação for maior que o imaginado, a meta estoura. Como o país não conseguia domar os preços com instrumentos clássicos — descobriu-se com o tempo que a inflação brasileira era um bicho muito mais complicado —, o Brasil sempre ficava fora dessas metas. A primeira carta de 1983 impôs uma política cambial tecnicamente esdrúxula: a correção mensal do câmbio tinha que ser sempre 1% acima da inflação. Gerou a maior especulação e acabou na maxidesvalorização. Nesse período, foram sete cartas seguidas. Todas descumpridas, até porque o governo da época nunca teve a intenção de cumpri-las, como admitiu mais tarde o então ministro Delfim Netto. Mas o segundo momento foi mais duro:

— O Brasil tinha feito uma moratória de confronto e chegamos ao Fundo numa atitude defensiva — conta Mailson, que era ministro na época.

De fato, a moratória de 1987 foi uma tentativa de armar um palanque político para o desgastado governo Sarney, que havia perdido o Cruzado e feito o Cruzado II na abertura das urnas. No ano seguinte, ele foi empurrado para o FMI.

Mailson acredita que o Brasil nunca esteve tão senhor da situação quanto agora. As sucessivas declarações favoráveis de autoridades internacionais, da direção do FMI e da imprensa estrangeira nos últimos dias mostram que o país passou a ser tratado de forma inteiramente diferente do que foi nos anos 1980. O Brasil era visto como um caloteiro, de hábitos exóticos e inflação maluca. A estabilização, a abertura do mercado, o crescimento do mercado interno, o aumento dos investimentos estrangeiros tornaram o país mais respeitado e mais relevante para a economia mundial. Mas, além disso, calhou de a crise bater aqui exatamente num momento em que o FMI, na berlinda, precisa de um caso de sucesso. E em que a economia do mundo não aguenta mais uma queda.

Que ninguém se engane, no entanto. O Brasil lida muito mal com o intervencionismo típico do Fundo. Até porque o passado deixou marcas. O Fundo não é apenas um clube do qual fazemos parte. É também um grupo de tecnocratas cujos erros não serviram para reduzir a notória arrogância. Construir de fato um novo relacionamento é mais um desafio de uma época cheia de desafios.

A vitória do grampo

24.11.1998

Quando a crise cambial começou na Ásia, havia muita briga entre os membros da equipe e o Planalto. José Roberto Mendonça de Barros foi encarregado de aplacar iras e costurar a união. Quando Sérgio Motta morreu, três meses antes da privatização das teles, Luiz Carlos Mendonça de Barros foi convocado para concluir a tarefa. Quando quis estabilizar a economia, o então ministro Fernando Henrique começou indo à casa de André Lara Resende.

Por isso foi tão difícil a reunião que acabou na demissão dos três. O presidente perdeu três pessoas nas quais confiava e às quais entregava tarefas especialmente difíceis. Para o segundo mandato, dois deles haviam sido convidados para postos estratégicos. Luiz Carlos iria para um o ministério que se chamaria "da Produção" e André seria presidente de um Conselho de Consultores da Presidência da República, como existe nos Estados Unidos. Com esses dois instrumentos, o presidente imaginava marcar seu segundo mandato com soluções de longo prazo, como marcou o primeiro com o Real.

A saída dos três desarticula o segundo mandato e cria riscos e problemas potenciais. O Ministério da Produção saiu da cabeça dos irmãos Mendonça de Barros. Desde que assumiu a Secretaria de Política Econômica, José Roberto passou a ouvir a economia. Não os velhos lobbies empresariais, mas as novas forças de mercado que estão produzindo enormes avanços de produtividade em suas empresas e com isso modernizando a economia. Identificou gargalos e vislumbrou o potencial de crescimento do país. O desafio era montar uma política governamental que fortalecesse as empresas, mas que não lembrasse o passado. Para tanto, seria proibido tocar na abertura comercial ou reviver subsídios a empresas. Luiz Carlos, com sua experiência no BNDES, achava que isso seria possível, e assim, a quatro mãos, nasceu a ideia deste "Ministério da Produção", que encantou Fernando Henrique.

Encantou tanto que ele cometeu um erro fatal: anunciou que criaria um ministério que faria a articulação com os empresários e pré-nomeou Luiz Carlos para o posto. Foi o primeiro tiro. A existência de um ministério assim animou todo o empresariado tradicional, que viu nele a chance de uma volta às políticas de proteção e favorecimento das quais têm tanta saudade. Acendeu também a cobiça de todos os partidos. Quem não quer ter em mãos um ministério que poderia agradar aos empresários e que teria sob seu comando BNDES, Banco do Brasil e talvez Banco do Nordeste?

Sem os irmãos Mendonça de Barros, é melhor arquivar a ideia desse ministério. Em mãos de políticos, vai virar um balcão de favores. Em mãos de empresários, virará o ponto da conspiração contra a política de estabilização. Tudo o que consta do cardápio tradicional da política industrial mina a estabilidade da moeda. O risco em manter esse cargo na disputa ministerial é explosivo.

O ministério só pôs mais lenha na fogueira. Como qualquer pessoa que acompanha esse assunto entende, foi uma briga de poder dentro da Tele Norte Leste (Telemar) o estopim para o episódio da divulgação das fitas. No momento mais agudo dessa briga, quando a entrada de uma operadora poderia alterar o poder na empresa, as fitas apareceram. Luiz Carlos acha que isso não é coincidência.

As conversas que vieram a público são inadequadas. Mostram a preferência por um consórcio. Mas este consórcio perdeu a disputa. E perdeu porque as regras eram neutras. Contudo permanece o espanto com o fim desse imbróglio. Três pessoas que travaram duras batalhas pelo país e que deram contribuições fundamentais estão saindo como culpadas num episódio no qual foram vítimas de uma escuta criminosa, que não foi feita pela polícia, nem com autorização judicial, mas, sim, por concorrentes de uma disputa. Se esse for o último capítulo dessa história, a chantagem terá dado certo.

Pedras no caminho

29.7.1999

A greve dos caminhoneiros é reveladora. Ao final do terceiro dia, o país parece perto do colapso: os pintinhos da Sadia morreram, a Parmalat não recolhe o leite, a Volks não entrega os carros, o Rio não come salada, pode faltar gasolina. Tudo isso mostra que a privatização e a modernização, que aumentariam as opções de modais de transporte, não atingiram seu objetivo. O Brasil é rodoviário. Depende dos caminhões.

A privatização das ferrovias, feita para criar uma opção para o transporte de mercadorias, fracassou. Os trens não viraram a opção de transporte aos caminhões, como se imaginava que seriam. O que aconteceu?

Primeiro, os investimentos pesados que precisariam ter sido feitos para melhorar a qualidade das ferrovias não foram executados pelo dono privado. Elas permanecem velhas, inoperantes, sucateadas Na Ferrovia Paulista S.A (Fepasa), a velocidade média é de 15 quilômetros por hora a 17 quilômetros por hora. Nos Estados Unidos, é de 70 quilômetros por hora. O estado precário das ferrovias é herança que o setor privado recebeu, mas, em parte, também é resultado dos erros do modelo de regulação.

Segundo, foram estabelecidas metas equivocadas. Em vez de metas de velocidade mínima nas linhas, o que implicaria investir na melhoria das ferrovias, foi fixada a exigência de um aumento da carga transportada. Ora, ninguém controla a demanda. E as empresas privatizadas não cumpriram as metas.

Terceiro, o modelo de privatização acabou produzindo um problema no comando das empresas ferroviárias. Há muita briga entre acionistas; e conflitos de interesse. Para se ter uma ideia, na Ferrovia Centro-Atlântica, Vale e CSN entraram na Justiça contra uma decisão do conselho de administração comandado pelo Garantia, que quer a união à malha sul enquanto a Vale quer a união à Vitória-Minas.

O atraso na modernização dos portos é outro empecilho à montagem de uma logística no país em que o *rodoviarismo* não seja tão dominante. A ferrovia que consegue chegar ao Porto de Santos é estrangulada pelos quase 200km de trilhos, dentro do Porto, que são da Companhia de Docas do Estado de São Paulo (Codesp). Os dutos controlados pela Petrobras têm um custo por mil toneladas/km transportado que é exatamente o dobro do custo americano. O transporte aéreo no país é caríssimo. E o aquaviário praticamente não existe.

Então esta é uma greve dos caminhoneiros que exibe a crise logística do país, a crise dos modais de transporte, o fracasso do programa de modernização do Brasil, e que mostra que a privatização, a desregulamentação e as concessões privadas não resolveram o que supostamente resolveriam.

Na lista das reivindicações dos caminhoneiros, há reclamações justas e outras estapafúrdias. Entre os pedidos estão redução no pedágio, mudança no cálculo do frete e uma punição menos rigorosa para as infrações cometidas.

A corrupção dos fiscais é também custo-Brasil e deveria ser combatida até por isso. Mas a anistia das multas pode encobrir os conhecidos erros dos motoristas brasileiros: que dirigem sem qualquer preocupação com segurança, pondo em risco as suas vidas e as alheias. Nos Estados Unidos, o transporte rodoviário é mais caro que no Brasil porque não há o subsídio ao combustível que existe aqui, e lá há leis que protegem os motoristas e os cidadãos, como, por exemplo, limite de horas de trabalho. Em qualquer lugar, os pedágios são necessários para manter a qualidade da estrada, mas aqui os critérios de fixação dos preços são completamente obscuros e parecem exageradamente altos. Pela multiplicação dos pontos de pedágio, ir de São Paulo ao Rio em carro de passeio ficou 199% mais caro em dois anos; e o preço para ir de caminhão subiu 117%.

Há muito o que refletir nesta greve sobre os fracassos do processo de modernização e o atraso na redução do custo-Brasil. Para exportar, os exportadores têm que vencer as pedras do caminho.*

---

* Durante quatro dias, a greve dos caminhoneiros, que, segundo as lideranças, contou com 800 mil adesões, paralisou as principais estradas do país, em 21 estados. O abastecimento de hortaliças e frutas, bem como de combustíveis, ficou bastante prejudicado. A negociação só andou quando o presidente Fernando Henrique chamou o Exército, para o caso de as estradas não serem liberadas.

Só o Brasil salva o Brasil

15.1.1999

Quem vasculhar a imprensa estrangeira vai encontrar, nas vastas páginas dedicadas ao Brasil, retalhos de otimismo. No *Wall Street Journal*, a declaração de um banqueiro dizendo ter falado com dois economistas que acreditam que a estratégia brasileira pode funcionar. No *Financial Times*, a ideia de que a desvalorização brasileira pega os *hedge funds* mais fracos e com menos apetite aventureiro.

Mas quase todas as linhas são de um pessimismo tão cortante quanto o frio provocado pela tempestade de neve que desabou sobre Nova York nesta quinta-feira. Há uma divisão no pessimismo: uma do capital de curto prazo, outra do capital produtivo. A primeira é de que o acordo com o FMI funcionou num aspecto: deu ao mercado tempo para se preparar. Isso confirma uma ideia publicada num artigo do *New York Times*, de que o acordo com o fundo foi feito para eles, os americanos. Os bancos já reduziram desde outubro 25% dos seus empréstimos ao Brasil, diminuindo o próprio risco.

Mas o verdadeiro medo se espalha entre as companhias que, nos últimos anos, apostaram firmemente no Brasil: as empresas produtivas Xerox, McDonald's, Coca-Cola, 3M, General Motors, AES, IBM e centenas de outras. Uma grave recessão seria um golpe. O fim da estabilização, um desastre de proporções incalculáveis.

O McDonald's pretende investir meio bilhão de dólares no Brasil nos próximos anos. A Xerox tira daqui seu maior lucro. Esse capital produtivo desembarcou no país com US$ 25 bilhões no ano passado. Tem muito a perder. Para esse capital, parceiro do Brasil, o pior cenário é aquele em que a desvalorização seja o fim do esforço de estabilização brasileiro.

Todas aquelas contas feitas em outubro voltaram ao noticiário e às análises. O Brasil é grande demais para a economia americana. Segundo o *New York Times*, temia-se a Rússia pelo poder nuclear e teme-se o Brasil pelo poder econômico. Nosso retrato pintado aqui é de um país no qual o governo americano e o FMI fizeram uma aposta nova e arriscada: um resgate antes do colapso.

Mas o Brasil não correspondeu, segundo a visão deles. O Congresso Nacional rejeitou medidas importantes e um ex-presidente demonstra não entender a gravidade da situação. Para o FMI, segundo o *Wall Street Journal*, o Brasil deu um passo perigoso, com a desvalorização, sem ter aparentemente um plano para os próximos passos.

Ou seja, a culpa é nossa.

De certa forma, o Brasil é culpado. Por várias razões: não conseguiu passar a ideia de que, apesar das hesitações do Congresso, continua sendo capaz de atingir metas fiscais com outras medidas que preparou. O presidente deu, nos últimos tempos, sinais de fraqueza, como entregar a presidência da Caixa Econômica Federal a uma escolha política.

A comunicação da mudança do câmbio foi no mínimo exótica. O ministro Pedro Malan, numa entrevista na CNN, explicando o que aconteceria na diagonal da banda larga, provocou um segundo de perplexidade no apresentador. A equipe econômica brasileira usa as palavras, em português ou em inglês, para esconder informações, e o ministro da Fazenda jamais foi capaz de entender a importância de, através da mídia, passar recados certos na hora exata.

Temos um ex-presidente que parece não ter aprendido nada sobre interesse nacional com o cargo que ocupou. É capaz de acender fogo perto de um tanque de gasolina e achar que o incêndio não o atinge. A desvalorização aumentou a dívida de Itamar Franco, mas ele ainda acha que o problema é "deles lá".

O caminho ficou mais estreito, as chances mais remotas, mas o Brasil ainda pode sair da crise. Para isso, precisa de mais determinação, constância e coragem no ajuste fiscal. Precisa de uma dose extra de sorte e de um plano para enfrentar as apostas dos próximos dias por mais desvalorização. Dez em cada dez analistas acham que é uma questão de tempo até nova desvalorização.* Nessa hora ajudaria bastante uma nova conversa com o FMI, mas não para pedir mudanças de metas fiscais.

É preciso mudar a estratégia do plano. O programa com o Fundo tem um erro fatal: ele estabelece que US$ 20 bilhões é o ponto do qual as reservas não podem passar. E não permite que entre nessa conta o dinheiro do socorro internacional. Com isso, criou um incentivo para o ataque ao Brasil, que se torna tão mais forte quanto mais perto se está da meta. Essa contagem regressiva faz com que o ponto-limite seja antecipado pelo mercado. Esse item do acordo virou uma armadilha.

Chico Lopes, única voz da equipe que foi contra a ida ao FMI, pode agora retomar a discussão. Mas nada salva o Brasil a não ser o Brasil. O país tem que escolher a estabilização. E estabilizar custa caro. Nos últimos tempos, muitos duvidaram dessa escolha: empresários paulistas, políticos aliados, membros do governo conspiraram

---

* Naquele mesmo dia, 15 de janeiro, o Banco Central não conseguiu segurar a banda diagonal endógena e houve uma forte desvalorização.

abertamente contra a política econômica sem ter qualquer plano alternativo a não ser a desvalorização da moeda e a redução das dores provocadas pelas necessárias transformações pelas quais o país está passando.

Parte do Brasil ainda acredita que é possível estabilizar sem dor. Esse é o nosso ponto fraco. Dividido sobre o seu projeto de nação, o Brasil jamais vai vencer uma crise desta magnitude.

Escalada fiscal

19.1 1999

O futuro imediato vai depender das expectativas. O governo precisará ter todo o cuidado porque, agora, o plano de estabilização desliza sem controle. E para influenciar positivamente, precisa apagar a impressão de que está improvisando diariamente o câmbio. Não há mais âncora cambial, e a âncora fiscal precisa ser construída. Serão necessários cortes de gastos e ajuste das contas públicas infinitamente maiores dos que ocorreram até agora.

Neste exato momento, a situação do Brasil é a de um país que perdeu o instrumento que usou para manter a economia sob controle nos últimos cinco anos. Um país com um passado de hiperinflação e superindexação. A ideia expressa por alguns economistas — de que agora se trocou uma âncora cambial por uma âncora fiscal — faz parecer simples e fácil o que é extremamente complexo e difícil de ser atingido.

O fato é que o país está deixando o câmbio flutuar numa economia com 8% de déficit público e uma gigantesca dívida interna. Para trocar uma âncora por outra, será preciso fazer uma escalada fiscal.

No mercado, circula a ideia de que o governo precisaria dar um sinal forte de compromisso com o ajuste fiscal, como a venda da Petrobras ou do Banco do Brasil. Seria inútil tal gesto grandiloquente. O mercado sempre exige sinais assim. A venda da Vale deu ao governo US$ 3 bilhões, quantia equivalente ao que saiu do país em dois dias de fugas de capitais na semana passada. O dinheiro da Telebrás esvaiu-se em menos de um mês depois da crise detonada em agosto pela moratória russa. A Petrobras e o Banco do Brasil precisam ser vendidos, algum dia, pelas razões que empurram o Estado para fora das atividades econômicas e produtivas, mas não como um tributo a ser pago a esta entidade chamada "mercado".

Principalmente, nenhum gesto desse tipo deve ser feito em vez de cortes de gastos ou de enfrentamento dos verdadeiros problemas que minam as contas públicas, a credibilidade do governo e o futuro do Brasil. A melhor forma de aprofundar o ajuste fiscal é aprofundar o ajuste fiscal. E não se deixar enganar pela panaceia da ocasião, inventada pela mesmice do mercado.

Está na hora, por exemplo, de lançar a segunda reforma da previdência, mais profunda, que realmente reduzirá os gastos com o sistema de aposentadoria no médio e longo prazos. Os governadores precisam entender sua responsabilidade no conjunto das contas públicas e enfrentar as medidas amargas que salvarão seus orçamentos dos atuais impasses.

Os governadores de oposição estão indo por um caminho que, além de perigoso, pode não ser o melhor para eles, politicamente. Quando responsabilizam o governo federal, que teria, através da Lei Kandir e do Fundo de Estabilização Fiscal (FEF), arruinado as finanças, estão, na verdade, abonando seus adversários políticos. Estão dizendo com isso que os governadores que perderam a reeleição na corrida contra eles, na verdade, não poderiam fazer mais do que fizeram, já que a culpa é de Brasília. Melhor fariam se aprendessem com governos como os do Ceará, do Maranhão, da Bahia e de São Paulo como é possível ajustar as contas no meio das conhecidas dificuldades que todos enfrentam.

O governo precisa mais que nunca do Congresso, mas dentro de algum tempo pode enfrentar a ressaca da mudança do câmbio. Num primeiro momento, o susto com a crise agrega a base política. Num segundo momento, o aprofundamento da recessão e o risco da volta da inflação podem erodir esse apoio e a popularidade do governo.

Até os mais entusiasmados com a mudança no câmbio admitem que agora a recessão será maior. Quem antes falava em 1% na queda do PIB, fala agora em 3%. A desvalorização encontra os preços no seu período de alta. Além disso, as empresas que usam insumos e componentes importados estão com suas margens apertadas. Para um câmbio de 7,5% no ano passado, a inflação dos comercializáveis — grupo de produtos que sofre o impacto do câmbio — foi zero. A recessão será a única forma de evitar o repasse para os preços. No Brasil isso nunca funcionou por causa da indexação. Portanto, o risco a evitar agora é o da reconstrução dos mecanismos de indexação. O Brasil ainda tem lideranças que acham que uma pequena inflação pode ser uma coisa boa, como disse o presidente da Fiesp, Horácio Piva Lafer.

Tudo mostra que o risco inflacionário está maior que nunca. Concretamente, o país está sem a âncora que disciplinou os preços nos últimos cinco anos, e sobre as empresas há uma enorme pressão de custos provocada pela desvalorização cambial. Não poderá reduzir os juros rapidamente, sob pena de aumentar a pressão sobre o câmbio. Precisa reduzir drasticamente os gastos para construir a âncora fiscal.

Não são poucos os desafios. O mercado que comemora a decisão do Brasil de abandonar o controle sobre o câmbio é o mesmo que olha com profunda desconfiança para a capacidade do país de lidar com todas as dificuldades à frente. Voltaram a ocupar os jornais as reportagens que trazem aquele velho ceticismo em relação ao Brasil, "o país que nunca consegue alcançar o seu futuro", como definiu o *New York Times* no último domingo.

Tempo do medo

30.1.1999

O brasileiro viveu ontem um dia de pânico. Nos últimos dias, todas as violências econômicas que o país sofreu no passado voltaram a assustá-lo. O Brasil teme tudo: inflação, quebra de contratos, feriados bancários, choques, confisco dos depósitos bancários. O presidente disse que confisco seria uma traição ao país. De fato. Se ele cometesse uma agressão dessas contra os cidadãos, certamente perderia o mandato que conquistou.

Até por instinto de sobrevivência, o governo não pode pensar numa barbaridade dessas. Decepcionar o eleitorado é uma coisa. Afrontá-lo é outra. Ninguém pode ser eleito chamando-se Fernando Henrique para no dia seguinte revelar-se Fernando Collor. Por isso, tenho respondido que não acredito em calote às inúmeras pessoas que me abordam na rua, me telefonam, me perguntam.

Mas o medo que se espalha é um dos piores perigos pelos quais a economia do país já passou. O risco é exatamente o medo. Quando assustados, os poupadores correm para proteger seu dinheiro. Isso vira corrida bancária. Essa corrida, se ocorrer em grande proporção e com grande velocidade, força o Banco Central a liberar compulsório, injetar dinheiro nos bancos para que eles possam entregar papel moeda aos depositantes. É o que se chama tecnicamente de monetização. Esse aumento do dinheiro em circulação é inflacionário. A moeda perderá valor cada vez mais rapidamente. No limite, esse tipo de decisão dos poupadores de retirar seus depósitos bancários produziria uma hiperinflação da noite para o dia. Ou seja, quando cada pessoa decide se proteger, aumenta o perigo para toda a sociedade e para o país. O curioso aqui é que a decisão de se proteger é racional. Cada pessoa está pensando no seu patrimônio quando decide ir ao banco e sacar. Mas a decisão mostra-se, no fim, extremamente irracional. Como um bumerangue, a decisão voltará contra suas próprias economias na forma do mais confiscatório dos fenômenos econômicos: a hiperinflação.

A economia, como se sabe, não é ciência exata. Em momentos como estes, suas equações estão mais no terreno da psicologia. O que faz com que um velho trauma — o confisco do Collor — que parecia esquecido e superado volte com a força com que reapareceu ontem? Os psicólogos e analistas devem socorrer os economistas na busca dessa resposta. O que se viu esta semana mostra de forma eloquente que as violências econômicas traumatizam os países. Como os dramas individuais traumatizam as pessoas.

O que retirou do esquecimento as piores experiências vividas pelos brasileiros foi a quebra de um compromisso. O governo, que prometera defender a moeda, tomou a decisão de desvalorizá-la. Não cabe aqui nem a discussão sobre se fez isso por opção ou por falta de alternativa. O interesse da coluna é apenas refletir com os leitores sobre o que está ocorrendo no país. A decisão que o governo tomou foi o oposto da promessa feita ao eleitorado. Isso detonou a aguda crise de credibilidade que o fustiga neste momento.

O boato pode ser iniciado por um especulador, mas ele só se espalha se há um ambiente para tanto. E o campo para os boatos foi

98   Miriam Leitão

fertilizado por dois fatores: a quebra do compromisso e o passado de horrores que o brasileiro viveu.

O trabalho de reconstrução do governo será lento e difícil. Ontem o presidente deu um passo nessa direção ao afastar intermediários e ele mesmo vir a público para falar com a população de um tema que parecia ser tabu. Foi importante, mas não basta. Esse trabalho de reconstrução da credibilidade tem que ser levado a sério pelo governo. Estratégias de marketing, truques, pomadas milagrosas não funcionam. Neste momento a preocupação número um do governo deve ser a luta para reconquistar a própria credibilidade. Culpar especuladores ou ameaçar boateiros terá pouca consequência prática.

O governo precisa trabalhar duro, diuturnamente, para reconquistar a confiança do cidadão. Sem ela, outros dias aflitos como ontem vão ocorrer. E essa aflição, se virar histeria, vai ferir a economia, o país, as pessoas.

Em resumo

23.5.1999

O Brasil é um país em que até o passado é incerto, brincou Gustavo Loyola.* Na semana passada, isso parecia verdade, dada a profusão de diagnósticos sobre o surpreendente passado recente do país. Mais incerto é o futuro num país assim. Ao final de horas e horas ouvindo economistas em seminários que ocuparam toda a semana passada, foi possível fazer uma lista das principais dúvidas e certezas.

Explicar o passado é importante, porque a não explosão da inflação após uma violenta mudança de preços relativos, que foi a desvalorização, revela o Brasil de hoje. Ele mudou muito mais do que se disse. O governo pode continuar criticando os que erraram nas previsões, mas terá que se incluir nisso, porque também previu indicadores piores do que ocorreram. Nessa atitude, o governo perde tempo e uma boa oportunidade de merecer um elogio intertemporal à sua política.

Há os que jamais vão elogiar a política cambial anterior, os que jamais reconhecerão os méritos da abertura e os que jamais vão acei-

---

* Até a autoria dessa frase é incerta. Alguns a atribuem ao ex-ministro Pedro Malan. Eu a ouvi a primeira vez de Gustavo Loyola.

tar a flutuação. No meio, fica a maioria sensata que considera o seguinte: a não explosão da inflação mostrou o indiscutível sucesso da política cambial anterior em desindexar a economia; a capacidade da cadeia produtiva de absorver um choque que, num primeiro momento, explodiu nos preços por atacado (o IPA agrícola chegou a dar 9% de inflação num mês) mostrou uma economia com um alto grau de dinamismo e competição que a abertura produziu; a atuação do Banco Central, após a posse de Armínio Fraga, encurtou o overshooting e ajudou a derrubar as pressões inflacionárias e restabelecer a confiança na economia.

Quem opõe uma política à outra não vê o conjunto do processo que nos levou a ser o caso mais bem-sucedido de recuperação póscrise cambial. É bom lembrar que esse sucesso ocorreu apesar do único consenso que há hoje no heterogêneo universo dos economistas: todos acham que a mudança foi feita da forma mais desastrada.

Sobre o futuro, já há uma lista de incertezas e convicções. A política de flutuação já é sustentável no Brasil? O lembrete argentino serviu para empurrar a cotação do câmbio para um nível que uma parte do mercado começava a achar que era o teto de uma banda informal: R$ 1,70. Se serviu para desfazer a ideia de que há uma nova banda, mostrou também o que há de comum entre o câmbio administrado e a flutuação: ambas as políticas importam choques externos.

No câmbio administrado, a reação é a subida dos juros para defender a cotação. Na flutuação, a cotação do dólar sobe imediatamente. Para evitar que ocorram novos exageros nessa desvalorização, o Banco Central terá que usar os mesmos instrumentos: juros, recessão, corte de gastos. Os entusiastas da flutuação acham que a política tem um mecanismo instantâneo de autorregulação. "Acertase no preço o que não é possível acertar no fluxo." Isto em parte é verdade. Mas numa violenta crise de confiança em relação ao Brasil, que produza reações irracionais dos investidores, o Banco Central terá que recuperar o manual antigo: corte de gastos, aperto monetário e venda de reservas. Não mais para defender uma taxa arbitrariamente fixada, mas para defender a política econômica.

O BC conseguiu seu intento de provocar um debate sobre metas de inflação. Mas se viu esta semana que há um enorme ceticismo em relação à política, que ficou evidente nas críticas feitas pelos dois Gustavos, ex-presidentes do Banco Central. Temem que em vez de ser um instrumento de coordenação de expectativas, possa vir a ser uma nova fonte de indexação. Exige para ser bem-sucedida que o Banco Central não tenha constrangimentos políticos e fiscais para elevar os juros. Esses constrangimentos aumentaram nos últimos tempos. O Brasil precisa de bons indicadores antecedentes, para que o Banco Central não reaja ao fato, mas previna o fato. Esse tipo de indicador não existe no Brasil. Como há um tempo entre a decisão do Banco Central e sua reação na economia, esses indicadores é que dariam ao BC a certeza de estar agindo na hora certa.

Os superávits fiscais conseguidos por razões casuísticas, algum esforço de repressão de despesas e efeitos estatísticos da revalorização da moeda não escondem o futuro. E o futuro parece assustador aos analistas. A alguns até mais que a outros: Mailson da Nóbrega e Raul Velloso estão apostando que é impossível chegar às metas de médio e longo prazos do acordo com o Fundo. Affonso Pastore acredita que é possível, mas há muito que fazer. Parte do governo tem se deliciado em comemorar os números dos últimos dois meses como se fossem o fim do problema. Gustavo Franco falou uma coisa importante: o país tem que parar de achar que ajuste fiscal é feito durante um período de transição para se conquistar o direito de nova gastança. Austeridade fiscal é para o resto da vida.

A discussão do desenvolvimentismo, que mobiliza uma parte do governo e conquista metade da alma dividida do presidente, traz em si vários riscos. O primeiro é tirar credibilidade do ministro da Fazenda e de sua política. Isso só aumenta a incerteza econômica no país. O maior risco — alertou Gustavo Franco — é o da transformação dos bancos federais em grandes bancos estaduais. Ou seja, o uso da Caixa, do Basa, Banco do Nordeste, Banco do Brasil e BNDES em novas frentes de gastos sem restrição orçamentária. Novas frentes da mesma luta entre a gastança e a austeridade.

O segundo semestre será melhor do que o primeiro. A retomada do nível de atividade vai animar a economia. A popularidade do presidente — que despencou pelo medo da inflação e o ambiente de crise — pode se recuperar, alimentando o ego dos estrategistas do Planalto. Esse ambiente de euforia pode alimentar o maior vício deste governo: a complacência fiscal.

O processo

16.1.2000

A Cica saiu de São Paulo atrás do tomate. Jundiaí era, há quarenta anos, um cinturão de tomate; hoje a produção está em Goiás. A Phillip Morris foi produzir refresco em pó no Paraná porque tinha lá instalações vazias. De cada dez grandes empresas da internet, nove nascem em São Paulo. O governador Mário Covas e o presidente Fernando Henrique não entenderam, até hoje, a lógica da localização empresarial na nova economia.

O Brasil está vivendo um processo de intensas mudanças derivadas de alterações inevitáveis no ambiente econômico. O aumento da competição e o consumidor mais exigente empurram as empresas para a produção racional. São Paulo tem perdido indústrias de cadeias mais tradicionais, como a metal-mecânica, para outras regiões do país. O mesmo aconteceu em antigos centros industriais como Nova York e Manchester.

— Como toda metrópole, São Paulo está se transformando em uma cidade de serviços. Nove em cada dez grandes lançamentos de empresas na internet são feitos em São Paulo — constata Rubens Teixeira, da Brasilpar.

— O aeroporto de Cumbica está virando o maior centro de transporte aéreo para a logística de produtos de alto valor agregado — constata o professor Paulo Fernando Fleury, da cátedra de Logística do Coppead.

Semana passada, Fernando Henrique e Mário Covas protagonizaram um patético espetáculo de ameaças e críticas ao movimento de migração de empresas. O presidente chegou a acusar os outros estados de fazerem pilhagem industrial.

A Cargill centralizou, no final de 1999, toda a sua contabilidade, espalhada por 18 estados, em Curitiba, cidade onde não tinha nem escritório. Por ser uma unidade exclusivamente de serviços, pesaram na escolha a infraestrutura de telecomunicações e a qualidade de vida. As razões que levam à migração de empresas são as mais variadas, mas, para o professor Fleury, podem ser resumidas numa frase:

— É alocação mais eficiente dos recursos da sociedade.

Ele conta que, há três anos, uma tese de mestrado sobre a indústria automobilística constatou que a Fiat estava anos-luz à frente das outras montadoras em produtividade porque em Minas foi possível cercar-se de fornecedores fisicamente, o que é impossível no ABC.

— As montadoras tinham mesmo que começar o movimento de buscar outra localização no país onde a logística fosse mais favorável às novas exigências de produtividade, afinal toda indústria depende do custo dos insumos — diz o professor.

A Avon recebe 60 mil pedidos por dia. Separar e empacotar todos esses pedidos é uma verdadeira manufatura. Ela transferiu para o Ceará essa unidade. No Ceará, a empresa paga a um trabalhador até mais qualificado metade do salário que pagava em São Paulo. O salário do cearense contratado é o dobro do que ele recebia antes, e sua produtividade é 60% maior. Bom negócio para ele e para a empresa.

A Perdigão analisou mais de cem cidades antes de optar por Rio Verde (GO), e a decisão de ir para lá foi tomada não pelos incentivos concedidos, mas porque, segundo contou certa vez o executivo Nildemar Secches, ao analisar o mapa agrícola do Brasil, a região com maior vocação para a produção de milho era exatamente a de Rio Verde.

Há empresas que mudam para ocupar melhor suas próprias instalações. A fábrica da Phillip Morris, no Paraná, produzia cigarros para o Leste da Europa; com a crise russa, as exportações foram suspensas e a fábrica fechada. A companhia então decidiu instalar lá a unidade de refrescos em pó da Tang.

Há empresas que mudam para se fortalecer. Foi o que aconteceu com os calçados: ao produzir a custos mais baixos, a indústria ganhou forças e se alavancou para aproveitar o empurrão cambial.

É equivocada também a convicção de Covas e Fernando Henrique de que as reduções de impostos só beneficiam as empresas. Beneficiam o trabalhador da região, o comércio local, os fornecedores da região, e principalmente o governo, que recolherá impostos gerados por renda e consumo que não ocorreriam sem a empresa. A Grendene foi para Sobral (CE), e sua folha salarial é maior que a arrecadação da prefeitura.

As empresas estão tomando decisões de localização e mudança de processos empurradas pela mesma força: o aumento da competição na economia aberta e globalizada. Força que não se pode mais deter. Os estados, quando competem por esses investimentos, estão numa disputa legítima, que ocorre em todos os países federados. Os governadores dos estados mais pobres têm o direito de lutar contra a situação atual. Têm até esse dever, porque da sua luta depende a formação de uma federação mais equilibrada.

A nova economia abre avenidas de oportunidades para o maior estado da federação. Precisa saber aproveitá-las. O secretário José

Anibal, que tem repetido as opiniões do governador sobre esse tema, deveria perceber a grande vitória de São Paulo: a região de Campinas está se transformando num polo de alta tecnologia, como o Vale do Silício, que faz a fortuna da Califórnia. Para lá foram a IBM, a Lucent, a Motorola e muitas outras atraídas pela excelência da física e da eletrônica da Unicamp.

São Paulo tem um custo de produção e logística mais alto nas indústrias tradicionais, mas pode avançar em setores de maior valor agregado. Tem que se preparar para o e-business, continuar crescendo no seu poderoso agribusiness. O estado precisa deixar de lado seu próprio passado — construído também à base de muita concessão de incentivos décadas atrás — e agregar inteligência ao seu produto.

A Vale e o óbvio

24.5.2000

O BNDES só vai financiar a reestruturação da Vale se houver também financiamento privado. É óbvio, até porque o principal interessado é um banco, o Bradesco. Hoje a Valepar se reúne para tentar resolver um impasse: quem será o presidente do Conselho. Benjamin Steinbruch não quer dar a garantia de que, se a CSN deixar de ser acionista da empresa, ele deixará a presidência do conselho da Vale.

Sua saída seria óbvia, mas muita coisa não é como deveria ser na Vale privatizada. Por exemplo: era óbvio que o Bradesco nunca poderia ter sido sócio da empresa antes de se completar o período de três anos. Como banco que preparou a venda, tinha um impedimento legal de comprar a empresa. Quem faz a modelagem da venda não compra, porque isso é um absurdo conflito de interesses. Mesmo assim, no dia da compra, Mário Teixeira, o representante do Bradesco, esteve sentado na mesma mesa que Benjamin Steinbruch, Luiz Orenstein, então do Opportunity, e Jair Bilachi, então presidente da Previ. Os quatro juntos deram os lances vitoriosos naquele leilão. Eram sócios na compra.

Era óbvio que o governo, que permanecera sendo isoladamente o maior acionista, não podia ter se ausentado da empresa. Ausentou-se para dar a impressão de uma privatização concluída, quando ela, de fato, ficara pela metade. Não ocupando as cadeiras no conselho de administração a que tinha direito, o governo lavou as mãos no conflito entre sócios que paralisou a companhia por meses.

Era óbvio também que Benjamin, com a privatização, não se tornara o dono da Vale. Mas ele se comportou como se fosse. Tanto que levou para a empresa duas pessoas que, na época, eram seus homens de confiança: Miguel Ethel e José Brafman. Durante meses, os dois mandaram na companhia mesmo sem ter qualquer cargo executivo que justificasse esse poder. Essa fase estranha, em que o poder era exercido por pessoas não autorizadas formalmente para isso, só acabou quando a dupla brigou com Benjamin.

Para se ter uma ideia do grau de anomalia decisória que atingiu a empresa, no final de outubro de 1997, cinco meses após a venda, várias empresas do grupo — como Califórnia Steel, Mineração Rio do Norte, Alunorte, Albrás, Minas Serra Geral — estavam sendo presididas por pessoas demissionárias. Elas não eram substituídas por falta de consenso entre os sócios.

A origem desse gravíssimo problema de governança era um fato que obviamente não poderia ter acontecido: Benjamin Steinbruch acumulava o cargo de presidente do conselho de administração e o de presidente executivo. Isso levou para uma companhia da complexidade da Vale os erros de uma empresa familiar, em que o dono acumula todas as funções.

O poder de Benjamin tem sido exercido numa base frágil. A Vicunha, pertencente a sua família, tem 15% da CSN, que liderou o consórcio que comprou a Vale. O problema é que a Previ também tem 15% na CSN, mas só tem 2% no bloco de controle. Era óbvio para a Previ que na renegociação do acordo de acionistas isso tinha que ser revisto, mas o acordo foi prorrogado até 2002, com uma cláusula que fere claramente os interesses do fundo de pensão do Banco do Brasil. A Previ tem, portanto, o mesmo volume de ações na CSN, e tem ainda um bloco de ações próprio na Vale. Durante muito tempo usou toda essa presença para alimentar o poder de Benjamin. Até que brigaram, e o empresário não pôde mais fazer e desfazer na Vale. O conflito com Opportunity, Nations, Liberal e Previ manteve a paralisia decisória na empresa. As reuniões do conselho de administração ficaram inadministráveis. Em agosto de 1998, mais de um ano depois da venda da Vale, um dos conselheiros me disse:

— Nunca tantos se reuniram tanto para decidir tão pouco.

A briga da venda da Acesita foi um exemplo das contradições da empresa. Quem vendia era a Previ. Benjamin tentou comprar pela CSN, mas não pôde porque a siderúrgica já estava muito endividada. Tentou então autorização do conselho da Vale para comprar, e o conselho não autorizou. Mesmo assim, ele insistiu e apresentou uma proposta de compra em nome da Vale. O problema é que a Previ, que recebeu a proposta, participara da decisão da Vale de não entrar na disputa. Perplexo, o fundo de pensão recusou a proposta e vendeu a Acesita para a Usinor, que, além de tudo, aceitava pagar mais.

Toda a confusão societária nasceu dos erros ocorridos na privatização. Era óbvio que a Vale, estatal, não podia ter tido permissão para entrar em todas as privatizações siderúrgicas comprando participações. Isso fez a confusão societária da qual não se consegue sair: a Vale comprou participações na CSN, na CST, na Acesita e na Usiminas, que, por sua vez, comprou a Cosipa.

Por falar em obviedades, também é claro, no mundo dos negócios, que a ação do bloco de controle vale mais do que a ação minoritária. Pois bem, o preço da Vale foi calculado abaixo do valor em que as ações minoritárias estavam sendo negociadas na época da privatização.

A história da venda da Vale tem sido uma sucessão de erros. Vai errar de novo agora o BNDES se for gastar parte dos seus parcos recursos para financiar a saída da CSN da Vale. O dinheiro será dado ao grupo Vicunha para que ele compre as ações da CSN que hoje pertencem ao Bradesco e à Previ. É óbvio que, se existe um banco do tamanho do Bradesco interessado nesse processo de reorganização societária, ele é que deve financiar o processo. Por que o banco estatal deve entrar nisso? Mas entrou.

Volta ao passado

19.5.2001

O apagão de energia levou o governo a baixar várias medidas de restrição de consumo. Deu uma inquietante sensação de coisa velha, da volta dos planos econômicos invasivos e arbitrários. O Estado, de novo, como naqueles momentos da loucura inflacionária, entrou de forma autoritária nos lares brasileiros, deu ordens e fez ameaças; desta vez, tentando conter o consumo de emergia. Tudo isso terá inevitáveis efeitos econômicos e previsíveis efeitos políticos.

A vida do brasileiro já foi posta de cabeça para baixo várias vezes nos últimos 15 anos. Ele viveu este medo do futuro, este desconforto, dezenas de vezes. Autoridades trapalhonas e despreparadas despacharam do Olimpo de Brasília — em geral, sentadas em torno de uma mesa como a de ontem — ordens indiscutíveis e absurdas.

A intervenção estatal invadiu a forma de pagamento das dívidas, das escolas, da prestação da casa própria, do aluguel, e até, invasão suprema do governo Collor, sequestrou as contas bancárias!

O sucesso do Real foi ter pedido licença antes de entrar nas casas. Foi ter anunciado com antecedência as regras de transição. Passou a ser bordão, com bônus eleitoral, o fato de que "este governo não surpreende a população, não baixa pacotes, não prepara medidas na calada da noite, não faz choques".

O choque de ontem foi descobrir que, de repente, o consumidor pode ficar três dias sem luz. Ou seis, se reincidir no crime de não se restringir a sua cota.

E como acreditar nas falhas medições das distribuidoras de energia?

O que mais lembra o mundo velho das ordens arbitrárias impostas pelo governo é a incrível frequência das exceções.

Como fará a pessoa que, entre maio e julho do ano passado, não morava onde mora hoje? E quem estava com o apartamento fechado exatamente naquela época? E quem viu, no começo do ano passado, o que o governo devia ter visto e cortou seu consumo? Estará muito pior do que aquele perdulário que deixava todas as luzes acesas e abusava do chuveiro elétrico. O primeiro pode não conseguir mais cortar seu gasto, por já ser econômico. O segundo será premiado porque, com algumas medidas de ajuste, cortará mais que os 20%. Esta comparação entre o ajustado e o desajustado vale tanto para os consumidores residenciais quanto para as indústrias. O gastador será premiado. Vamos conviver meses, longos meses, com a consequência do descuido do governo. Será um longo desconforto.

Isso vai erodir, dia após dia, a confiança no governo. Na confluência entre economia e política, esse racionamento terá o mesmo efeito que a alta da inflação: retirará popularidade do presidente e do governo, terá efeitos eleitorais negativos para o grupo que está no poder e diminuirá a força do consumo.

Na economia, o efeito será devastador. Não há um só indicador que fique imune ao corte em 20%, 30% do fornecimento de um insumo básico e insubstituível como esse.

A arrecadação vai diminuir, por força da queda da produção, das menores vendas e do corte no consumo de luz. Em Minas Gerais, por exemplo, R$ 70 milhões dos R$ 700 milhões arrecadados de ICMS por mês vêm do imposto cobrado sobre o consumo de energia. É a grande fonte arrecadadora dos estados. O Rio arrecada por ano R$ 1,4 bilhão com energia.

Ontem o governo não sabia dizer de quanto será o efeito fiscal. Não é mesmo uma conta trivial, porque tem a consequência positiva na arrecadação da sobretaxa. É melhor que as calculadoras de Brasília comecem a trabalhar, ainda que tarde, pois os efeitos fiscais diretos e indiretos serão importantes.

Menor arrecadação pode exigir mais cortes no orçamento, num momento em que o governo já tem um superávit primário de R$ 30 bilhões, e vai precisar de mais gastos para as emergências atuais.

Uma delas: metade dos hospitais brasileiros não tem geradores. E são os hospitais menores, localizados na periferia e no interior. O ministro José Serra já está se mexendo. Ele acha que será preciso subsidiar a compra de geradores.

Deverá afetar a inflação, e não apenas os 0,14% da pequena parte da sobretaxa captada pelo índice. Mas uma economia que produz menos, uma economia abalada por um choque de oferta sofre reflexos em seu sistema de preços.

Haverá uma violenta retração de investimentos. O governo investirá menos, e também o setor privado. Quem pode investir agora se há até um decreto determinando que não serão feitas novas ligações? Como fazer planejamento de longo prazo se há um foco de incerteza de grande magnitude sobre a capacidade de crescimento do país?

Neste momento de incerteza, o investimento externo também cairá. E é ele que tem financiado nosso déficit em transações correntes. Menos investimento direto estrangeiro significa mais pressão sobre o câmbio, que já teve este ano motivos demais para subir.

Com menos produção, menos investimento e com a necessidade de cortar o consumo de energia, com o dólar subindo e os juros subindo, os empresários vão fazer demissões que não fariam. O desemprego tende a crescer. A economia, a encolher.

O racionamento vai pesar sobre a economia, sobre as ruas e sobre os lares. Das aflições do ano de 2001, essa será a maior.

O risco é nosso

9.6.2002

A dívida pública não é um assunto que suporte os exageros do palanque. Nem pode ser administrada com imperícia. A dívida não é o inimigo do Brasil, o ponto fraco do governo. É a estabilidade do país, a solidez dos bancos, a economia da classe média. Os clientes dos bancos e cotistas dos fundos de investimento têm R$ 150 bilhões em Letras do Tesouro (LFTs) e, ao todo, R$ 224 bilhões em títulos: 45% da dívida em mercado!

Torcer contra ela, ameaçar não pagá-la, fazer declarações dúbias sobre o tema são os piores erros que os candidatos de oposição estão cometendo. Pensam estar ganhando terreno na disputa eleitoral, mas, na realidade, estão cavando o buraco no qual podemos todos afundar. Quem quer governar o Brasil precisa entender esse assunto, sua complexidade e delicadeza. Até porque o candidato que não perceber isso pode até ganhar a eleição, mas estará plantando o desgoverno do país.

Uma dívida — qualquer dívida — vive da confiança que os credores depositam nela. E, ao contrário do que muitos pensam, a dívida não está com especuladores, credores externos, inimigos da pátria. Ela está com todos. Está com a classe média. Com as empresas. Está com um cidadão de 79 anos e com sua irmã de 76 anos, que me mandaram um e-mail, aflitos, perguntando como proteger as economias das quais dependem para comprar remédios e viver.

A nova fórmula adotada pelo Banco Central, de registrar o patrimônio dos títulos pelo seu valor de mercado, é tecnicamente correta, mas foi feita na hora errada. Ninguém mais discute isso, até porque não se briga com os fatos. A determinação do BC foi o que detonou os tremores da semana passada. Não ocorreriam, no entanto, os tremores se não houvesse o medo de não pagamento da dívida pelo próximo governo. E de onde vem esse medo? Ele se alimentou das tantas declarações feitas nos últimos anos de que a dívida era impagável e explosiva; do plebiscito arquitetado pelo PT que perguntava se a dívida interna deveria ser paga "aos especuladores"; e da estratégia equivocada de usar o desastre argentino como arma de convencimento.

Erraram todos: candidatos da oposição e do governo. O país tem ainda pela frente cinco meses de incerteza. Os brasileiros juntaram, na semana passada, o trauma do confisco Collor, as declarações catastróficas e as imagens recentes da Argentina. O elo foi a perda nos fundos. É hora de todos olharem os dados a fundo, analisarem tecnicamente o problema e discutirem a forma mais sensata de tratar o tema.

Uma análise das estatísticas do Banco Central sobre os detentores dos títulos federais em poder do público mostra exatamente quem são os credores. Isoladamente, só os fundos de investimento têm R$ 120 bilhões em LFT. No conjunto, têm R$ 180 bilhões em papéis do governo. E, nos Fundos, estão a classe média, os fundos de pensão, o caixa das empresas, as reservas das seguradoras. Os bancos têm em carteira própria R$ 131 bilhões de LFTs — em dados de 31 de maio —, R$ 193 bilhões no total. Só que grande parte desses papéis está lastreando os CDBs. Portanto, de novo, atinge a população. E mais, os bancos nacionais têm quase a totalidade desses papéis. É irrisória a parcela que está com os bancos estrangeiros. Existem outros R$ 62 bilhões de títulos vinculados. Em parte, são vinculados à caderneta de poupança. Portanto, uma crise de confiança nos papéis pode desencadear uma onda que vai atingindo todos os ativos.

Os candidatos de oposição usam o argumento de que a dívida multiplicou-se por dez no atual governo e chegou a R$ 600 bilhões.* Na verdade, é preciso descontar R$ 100 bilhões que estão em carteira do Banco Central, e a conta tecnicamente mais correta é que ela dobrou como percentual do PIB. E isso já é um forte crescimento!

Este não é um assunto simples. E as equipes econômicas dos candidatos, que por dever de ofício têm que acompanhar tudo até para propor soluções, viram cada uma das renegociações das dívidas estaduais e municipais, cada constatação de ativos podres dentro dos bancos estaduais, cada capitalização de banco federal, cada retirada de esqueleto do armário.

Mais da metade do crescimento da dívida é esqueleto e renegociação das dívidas estaduais e municipais. Se forem computadas as capitalizações dos bancos federais, essa conta chega a 67,7% do crescimento da dívida. E devem, sim, ser computadas, porque, nos rombos da Caixa Econômica Federal e do Banco do Brasil, estão subsídios dados a empresários e a agricultores em governos passados, erros de políticas públicas de outras administrações.

Uma parte do crescimento da dívida é culpa do atual governo, de erros cometidos, dos juros altos. Porém, mesmo nessa parte, deve-se considerar o custo da estabilização. Interromper um processo como aquele de inflação descontrolada custa caro. Se não fosse a tão cri-

---

* Em agosto de 2009, a dívida líquida do setor público estava em R$ 1,289 trilhão. E a dívida bruta do governo federal, R$ 1,9 trilhão.

ticada âncora cambial, se ela não tivesse durado quatro anos, se ela não fosse sustentada por juros altos, teríamos vencido a inflação?

O governo errou várias vezes e, portanto, parte do custo deve ser debitado a ele. Mas é desonesto intelectualmente não reconhecer os esqueletos de outros governos — que foram incluídos nas contas pelo atual governo — e o custo da estabilização. O relevante agora é que esse tema da dívida pública saia do palanque. Antes que seja tarde.

Depois da travessia

2.7.2002

Uma pesquisa de abril perguntou aos eleitores qual é o principal problema brasileiro. A inflação foi escolhida por apenas 1%. Alguém apressado pode concluir que a inflação não é mais questão eleitoral. Para entender a cabeça do brasileiro, é preciso cruzar essa pergunta com outra, sobre expectativa de alta de inflação: de 50% a 70% dos entrevistados dizem temer que ela suba.

O Real foi um plano de extraordinário sucesso no que se propunha: fazer o país sair do regime de alta inflação, para o cotidiano da inflação baixa. Hoje, há quem desdenhe o feito e diga que o mundo inteiro tem inflações menores que na década de 1980. O mundo tinha inflações civilizadas, mesmo quando altas para os parâmetros da normalidade. Foi altíssima a inflação que provocou o choque de juros nos Estados Unidos em 1979: 12%. A França de Mitterrand entrou em crise quando a taxa chegou a 15%. No Brasil, ela chegou a 5.000% ao ano.

Aqui, o problema era crônico; havia penetrado o tecido econômico e derrotara todas as tentativas de resolvê-lo. O Real funcionou sem ferir contratos, sem congelamentos, sem tablitas, sem confisco e sem todo o odioso arsenal de intervenção usado até então. Hoje uma das perguntas que se faz é: quais foram os erros do Plano Real?

Um plano é uma travessia. Depois dela, é vida que segue. É política econômica, que pode ser ruim ou boa. São erros e acertos de condução da política, e não o plano se desdobrando em ações de oito anos. Como travessia, o plano foi perfeito. E produziu um efeito que toda mudança de um regime hiperinflacionário para um de inflação baixa produz: aumento do consumo.

Logo depois, vieram outros problemas que reduziram as vendas, mas o consumo estabilizou-se em patamar mais elevado em uma infinidade de produtos. O plano, ao dar certo, foi tornando possíveis várias correções e mudanças. Passou a haver competição via preços. Antes, esse simples fato da vida de qualquer consumidor e de qualquer mercado era impossível no Brasil. A competição disciplinou os preços. O consumidor passou a exercer de forma mais direta seu poder de determinar que práticas ele quer ver consolidadas na economia. Não se deixa mais enganar por mudanças de embalagens, por alterações no volume e no peso vendidos, por remarcações, por liquidações falsas.

Esse novo comportamento do consumidor foi arma poderosa para reorganizar a economia, após a explosão da âncora cambial de 1999. A queda da inflação permitiu entender os balanços dos bancos e ver seus graves desequilíbrios. O Nacional, como todos se lembram, tinha uma mentira contábil de R$ 9 bilhões que só foi descoberta quando a inflação desnudou a realidade do setor bancário brasileiro. A crise foi tão aguda que provocou a adoção de mudanças institucionais que só agora são discutidas nos Estados Unidos. A CVM fez, há anos, uma resolução determinando que empresa de auditoria não poderia prestar consultoria a empresas abertas. Elas protestaram e até entraram na Justiça contra a decisão da CVM, e, hoje, esse tema é o estado da arte nos Estados Unidos.

A queda da inflação também empurrou o ajuste fiscal dentro do setor público. Sem o imposto inflacionário, foi possível ver o tamanho do desequilíbrio e foi inevitável começar o trabalho de saneamento que levou à limpeza dos armários entulhados de esqueletos. O resultado disso foi a constatação do tamanho do passivo do setor público: era maior do que qualquer um podia imaginar e hoje, às vésperas de uma nova transição política, seu tamanho nos assusta e inquieta. Não foi o Plano Real que fez o passivo. Ele o revelou.

Pode-se dizer que ele exigiu juros altos, e isso é parte do problema. De fato, é. Mas qualquer plano de estabilização exige juros altos por um tempo. O problema é que esse tempo tem sido interminável. Longo demais, ele está minando a própria estabilidade que, supostamente, defende. Esse é um importante tema do debate atual. Não é sobre o plano em si, mas sobre a política monetária, cambial, fiscal que se seguiu. Seus erros e acertos.

Culpa-se também o Plano Real pelo aumento do desemprego. De novo, é atirar no alvo errado. Tente imaginar o que seria o mercado de trabalho hoje se a inflação permanecesse no nível enlouquecido de antes? Quantas empresas teriam vindo para o Brasil? Quantos investimentos teriam sido feitos? Que garantia teriam empresários locais ou estrangeiros para investir num país que permanecesse por mais oito anos naquele desenfreado desatino dos preços? A queda da inflação não é a culpada pelo desemprego.

Neste ano político, é bom entender exatamente a força que a queda da inflação tem. Uma série da pesquisa de opinião feita pela CNT mostra que, perguntados sobre quais são os principais problemas do país, apenas 1% dos entrevistados aponta inflação. Mas a totalidade da pesquisa da CNI de Expectativas do Consumidor mostra que o cidadão teme a volta da inflação. Em junho, 48% tinham esse medo. Nas últimas sete pesquisas, esse percentual ficou sempre acima de 55% e, em setembro do ano passado, chegou a 72%.

Quem for identificado pelo eleitor como trazendo em seu programa o risco da volta ao passado inflacionário não terá chances nas urnas. E não pensem que esse assunto é apenas para iniciados. O eleitor tem hoje um alto nível de conhecimento do funcionamento da economia, mesmo que não saiba expressar-se em economês. Como o consumidor, ele não se deixa enganar.

Memória dos dados

30.9.2003

O Brasil é grande, complexo, cheio de contrastes, desigual, e está sempre mudando. É um alvo móvel que desafia os pesquisadores. Constatação de quem vê as Estatísticas do Século XX. As desigualdades regionais caíram nos indicadores sociais e no acesso aos serviços públicos. O tempo passa, e os dilemas econômicos são os mesmos. As estatísticas mostram erros da esquerda e da direita.

O Brasil teve três crises cambiais graves no século passado e fez quatro reformas tributárias. Entrou no novo século enfrentando uma crise cambial e fazendo uma reforma tributária. Apesar disso, muda com velocidade impressionante, como se vê nas séries sobre qualquer tema.

A mais vertiginosa das mudanças ocorreu na área demográfica. O país teve um acelerado aumento populacional na primeira metade do século XX e uma queda forte da natalidade, na segunda metade. Os dois movimentos produziram mudanças radicais na pirâmide demográfica brasileira. A mulher comandou essa revolução, que também atingiu costumes e valores.

Os números revelam que a inflação foi o mal do século. Ela dobrou como média anual entre os anos 1930 e os anos 1940, iniciando

124   Miriam Leitão

uma série de pulos de patamares em que cada década era pior que a anterior. Começou essa escalada em 6% ao ano e terminou com 764%, na média anual, de 1990 a 1995. Essa corrida maluca, que persistiu por quase 70 anos da história do país, só foi detida nos últimos cinco anos do século, quando a média anual caiu para 8,6%.

A inflação explica vários transtornos da economia brasileira durante o século; um deles é a impossibilidade, ainda hoje, de comparar certas séries históricas de finanças públicas ou a incapacidade em determinados momentos de o governo se financiar no mercado. E provocou a crise que o IBGE define como a mais prolongada do século: a de 1988 a 1994.

Na pior crise de crescimento do período, a que ocorreu entre 1981 e 1984, o país teve um recuo do PIB per capita de 12%. O mesmo que a Argentina perdeu só no ano passado. Isso reforça outra constatação recorrente sobre a economia brasileira, que é confirmada ao se olhar as Estatísticas do Século: o Brasil é um país com vocação para o crescimento. Registrou no século um crescimento médio anual do PIB de 4,8%, e uma elevação do PIB per capita de 2,5% ao ano.

Pode parecer apenas o resultado de um passado brilhante nas primeiras oito décadas do século, mas é inevitável considerar que outros países que enfrentaram as mesmas crises que o Brasil nos últimos anos perderam nacos maiores do seu produto.

"Para financiar o crescimento de suas despesas, o governo brasileiro realizou, durante o século XX, diversas reformas tributárias (em 1934, 1946, 1967 e 1988)", diz o IBGE, mostrando uma permanência impressionante do mesmo roteiro: o Estado aumenta suas despesas e, para se financiar, faz uma reforma que eleva a carga tributária. De 1920 a 1958, ela subiu de 7% para 19% do PIB. Hoje está em torno de 37%,* e o governo, às voltas com mais uma reforma tributária,

---

* Uma revisão do PIB feita anos depois derrubou a carga tributária de 2002 para 32,7%.

garante que não aumentará a carga. Se cumprir, estará quebrando uma tradição que tem cem anos.

Outra tradição que atravessa o século: o financiamento de longo prazo do Brasil vem basicamente do Estado; na última metade, do BNDES. Os bancos privados sempre foram acanhados no financiamento do investimento.

Curiosas também as informações sobre comércio exterior. Elas mostram que o Brasil teve uma participação muito maior no comércio internacional quando vendia apenas café. Aumentou e sofisticou sua pauta de exportação, porém, mesmo assim, perdeu participação e ainda não recuperou o pedaço do bolo do comércio que um dia teve.

Não é, como se poderia imaginar, resultado da queda do valor das exportações brasileiras. De acordo com o IBGE, o preço unitário dos produtos brasileiros subiu mais que os outros produtos comercializados no mundo.

Na área social, os dados mostram como é persistente a tendência de melhora em todos os indicadores, do analfabetismo à expectativa de vida, passando por ofertas de serviços básicos e causas de mortalidade. As principais causas de morte não são doenças endêmicas, como nos países pobres, mas doenças cerebrovasculares, circulatórias e cardíacas, que juntas respondem por 23% das mortes.

As estatísticas guardam a história. Na área de saúde, um exemplo: o número de casos de meningite no país. É uma curva quase constante, que tem uma elevação brusca nos anos de 1973 a 1975. Naquela época, a ditadura proibiu o noticiário sobre o surto de meningite. Hoje fica ainda mais claro como foi uma decisão estúpida. As estatísticas vão carregar para sempre a cicatriz daquele surto que a censura tentou esconder.

Na educação, uma lição: a queda do analfabetismo. O Mobral foi tão criticado, mas, entre 1970 e 1974, no seu auge, quando foi

126 Miriam Leitão

dirigido pelo professor Mário Henrique Simonsen, alfabetizou 7 milhões de brasileiros. Em 1970, a taxa de analfabetismo era de 34%. Em 1976, era de 23%. Caiu onze pontos percentuais em seis anos. Depois, levou dez anos para cair três pontos percentuais.

Somente na década de 1990, e na segunda metade, foi que voltou a cair. Em 1999, estava em 13%. As estatísticas revelam que foi tão obscurantista censurar um surto de meningite, como tentou a direita, quanto condenar um programa de alfabetização de adultos, como fez a esquerda.

Tudo é tão desigual

14.11.2003

O Ministério da Fazenda divulgou ontem uma nítida radiografia da pior distorção do Estado brasileiro: gastar mais com os mais ricos. O documento Gasto Social do Governo Central tem dados, números e gráficos eloquentes e uma conclusão assustadora: em outros países, o Estado corrige e diminui a desigualdade quando distribui os recursos arrecadados. No Brasil, o Estado confirma a desigualdade.

Em 2002, o gasto social do governo federal foi de R$ 204,2 bilhões. É um espanto que, com tanto dinheiro, o país tenha tantos pobres. A explicação para isso vem dos próprios números, que mostram para onde vão as verbas. De todo o gasto, 1,5% vão para os programas de renda mínima e 73% vão para aposentadorias e pensões. O primeiro programa o governo gasta, basicamente, com os 20% mais pobres. Ao chegar no quarto decil, as transferências deixam de existir. No caso da Previdência, acontece o contrário. A maior parcela da transferência vai para os 20% mais ricos. Mesmo o seguro-desemprego, que tem distorção menor, não é — como deveria — um programa focado nos mais pobres.

Se 73% dos gastos sociais são da Previdência e se a maior parte das transferências vai para os mais ricos, está aí um flagrante de concentração de renda. O documento da Fazenda mostra outra distorção quando apresenta o gasto da Previdência por faixa etária e o compara com o da Espanha. Ele mostra que lá o gasto maior é com quem tem mais de 70 anos, o que é compreensível. No Brasil, é na faixa de 45 a 60 anos, num flagrante das aposentadorias prematuras do país.

Brasil e Inglaterra têm carga tributária semelhante, o que significa que a nossa é alta demais, em consequência da diferença de renda e de nível de oferta dos serviços públicos. Mas o mais importante retorno dos recursos recolhidos na Inglaterra se dá em termos de redução da desigualdade. Lá é o padrão Robin Hood: tirar mais de quem tem mais e dar mais a quem tem menos. Aqui, é o padrão xerife de Nottingham: recebe mais quem tem mais.

E isso ocorre na comparação com vários países. Na maioria dos casos, a desigualdade cai fortemente depois que o Estado recolhe seus tributos e os distribui. No Brasil, quase não há diferença: a desigualdade não cai com tal distribuição; exemplo flagrante de que o Estado brasileiro confirma a desigualdade.

Se o Brasil tivesse o padrão de desigualdade do Uruguai, teria um terço da pobreza que tem. A desigualdade é antieconômica: "Países mais desiguais precisam de uma taxa de crescimento mais alta que países mais igualitários para obter uma dada redução percentual na incidência da pobreza", diz o documento do Ministério.

Muito já se falou sobre o fato de que o gasto com a universidade pública gratuita é regressivo por ser dirigido basicamente aos mais ricos da população, mas o Ministério da Fazenda inova no diagnóstico quando compara o Brasil com outros países. O flagrante da distorção fica ainda mais chocante: "O custo médio por aluno do curso superior é estimado em cerca de 170% do PIB per capita. Nos países da OCDE, o custo é estimado em 100% do PIB per capita." No Uruguai, é de 21%; no Chile, 20%; na China, 65%; na Índia, 93%.

"Esta política produz distorções relevantes, constituindo-se no componente do gasto em educação com mais regressividade."

Quem já se perguntou alguma vez por que o Brasil é tão desigual, quem já achou que paga imposto demais e não vê isso se revertendo em redução da pobreza, quem já se indignou, deveria ler esse documento da Fazenda. Nele está a fotografia da insensatez. Nenhum dinheiro público é neutro. Ele reflete as escolhas que uma sociedade faz. O Brasil tem escolhido ser assim tão desigual.

Retrato do consumo

25.12.2004

Nos primeiros dez anos do Plano Real, o Brasil virou um mercado de consumo de massas. É isso que mostra uma pesquisa que acompanhou a evolução do consumo dos brasileiros, de inúmeros produtos, de 1994 a 2003. Houve crises, anos de crescimento e de estagnação, mas a queda da inflação, a capacidade de comparar os preços, o aumento do poder de compra da moeda permitiram que os brasileiros consumissem mais.

O único ano em que houve queda, desde 1994, foi o de 2003. Ano em que a inflação subiu forte pelo efeito das incertezas da transição política. Mas, em 2004, o brasileiro comprou mais. Os dados de 2004 são ainda preliminares, mas um estudo da ACNielsen mostra que aumentou — ou se manteve estável — a venda da maioria dos 152 produtos oferecidos em supermercados, armazéns, minimercados e vendas. A análise do consumo indica que os produtos de preços mais baixos ganharam mais participação no mercado.

Há anos, a ACNielsen acompanha o que acontece no consumo de inúmeros produtos, pesquisando as escolhas do consumidor numa amostra que representa 800 mil lojas em todo o país. No balanço dos dez anos do Real feito pela consultoria, constatou-se que o volume de vendas totais de todos os itens pesquisados cresceu em todos os anos, e chegou a 2002 com uma alta de 72% em relação ao primeiro ano do Real, apesar das crises enfrentadas em vários anos da década. Para se ter uma ideia: em 1994, o brasileiro comprou 242,7 milhões de unidades de fraldas descartáveis; em 2003, foram 2,6 bilhões. Quem viu somente as crises não se deu conta de que o Brasil virou um mercado de consumo de massas. No ano passado, houve a primeira queda no volume total de vendas, mas foi um episódio apenas. Em 2004, mesmo com dados ainda não concluídos, já se sabe que foi retomado o crescimento. Todos os bimestres avaliados tiveram resultados positivos, praticamente o oposto do que aconteceu em 2003, quando as vendas só caíram. A crise de confiança de 2002 elevou a inflação, derrubou a economia e reduziu a renda, refletindo-se na queda do poder de compra em 2003, tendência que só começou a ser revertida este ano, indo aumentando ao longo de 2004. A expectativa é de que cresça ainda mais quando entrarem os dados do último, e mais importante, bimestre.

O melhor resultado nesse intervalo foi o do grupo que a ACNielsen define como "mercearia doce", no qual estão incluídos leite, açúcar e biscoitos, entre outros. Essa cesta vinha de uma queda de 0,5% e agora subiu 5,6%. O segundo que mais cresceu foi o de higiene pessoal (4,9%), que, ao contrário da mercearia doce, já vinha de um período bom, com aumento de 5,1% nas vendas. Em praticamente todas as oito cestas os preços caíram — com exceção de bebidas não alcoólicas e perecíveis. No total, a queda foi de 0,4%.

O relatório mostra que há motivos para comemorar o aumento da venda de vários produtos, sobretudo pelo fato de que, este ano, um maior número deles teve crescimento superior a 10%; 8,4% dos produtos pesquisados tiveram aumento de vendas na faixa de 11% a 20%. Mas, de qualquer forma, a maior parte, 34%, ficou mesmo estável, na faixa entre 3% de queda e 3% de crescimento. O que é possível ver é que neste ano, até o bimestre setembro/outubro, aumentou a quantidade de itens com crescimento ou estabilidade nas vendas (70% em 2004 contra 59% em 2003).

Mesmo comprando mais, o consumidor continua optando por marcas mais baratas. As que mais ganharam participação no mercado foram justamente as com preço mais baixo. As marcas mais caras continuam sendo muito importantes para o faturamento, mas o consumidor mostra cada vez mais que elas podem ser facilmente substituídas em épocas ainda de dificuldade.

Outro dado interessante para se analisar o perfil de consumo deste ano: a cesta básica que tem 23 produtos selecionados pela ACNielsen teve um crescimento menor que o do total das cestas. Segundo a consultoria, isso mostraria que "o consumo dos básicos se estabiliza, abrindo espaço para produtos menos essenciais". Por exemplo, este ano cresceram ainda mais as vendas dos produtos chamados de "pós-shampoo"; elas foram 11,8% maiores. Outro exemplo: modificadores de leite tiveram alta de 9,8%. A análise chama a atenção também para amaciantes para roupas e alguns outros itens de limpeza.

Certamente 2004 foi bem melhor do que 2003 e isso pode ser visto nesses dados de comparação anual, mas o mais importante é ver todo o filme do consumo: hoje estamos num patamar de consumo muito mais alto do que o de antes do Real. Mas ainda sobra muito espaço para crescer. Aguardemos os próximos anos.

Vida que segue

1.7.2004

Se naquele 1º de julho de 1994 nós pudéssemos antever o noticiário de hoje, seria um espanto. O Banco Central faz uma revisão da inflação e constata que, em vez de 5,2%, a taxa fechará a 6,4%. No ano. Essa taxa representava a inflação de quatro dias no mês de junho de 1994. Nos últimos dez anos acumulados, o IPCA foi de 167%; no ritmo em que estava, essa era a inflação de três meses. O Conselho Monetário Nacional estabelece a meta dos dois próximos anos. Naquela época, acharíamos louco um exercício deste. Era impossível prever a taxa do mês seguinte. O Plano Real foi a ruptura com um passado nefasto. Depois disso, temos vivido muitas aflições, mas já é, simplesmente, a vida que segue seu rumo.

A moeda que completa hoje dez anos é como o nome diz: uma moeda. Nada mais. Não é a solução de todos os problemas É uma etapa de um longo processo de avanço pelo qual passa a economia brasileira. Se soubéssemos naquele 1º de julho que, nos anos seguintes, desapareceriam três dos dez maiores bancos privados brasileiros e o maior banco estadual, provavelmente o país teria medo da dinâmica que a nova moeda iniciava.

A maior crise bancária já vivida aqui não foi provocada pelo Real, mas a inflação baixa revelou os problemas do Econômico, do Nacional, do Bamerindus e do Banespa.

As crises cambiais, que aconteceram depois, afetaram-nos violentamente. Naquela época, o presidente ouviu os integrantes da equipe econômica que queriam manter o câmbio, como Gustavo Franco. O economista José Roberto Mendonça de Barros foi o primeiro a avisar, ainda em 1996, que era necessário mudar a política cambial. Em 1995, o economista Pérsio Arida já saíra do governo, após uma desgastante briga interna em torno do tema. O câmbio foi sempre o ponto de discórdia em relação ao plano que estabilizou a moeda. A grande dúvida que ficará sem resposta é: essa estabilização seria possível se o câmbio tivesse sido flexibilizado antes, quando o consumo estava muito alto e a memória inflacionária bem viva?

Na ruptura cambial, o economista Chico Lopes, que comandou o primeiro momento da mudança, pagou um preço alto. Recentemente, ele comentou que acha injusto quando eu escrevo que a mudança cambial foi desastrada. Lembrou que ela provocou um dos menores custos, em termos de inflação e PIB, que esse tipo de transição produziu naquele final dos anos 1990. Todo o mérito do risco evitado foi creditado na conta de Armínio Fraga — de fato, um excelente presidente do Banco Central —, mas o tempo dirá quem é Chico Lopes: um brasileiro honesto, um economista brilhante que ajudou a desenvolver junto com Pérsio, André Lara e outros a teoria que tornou possível o Plano Real. Certa vez, a economista Eliana Cardoso me disse: "A desvalorização não mata, mas mata quem faz." Chico foi atingido por esse peso. Em outros países, caíram ministros e até presidentes nas crises cambiais.

O consumo explodiu nos primeiros anos do Real e depois caiu. Muita gente tem a impressão de que todo o ganho da estabilização desapareceu nas quedas. Não é verdade. Vejamos o caso do iogurte.

Segundo a AC Nielsen, em 1993, foram vendidas 88 toneladas; em 2003, 395 toneladas. Nesse meio tempo, o consumo oscilou, mas a alta foi maior que a queda.

Até hoje, o consumo é menor do que poderia ser por culpa de anomalias que ainda não foram corrigidas: uma taxa de juros absurda e um mercado de crédito subdesenvolvido.

O que nos pareceria um admirável mundo novo, se víssemos os dias de hoje com olhos de 1994, é até desdenhado por 50% dos leitores do Globo on-line, que responderam, numa pesquisa pela internet, que a queda da inflação não vale muito porque o desemprego aumentou. O desemprego não seria menor se o país ainda tivesse aquela louca inflação. Mas é natural que, vencido um problema, o país queira vencer o seguinte.

Tudo parece simples hoje. Nos dias que antecederam o 1º de julho, aviões cruzaram os céus do Brasil levando milhões de notas da nova moeda brasileira, na mais assombrosa operação logística empreendida pelo Banco Central. O real estava em todos os pontos do Brasil naquela manhã. Parecia milagre. Hoje o feito parece banal. Tudo é vida que segue.

Para que serve?

3.9.2004

A decisão tardia tomada pelo Cade mostra, de forma emblemática, que o atraso pode invalidar a ação do Estado. A justiça quando tarda, falha. A decisão, ainda inconclusa, recaiu, entre outras, sobre uma empresa já falida. O mesmo Cade que aceitou a AmBev, puniu a Colgate por ser dona da Kolynos, impediu a compra da Garoto pela Nestlé e aceitou os voos compartilhados Tam-Varig agora quer punir um acordo de preços feito em 1999 pelas companhias aéreas, cobrando multa até da falecida Transbrasil.

Critérios confusos e demora no julgamento invalidam o princípio da defesa da concorrência, que, por sinal, anda sendo diretamente bombardeado em outras áreas do próprio governo. O BNDES avisou que quer trabalhar por mais concentração industrial no Brasil, copiando o controvertido modelo coreano, induzindo as grandes empresas a comprarem ações de fornecedores. Se fizer esse entrelaçamento, criará uma tal aliança entre produtores de bens intermediários e seus clientes que isso vai se transformar numa barreira à entrada de novos concorrentes.

O Brasil, quando era fechado, desenvolveu o defeito do excesso de concentração, cartelização e formação de monopólios. A defesa da concorrência teria que trabalhar — ajudada pela indispensável abertura da economia — para incentivar a concorrência e punir práticas anticoncorrenciais. Mas o tema aqui é vítima de três problemas: divisão da função em três órgãos, prazos de julgamento longos demais, visões contraditórias dentro do governo e dentro da área.

Hoje há o complicador ideológico que faz com que alguns integrantes do governo defendam ideias como as do BNDES. No governo anterior, a falta de critérios confundia. A criação da AmBev foi apresentada pelo marketing da Brahma como fusão, quando era compra, e como uma estratégia para criar uma multinacional verde-amarela num mundo dos grandes grupos. O nacionalismo de ocasião distorceu o debate e a decisão acabou sendo a aprovação, no sentido inteiramente inverso do que havia sido demonstrado na punição imposta à Colgate-Kolynos. Para quem já se esqueceu, o Cade obrigou a Colgate a suspender por quatro anos a venda do produto — a Kolynos — líder do mercado de pastas de dente.

A AmBev criou uma concentração de 70% num mercado complexo e com barreiras naturais, e o Cade aceitou, obrigando o grupo apenas a vender a Bavária — que tinha 3% do mercado —, mas impedindo que ela fosse comprada pela Kaiser, que, na época, tinha 10%. Ou seja, achava que ter 70% não ameaçava o mercado, mas ter 13%, sim. Mais recentemente, impediu que a Nestlé comprasse a Garoto, o que a faria ter 58% do mercado de achocolatados. Aceitou os voos compartilhados da Tam-Varig, nunca atuou contra a ponte aérea, que era uma atuação conjunta de todas as companhias, e quer agora punir um momento, há cinco anos, em que as companhias elevaram os preços nos mesmos percentuais. Ora, até as nuvens sabem que sempre foi assim no Brasil. E não só na aviação. Quando Brahma e Antarctica se enfrentavam na tal guerra das cervejas, quem quisesse acompanhar a evolução dos preços — fiz isso para uma reportagem — encontraria coincidências de datas e de percentuais de reajustes.

138 Miriam Leitão

A AmBev foi aceita — apesar da óbvia concentração que criou —
porque foi apresentada, num ilusionismo publicitário, como a criação da multinacional verde-amarela que iria se contrapor ao "inimigo externo": a Kaiser-Coca-cola. Nessa onda, embarcaram muitos
no Brasil. Eu disse que aquele nacionalismo havia sido fabricado nas
mesas dos publicitários. Tanto é assim que a AmBev acabou sendo
vendida para um grupo belga. Ela continuará dizendo que agora a
nossa multinacional ficou ainda mais forte. Mas o verde-amarelo
foi diluído nas cores belgas. E a imprensa internacional apresentou
exatamente assim: como aquisição da empresa brasileira, e não essa
ilusória fusão.

O caso ensina muito. Primeiro, sobre os defeitos do sistema brasileiro de defesa da concorrência: é lento e tem critérios aleatórios.
Segundo, que as decisões não podem ser tomadas por paixões na-
cionalistas. O empresário que recebeu uma vantagem, um benefício
pelo fato de ser representante do capital nacional, vai amanhã vender
sua empresa ao primeiro grupo estrangeiro que fizer uma boa oferta.
Terceiro, que, se não encontrar uma forma de agilizar suas decisões,
o governo vai acabar na patética situação atual: a quem será que se
vai cobrar a multa da Transbrasil?

Ainda anormal

13.4.2006

O orçamento era uma peça de ficção na época da inflação e da falta de controles mínimos das contas públicas. Doze anos após a queda da inflação, vinte anos depois da criação da Secretaria do Tesouro, o orçamento continua uma peça de ficção. Hoje o governo manda para o Congresso a Lei de Diretrizes Orçamentárias (LDO) de 2007, e ainda não tem orçamento de 2006. As tesouras já estão afiadas para os cortes quando ele for aprovado.

O Brasil cumpre uma longa, interminável, transição para a normalidade. Era um país muito anormal na ditadura militar, quando havia três orçamentos e só um passava por um Congresso manietado. Continuou anormal na hiperinflação, quando ninguém entendia mesmo o que eram aqueles valores. Qualquer atraso em liberação de verba representava a redução substancial do dinheiro.

A criação da Secretaria do Tesouro e, mais que isso, a instalação de um sistema que dava ao Congresso o poder de vigiar o gasto público, o Siafi, encheu todo mundo de esperança. A lei orçamentária passaria a fazer sentido, ser vigiada e cobrada.

O escândalo dos anões pareceu mais uma etapa da purgação dos nossos velhos pecados para entrar num novo estágio civilizatório.

A criação da LDO foi outro avanço importante. Primeiro, o parlamento aprova as bases do orçamento; depois, o governo aprova o orçamento.

Começou, então, uma luta para que os orçamentos fossem aprovados no prazo regulamentar e, em alguns anos, conseguiu-se a façanha: começar o ano já com o orçamento aprovado. Parecia que estávamos às vésperas da normalidade. Mas ela ainda estava longe porque havia três problemas na nossa rota: vinculações, Desvinculação das Receitas da União (DRU) e contingenciamentos.

Porque os orçamentos sempre foram peças de ficção, o Congresso foi aprovando as vinculações. Isso veio da época da hiperinflação. A soma das vinculações tornava o orçamento uma impossibilidade para o Executivo. Ficou todo amarrado, com todo dinheiro com endereço certo, e nada sobrava para o governo governar.

Como é muito difícil acabar com as vinculações ou reduzi-las, o governo inventou a DRU, que libera temporária e parcialmente o dinheiro vinculado. Como os parlamentares aumentam muito a despesa sem previsão de receita, a solução é o contingenciamento: que dá ao governo o direito de não gastar o que o orçamento diz que é para gastar.

Todo esse arsenal de esquisitices, de gambiarras, impede o Brasil de ser um país normal. Mas este ano ficou mais anormal, porque já vivemos um terço de 2006 sem orçamento aprovado. O presidente Lula culpa a oposição, mas, se o governo é maioria, é ele que tem a responsabilidade principal de aprovar o orçamento.

Porque o governo não consegue mobilizar sua base e negociar com estados e grupos de pressão, o país passou a ser governado por medida provisória. Gastos de custeio e investimentos são decididos por MPs. Uma anormalidade que lembra o período autoritário.

Os caminhos do gasto público são sempre tortuosos e qualquer atalho que se cria vira estrada principal; qualquer provisório vira permanente. A Lei Kandir, por exemplo, foi uma invenção de 1996 para durar quatro anos. Já tem dez e continuará viva nos próximos anos, pelo visto. Surgiu da necessidade de tirar impostos que pesavam sobre a exportação e reduziam a competitividade. Só que o governo federal deu esmola com o chapéu alheio: retirou o ICMS, que é estadual. Comprometeu-se, então, a dar uma compensação aos estados. Ela seria temporária, pois a ideia era que o aumento da exportação elevaria a atividade e isso aumentaria a arrecadação para todos.

Mas os estados ficaram dependentes desse dinheiro compensatório. E é aquele negócio: quando é para brigar com o governo federal ou tirar dinheiro do orçamento, todos os estados ficam de acordo, independentemente de filiação partidária ou conflitos federativos. O resultado é que, todo ano, os estados se juntam, os empresários apoiam, os políticos se mobilizam e todos marcham para Brasília e impedem a aprovação do orçamento, exigindo o aumento da compensação.

A exportação aumentou nos últimos anos mais do que em qualquer cenário previsto. Os estados fazem as contas do que arrecadariam se o imposto fosse cobrado. O governo federal, quando aumenta o repasse pela Lei Kandir para os estados, tem que cortar nos próximos investimentos. E como isso não tem como dar certo, termina sempre em brigas, e elas estão ficando cada vez mais penosas. Era para ser um acerto provisório, virou fonte permanente de impasse.

Polêmicas agências

1.9.2007

Há uma enorme confusão no governo Lula sobre o que são as agências reguladoras e qual é o seu papel. São vistas como uma ideia tucana, mas são uma ideia universal. Os cargos têm sido distribuídos partidariamente, e isso é o pior risco por que passa um órgão que tem que defender o interesse geral. As agências são vistas como usurpadoras do poder do governo, mas são ferramentas da estabilidade de regras.

Por não entender a natureza do modelo, o governo vai de um erro ao outro. O ministro Nelson Jobim, nas suas primeiras declarações, sugeriu que poderia trocar os nomes e o modelo da Anac. Caminha para enfraquecer a agência, dando força a um conselho de ministros que dará ordens a serem cumpridas por ela. O Conac deve, sim, reunir-se com mais frequência para analisar todos os pontos da questão e tomar as providências que precisam ser tomadas pelo governo, mas não pode ser a agência reguladora da aviação no Brasil e tomar as decisões cotidianas e técnicas que cabem a uma agência.

O grande desafio que o governo tem diante da Anac é como manter a independência da agência, fortalecê-la, sem que isso signifique manter a direção, que tem um desempenho deplorável. Essa direção foi escolhida por critérios errados, e seu mau desempenho é parte fundamental da crise aérea: foi ela que deixou os voos se concentrarem em Congonhas; que não fez um planejamento estratégico para ocupar o espaço vazio deixado pela falência da Varig, que era dominante no mercado; que se deixou capturar pelas empresas; que, nas duas grandes tragédias, mostrou não estar preparada para atuar em crises. Foi quem não impediu que a Infraero desse prioridade à construção de shopping centers nos aeroportos em vez da segurança das pistas. A bem da verdade, o governo Lula não errou sozinho, teve a companhia do Senado, por onde os nomes passaram com facilidade.

Este governo demitiu o presidente da Anatel Luiz Schymura por pressão do então ministro Miro Teixeira, que queria mais ingerência no setor. E ingerência para fazer uma política tarifária populista. Uma política de preços que atenda a interesses políticos passageiros pode levar a um colapso do investimento. Como agora, com a energia, na Argentina.

Agência não é órgão de defesa do consumidor, mas, quando regula de forma eficiente, melhora a qualidade dos serviços — impondo padrão de serviço e obrigações às empresas —, defende os interesses do consumidor e aperfeiçoa o funcionamento da economia. A Anatel demorou um tempo interminável, mas acabou permitindo a portabilidade do número do celular. Isso facilita a vida do consumidor. Determinou que o consumidor do pré-pago tenha mais tempo para uso do celular; antes ele perdia os créditos. Agora a Anatel se prepara para alguns movimentos importantes, como o do leilão de outorga da terceira geração de celular.

Pelo projeto de lei das agências que está no Congresso, elas perdem o direito de outorga, uma de suas principais forças, porque é quando se negociam os contratos. E respeito aos contratos é a principal fonte de atração de investimento hoje. Imagine um investidor do setor elétrico cujo empreendimento continuará existindo nos próximos trinta anos: ele precisa do conforto de que as regras não vão mudar de quatro em quatro anos.

As agências não devem ter ligação com um partido, nem diretor com apadrinhamento político, pois isso fere sua alma. Ela defende interesses difusos, não pode ter lealdades específicas. Sua independência não é em relação ao governo apenas, tem que ser em relação às empresas do mercado. Só assim cumprirão seu papel: regular a qualidade dos serviços, garantir a competição no setor, criar confiança de que a regulação não vai mudar quando mudar o governo. São regras estáveis que atraem investimentos de longo prazo.

Uma ideia muito defendida no governo Lula é que os ministérios fazem a política e as agências são braços operacionais. É verdade, em termos. É o governo que decide quebrar o monopólio da Petrobras, mas é a agência que faz os leilões de exploração que vão reduzindo o poder da empresa. Isso também é política. Quando se decide o espectro de frequência de telefonia móvel, está se estabelecendo uma política também; não é decisão neutra. Haverá decisões complexas a serem tomadas na telefonia: a tendência do mundo é de concentração, mas o Brasil quer — e deve — manter a competição. Como fazer isso? Não pode ser com base numa visão partidária, mas de melhor funcionamento do mercado brasileiro.

As agências estão sendo vistas como um modelo único, e hoje os setores a serem regulados têm características muito diferentes. Na telefonia, as empresas são completamente privadas. No petróleo, há uma estatal monopolista em vários setores do mercado. No setor aéreo, uma estatal que administra os aeroportos e um duopólio privado no transporte de passageiros. No setor elétrico, um sistema híbrido, com a distribuição privatizada e a geração pública. No transporte, o governo, em vez de criar uma agência, criou três: uma para as ferrovias, outra para as rodovias, outra para o transporte aquaviário, e isso no mundo da multimodalidade. A ANP, depois de um período de independência, foi hoje loteada e capturada pela Petrobras. A Aneel teve várias de suas funções assumidas pela EPE. O governo Lula faria um enorme favor ao país se, ao menos, estudasse a questão regulatória.

O risco do dano

16.9.2007

Há dois riscos na atual turbulência no mercado internacional: que ela se propague em contágios sucessivos e se torne um colapso do crédito e uma crise bancária; ou que não aconteça absolutamente nada graças ao socorro superlativo dos bancos centrais. No primeiro caso, o mundo pode entrar numa recessão; no segundo, o mercado financeiro confirmaria que não há punição para os desatinos, e os repetiria.

É desatino emprestar para quem não pode pagar; é desatino oferecer um crédito maior para rolar a dívida antiga com uma sobra para novas compras; é desatino das agências de risco distribuírem o grau máximo de confiança a produtos financeiros derivados desses empréstimos a pessoas com baixa capacidade de pagamento da dívida. Mas o mercado financeiro global fez tudo isso.

O primeiro risco é tão grande que, claro, é preferível o segundo: o risco do dano moral, na difícil tradução do inglês *moral hazard*. Nesse cenário, o problema é a repetição da insensatez para a qual tantos do mercado contribuíram. Os devedores duvidosos, com renda incerta ou históricos de inadimplência, eram incentivados pelos bancos e pelas empresas financiadoras de hipotecas a tomar crédito. Quando não pagavam, eram incentivados por eles a rolar o empréstimo num valor maior e ainda ter uma parte do dinheiro *cash* para novas compras. Num país em que o consumidor paga um cartão de crédito com outro cartão de crédito e vai rolando a dívida, nada de mal há em ter um novo empréstimo maior se o ativo, a casa, que o garantia, também subia de valor. O consumidor/devedor podia confundir tudo e achar que estava mais rico, quando estava apenas ficando mais endividado. Os bancos e as financeiras, especialistas no mercado de crédito, é que deviam ter atitudes prudenciais; mas não tiveram.

Foram imprudentes também os agentes do mercado que securitizaram essas dívidas, transformaram os papéis derivados dela em produtos financeiros, atraindo os investidores com as taxas mais altas pagas por esses papéis, e os espalharam pelo mundo.

Mas as empresas de *rating* que classificaram esses produtos financeiros num menor nível de risco, no nível recomendado como bom investimento, precisam urgentemente dar uma explicação ao mercado. Elas erraram na Ásia: os países que quebraram na década de 1990, ainda que tivessem as fragilidades que acabaram levando-os à crise, eram considerados *investment grade*. Erraram também quanto às empresas que quebraram na crise das fraudes no balanço, como a Enron e a WorldCom. E agora são apanhadas, de novo, avaliando de forma completamente equivocada os ativos financeiros derivados dos títulos *subprime*.

Em 2000, a Standard & Poor's tomou a decisão de mudar a forma como avaliava um tipo específico de empréstimo, que se tratava de receber um novo empréstimo para pagar o anterior. Ao não considerar que ele embutia um risco grande de calote, a S&P e as outras agências deram combustível para que o mercado de *subprime* e de hipotecas em geral desse o salto que deu, transformando-se num bolo de US$ 1,1 trilhão. S&P, Moody's e Fitch Ratings deram boas classificações para papéis oriundos de empréstimos duvidosos, o que

148 Miriam Leitão

os transformava, para quem os analisava, em papéis tão garantidos quanto títulos do Tesouro americano.

A decisão tardia de rebaixá-los foi apenas a tranca na casa arrombada. Como foi feita somente depois de a derrocada no mercado de hipotecas já ter começado, ela acaba produzindo — como ocorreu das outras vezes — um aumento no combustível da crise, por incentivar a desconfiança.

Contratadas para serem um olho a mais, um ponto crítico capaz de ver riscos que não são percebidos pelo mercado, as agências de risco têm incentivado bolhas, constatado quebras só depois que elas acontecem, e precipitado crises, ao rebaixarem indiscriminadamente, nos momentos de agravamento dos problemas, para tentar salvar a própria reputação.

Os maiores culpados pela crise, no entanto, são os emprestadores lenientes com os riscos do tomador. Os bancos e fundos que não foram transparentes com seus investidores. As empresas de hipotecas que incentivaram a ciranda das compras descontroladas dos consumidores americanos. A Merrill Lynch divulgou uma orientação de venda para as ações da Countrywide, a maior financiadora de hipotecas dos Estados Unidos, que vinha aumentando sua exposição ao risco, mesmo quando os sinais dos problemas já estavam ficando claros com as dificuldades das empresas menores. A Countrywide achou que cresceria com a crise, mas tem dado nos últimos dias vários tropeços. Como é financiada por bancos de vários países, se ela quebrar, vai provocar um enorme estrago.

O Brasil não é alvo nesta crise, como já foi em outras, porém, quando o furacão é grande, todos sacodem. Como estamos no mesmo mundo das finanças globalizadas, é torcer para que a tormenta passe. Mas, se ela passar pela ação curativa dos bancos centrais, o risco é que fique a sensação de que nem houve crise, e os negócios imprudentes recomecem no dia seguinte.

Voltas do mundo

28.3.2008

O Brasil, a cada cinco anos, esquece o que se passou nos últimos cinco. A junção das duas grandes bolsas do país está ufanando nosso espírito brasileiro: juntas, Bovespa e BM&F viraram a terceira do mundo, atrás apenas da Bolsa da Alemanha e da de Chicago. A BM&F esteve no olho do furacão em 1999, naquelas operações que levaram alguns ex-dirigentes do Banco Central, como Chico Lopes, ao banco dos réus.

Os dirigentes do Banco Central na época defenderam a venda de dólares aos bancos Marka e FonteCindam, garantindo que havia "risco sistêmico". Ou seja, outros bancos quebrariam, num efeito dominó. Eram dois pequenos bancos, como poderiam levar o sistema inteiro ao colapso? Naquele momento, essa foi a grande discussão. Mas, há duas semanas, foi exatamente o que o Fed fez: socorreu um banco de investimento que não tinha uma agência sequer, alegando que, se o Bear Stearns quebrasse, haveria risco sistêmico, ou seja, outros bancos quebrariam. Imagina se aquele sistemão bancário americano ruísse na cabeça do planeta? O Fed, em pleno domingo, decidiu agir em vez de ficar no tira-teima.

Os mesmos dirigentes da BM&F que esta semana brilharam no noticiário comemorando a fusão com a Bovespa foram os que, em

150 Miriam Leitão

1999, estiveram na CPI respondendo às perguntas dos senadores e deputados. O que os parlamentares queriam saber deles era se a bolsa quebraria caso os bancos quebrassem. O que tinha a ver a bolsa com os bancos? Simples. Naquele mundo antigo, o Brasil tinha falta de dólares, e não este excesso de hoje. O Banco Central vendia dólar para evitar que o câmbio subisse. Em 1996, passou a operar no mercado futuro para administrar a cotação, sem ter que vender as reservas propriamente ditas. Ele vendia no mercado futuro para dar *hedge* (garantia) a quem tinha dívida em dólar. Depois da crise da Ásia em 1997, a BM&F passou a oferecer o *hedge*. A bolsa só vendia essa garantia porque o BC era a contraparte. Na verdade, o comprador não precisava pagar pela garantia comprada, ele tinha apenas que depositar a margem. A bolsa passou a ser um braço do Banco Central, com direito a resolução do Conselho Monetário Nacional para tentar sustentar o insustentável: o câmbio quase fixo. O risco sempre presente naquela política cambial — com a qual se lutou contra a inflação brasileira — era que o dólar disparasse. Isso acabou acontecendo em janeiro de 1999.

Quando, sob o curto comando de Chico Lopes, o BC começou a mudar a política do câmbio, foi um deus nos acuda. Dois bancos tiveram dificuldade de cobrir suas posições. Ao FonteCindam, o Banco Central vendeu dólar no teto da banda, exatamente o que estava obrigado a fazer pela política ainda vigente de bandas cambiais. Ao Marka, vendeu dentro da banda, mas abaixo do teto, num preço que permitia que o banco zerasse suas posições e fechasse suas portas.

Caso não vendesse, esses bancos ficariam inadimplentes na BM&F, e a bolsa teria que executar as garantias. Eles estavam muito alavancados; se não pagassem, fariam um rombo na bolsa. Houve um grande debate na época se as garantias mantidas pela bolsa eram suficientes ou não. A questão era crucial. Caso fossem suficientes, o BC tinha errado; caso não fossem, a decisão tinha evitado que o país tivesse uma onda de quebradeira, ou seja, o tal risco sistêmico.

Houve CPI para tirar essa e outras dúvidas sobre a operação de socorro aos bancos. Ao depor, os dirigentes da BM&F defenderam duas posições ao mesmo tempo. Disseram que, sim, as garantias seriam suficientes. Mas houve um momento em que o senador Romero Jucá — atual líder do governo Lula no Senado, na época, líder do governo FHC — perguntou se a liquidação dos dois bancos poderia ter detonado uma crise sistêmica.

O então superintendente da BM&F, Edemir Pinto, hoje diretor-geral, disse o seguinte:

— Não tenho dúvida que sim.

— Então a saúde financeira do sistema dependia dessa operação feita pelo Banco Central? — perguntou o senador (sempre) governista Jucá.

— Sim, perfeitamente — respondeu Edemir Pinto.

O então e atual presidente da BM&F, Manoel Felix Cintra, disse: "O Banco Central tomou a decisão que quis, de forma independente." Ficou a dúvida no ar. Tudo fica muito curioso visto com a distância de nove anos. Os dirigentes do BC na época e dos dois bancos estão respondendo a processo; o mais notório, o ex-banqueiro Salvatore Cacciola, está em Mônaco esperando decisão sobre o pedido de extradição.* Cacciola tem que responder por outros erros, entre eles, o de fugir da Justiça brasileira e o de remeter ilegalmente dinheiro. Enfim, tem muito a explicar. A BM&F cresceu, tornou-se uma instituição sólida, abriu capital e agora se funde com a também aberta Bovespa. Juntas se transformam numa das maiores do mundo. O real é uma moeda forte e estável e é a base da economia do então oposicionista, hoje presidente, Lula.

Se tivesse havido quebradeira de bancos e da BM&F em 1999, o que estaria acontecendo hoje? Ninguém saberá. Enquanto isso, nos Estados Unidos, na capital do liberalismo não intervencionista, o

---

* Em 2008, Salvatore Cacciola foi extraditado e preso no Brasil.

Fed resgata um banco de investimento, cobre seus passivos e vende a parte boa para outro banco. A operação lá levanta uma dúvida: será que não é hora de ampliar a supervisão do Fed sobre o sistema financeiro?

A reforma da vez

29.2.2008

Uma empresa do setor farmacêutico do Rio importa seus insumos por avião. Desembarca-os no Rio, leva para Brasília, depois para Anápolis, depois os traz de volta para o Rio, onde os princípios são encapsulados e voltam para Goiás, de onde são distribuídos para todo o Brasil. Por que ela faz essa viagem de 3 mil quilômetros? É o que as empresas chamam de logística tributária.

A diferença de ICMS entre os estados e os vários incentivos fazem com que, para as empresas, seja mais rentável aproveitar esses benefícios que poupar o transporte, mesmo sendo o Brasil um país gigantesco e com péssima estrutura de transporte.

— Quando se discute a localização de um empreendimento, não se pergunta o custo do transporte, porque, mesmo se ele for de 4% ou 5% do custo total da empresa, será amplamente coberto pelos incentivos, dependendo da logística tributária — diz o professor Paulo Fleury, da Coppead.

Essa irracionalidade se espalhou. Hoje inúmeras empresas passeiam com seus produtos pelo Brasil, gastando uma infraestrutura viária deficiente, emitindo carbono, elevando seus custos de transporte, mas sendo compensadas pelos descontos de impostos em cada estado.

— Este sistema é distorcido, maluco e absurdo. Se uma empresa no Paraná precisar comprar aço da CSN, é melhor ela comprar de algum distribuidor da Bahia do que diretamente da CSN no Rio. As empresas brasileiras se adaptaram tanto a essas distorções que o fim delas pode inviabilizar muitas empresas — afirmou Fleury.

Como em todas as doenças econômicas, como a inflação, por exemplo, a distorção do sistema tributário brasileiro criou dependentes.

Todas as reformas pensadas até agora — e engavetadas — tinham a mesmíssima ideia da proposta atual: unificar a legislação e as alíquotas dos impostos estaduais; trocar a tributação da origem para o destino; fundir impostos federais.

— O Rio, no geral, vai perder R$ 700 milhões — acredita o secretário de Fazenda do estado, Joaquim Levy.

Ele defende a reforma. Diz que, com o país crescendo, com excesso de arrecadação, é o melhor momento para corrigir as distorções do passado. No Brasil, as mudanças e reformas só acontecem nas crises.

O jurista Ives Gandra Martins foi chamado para falar no Congresso em todas as tentativas de se fazer uma reforma tributária e em todas as mudanças que foram feitas nos impostos. Ele também acha que há uma lei geral desses eventos:

— Há cinquenta anos, todas as mudanças nos impostos aumentaram a carga tributária.

O governo promete uma mágica: não aumentar a carga tributária, mas passar a dividir com os estados impostos que antes não dividia e, ao mesmo tempo, não perder arrecadação. Não se pode atingir os três objetivos ao mesmo tempo. Um tem que ser falso. Ou bem ele não perde nada, divide o que não dividia, mas compensa com aumento de carga. Ou ele não aumenta a carga, não perde nada com a divisão dos impostos, mas aí ela não é divisão de fato.

O caminho tomado foi a segunda opção. A nova partilha nada partilhará. O que o governo propõe é, por exemplo, unir a Contribuição Social sobre Lucro Líquido (CSLL) ao Imposto de Renda Pessoa Jurídica. Faz todo sentido. Eles são a mesma coisa, têm o mesmo fato gerador: taxam o lucro das empresas. A CSLL foi criada para que o governo não tivesse de dividir esse imposto com os estados. Ao juntar tudo, ele teria que distribuir todo o bolo.

A estratégia do governo para transformar contribuições em imposto sem que a União perca arrecadação foi manter a vinculação nos percentuais das antigas contribuições. Na prática, é trocar seis por meia dúzia, pois o mesmo montante de uma contribuição que ia para um determinado fim, como seguridade social, por exemplo, continuará indo, mesmo que a base seja diferente. Com isso, a partilha federativa, ou seja, quanto vai para estados e municípios, permanecerá igual. A própria Fazenda afirma que a intenção é fazer uma reforma "absolutamente neutra", garantindo que a mudança não afete os programas hoje existentes.

As mudanças propostas não são novas e nem para já. Tudo entra em operação muito depois da aprovação. A transferência da cobrança do ICMS da origem para o destino demorará oito anos e não será integral: 2% ficarão nos estados de origem. O fim das contribuições federais transformadas em impostos (PIS-Cofins-Cide, que será o IVA-F) e a junção da CSLL-IRPJ vão entrar em vigor dois anos depois de aprovada a reforma; ficaria, na prática, para o próximo governo, se for aprovada este ano. A desoneração da contribuição patronal para a previdência sobre a folha salarial será assim: cairá um ponto percentual ao ano a partir do segundo ano da aprovação do projeto de lei que será enviado ao Congresso 90 dias após a aprovação da reforma tributária. Entendeu? É confuso mesmo.

Gilberto Amaral, do Instituto Brasileiro de Planejamento Tributário, disse que a proposta deveria ter ousado mais: poderia ter reduzido carga tributária, e tinha que ter incluído a variável ambiental, tributando diferentemente por grau de impacto no meio ambiente.

A proposta é velha, acanhada, demora a ser implementada e pode não tramitar, como tantas outras.*

---

* Essa proposta foi para o Congresso, lá foi feito um substitutivo complicando-a ainda mais, e foi abandonada pelo governo.

Lições do acerto

24.2.2008

Tancredo Neves disse, emocionado: "Não pagaremos a dívida com o sangue do povo." Negociadores brasileiros foram humilhados, como se fossem de um país caloteiro. Pedro Malan, antes de ser ministro, passou anos com paciência chinesa oferecendo aos credores um "menu de opções". O ex-ministro Bresser Pereira foi enxotado de Washington quando fez uma proposta sensata.

Pensei na minha geração de jornalistas de assuntos econômicos quando vi a notícia de que a dívida externa, afinal, era menor que os nossos ativos. Pensei nos momentos de aflição e em todos os assuntos que acompanhamos em anos dos nossos "constrangimentos externos". Quando o Brasil quebrou em 1982, quando quebrou de novo em 1987, as maxidesvalorizações, os acordos seguidos com o Fundo Monetário Internacional, os jornalistas esperando no frio de Washington o que diriam as autoridades do Tesouro e do Fundo a mais um pedido de "*waiver*", ou seja, licença para não cumprir o acordo. A minha geração viu quando a dívida engoliu o Brasil. Nada aconteceu de repente, há anos a dívida externa tinha deixado de ser o problema, mas o marco desta última semana não foi menos emocionante

Foi longo o tempo desta história que nos levou da bola de neve da dívida no começo dos anos 1980 à última quinta-feira, quando o Banco Central anunciou que a dívida externa, pública e privada, representava um montante menor que os nossos ativos.

Isso não é tudo. A dívida interna cresceu muito, há outros passivos. Mas olhemos para trás para ver o que acertamos. As lições dos acertos são mais difíceis de tirar que as dos erros. Os acertos têm proprietários e eles preferem as explicações que privatizam o que é coletivo.

A dívida externa feita pelos militares era inevitável. Dinheiro barato, necessidade de investimento no país, Brasil em crescimento. Importamos poupança em forma de dívida. Ela estourou ainda no governo Figueiredo pelo peso dos juros americanos, que chegaram, no final dos anos 1970, a níveis nunca vistos antes. Em setembro de 1982, o México declarou moratória; depois, nós. A quebradeira dos países latinos fez da região uma área de estagnação econômica. Começou assim a era de cartas com o FMI, nunca cumpridas, desvalorizações cambiais, políticas recessivas para que, com os saldos, fosse possível pagar os juros da dívida. Só os juros, porque a bola-de-neve da dívida parecia cada vez mais impagável. Em fevereiro de 1987, o então ministro Dilson Funaro decretou nova moratória, que o governo José Sarney apresentou como ato de soberania. Era nada. Não pagávamos porque não tínhamos dinheiro.

O ministro Bresser Pereira assumiu o ministério três meses depois num país quebrado. Desenhou uma engenharia de pagamento que embutia uma ideia nova: os credores aceitariam receber menos pela dívida e retomaríamos o pagamento. Bresser ouviu do secretário do Tesouro James Baker que sua proposta era *"non starter"*, ou seja, não dava nem para o começo de conversa. Falso. Logo depois a mesma ideia foi apresentada pelo secretário do Tesouro seguinte, Nicholas Brady. Virou a "proposta Brady".

Foi isto que Pedro Malan foi negociar: a transformação dos papéis da dívida, tantas vezes caloteados, nos novos papéis, os Brady Bonds. Foi oferecido aos credores o tal "menu de opções": papéis diversos pelos quais se podia trocar a dívida velha caloteada.

Antes disso, negociadores brasileiros amargavam um tratamento de quinta quando iam a Washington negociar a dívida. Funcionários do Banco Central administravam reservas, sempre insuficientes.

A luta contra a inflação teve que lançar mão do dólar como ponto fixo a partir do qual se construía uma nova mentalidade e se apagava a memória inflacionária. O dólar barato levou a uma segunda onda de endividamento. Essa nova dívida e os déficits em transações correntes levaram às crises cambiais do final dos anos 1990. O Brasil teve que ir de novo a Washington, pedindo para ser "resgatado", em 1998. Os novos empréstimos não evitaram a flutuação do câmbio em 1999. A velha dívida continuava no mercado e os C-Bonds eram fantasmas, lembrança dos velhos calotes; enquanto a nova dívida virava uma enorme onda sobre o Brasil.

A normalização da economia brasileira após o choque cambial, a flutuação do câmbio, o choque de produtividade pelo qual a economia nacional tinha passado nos anos 1990 levaram aos saldos comerciais crescentes.

O Brasil, no final do governo Fernando Henrique, começou a recomprar sorrateiramente a dívida velha. Sendo assim, discretamente, o país se aproveitava do deságio: comprava ainda barato o que estava começando a se valorizar.

O governo Lula persistiu neste caminho: recompra de dívida, acumulação de reservas, aproveitando bem a nova onda de liquidez do mundo. Fez mais: pagou antecipadamente as dívidas com FMI, Banco Mundial, Clube de Paris. O PT, que durante toda a sua travessia pregara versões diferentes, algumas incendiárias, de não pagamento da dívida, acabou sendo o governo que pagou várias parcelas da dívida externa antes do vencimento.

Foi uma longa caminhada — com tropeços, humilhações, paciência, persistência — esta que nos levou de um devedor alquebrado no começo da década de 1980 a um país com dívida externa praticamente nula neste 2008. A grande lição que fica é que os acertos são como uma corrida de revezamento na qual cada governo, cada grupo no poder, faz uma parte do trajeto. Há outras missões, aparentemente impossíveis no Brasil, esperando que o país dê os primeiros passos da nova corrida.

Herói e vilão

17.2.2008

Há quem diga que o agronegócio é o herói da economia; há quem diga que é o vilão. O setor tem um pouco dos dois. Nas últimas semanas, o agronegócio foi atacado em várias frentes: aqui dentro, é acusado de ser responsável pelo desmatamento; lá fora, enfrenta o embargo à carne pela União Europeia. O setor tem se colocado como vítima, o que também não é. Ele tem grandes virtudes e erros inaceitáveis.

Parte da boa história econômica do Brasil nas últimas décadas não pode ser contada sem o agronegócio. O aumento impressionante de produção e produtividade da agricultura permitiu a queda dos preços dos alimentos em comparação a outros bens. A compra da comida passou a representar uma fatia menor do orçamento familiar. O dinheiro das famílias foi liberado para a compra de outros bens de consumo. Casas mais bem equipadas melhoraram a qualidade de vida dos brasileiros. A indústria passou a vender mais. O agronegócio não explica tudo, mas explica parte da estabilização brasileira. Na outra ponta, a agricultura passou a exportar e conquistar mercados. Isso resgatou o país das aflições cambiais que nos atingiam nos anos 1990. Não fizeram nada sozinhos, contaram com financiamento público e tecnologia da Embrapa, mas essa é a parte boa da história do agronegócio.

162 Miriam Leitão

Existem também os erros. Toda agricultura tem algum impacto no meio ambiente, mas o impacto não tem de ser tão violento quanto o que o Brasil sofre. O país tem hoje um volume espantoso de terras deterioradas por uma agricultura agressiva, pelo desprezo aos nossos ativos e por uma mentalidade atrasada que, ainda hoje, em plena era do aquecimento global, resiste a se modernizar. O fato de produzirem alimentos tem sido usado por seus líderes como álibi para a destruição do meio ambiente. Não é mais aceitável essa mentalidade.

Os produtores foram para o Centro-Oeste e para o Norte do país com a atitude de destruição. O governo militar chamava a Amazônia de "inferno verde" em suas propagandas. Tinha uma visão militar e xenófoba da Amazônia: era o "integrar para não entregar". E integrar era ocupar desmatando. Nenhum governo civil fez, de fato, a mudança de paradigma. Os produtores agrícolas e seus lobistas-parlamentares jamais se modernizaram e por isso, ainda hoje, demandam coisas como o "direito de desmatar" 50% das propriedades da Amazônia.

E que "propriedades"! É difícil saber, no cipoal de ilegalidades da ocupação fundiária da Amazônia, o que é terra pública "privatizada" pela grilagem e o que é legal. Muita coisa mantém essa nuvem que impede o país de saber a fronteira entre o legal e o ilegal. O governo não tem controle sobre seu território e nunca conseguiu organizar a bagunça da ocupação selvagem da terra. Os órgãos financiadores oficiais nunca fizeram o básico: exigir documento de propriedade e comprovar o cumprimento da lei ambiental. Os produtores transitam entre legalidade e ilegalidade, negócios ligam os dois lados e, por isso, não há a demarcação da fronteira entre o legal e o ilegal. O consumidor não sabe o que come, desconhece as perversidades embutidas no produto que chega à sua mesa. Não tem como aferir.

O agronegócio do Sul e do Sudeste costuma ser apresentado como a parte moderna. O do Norte, como selvagem. O do Centro-Oeste, como tendo um pouco dos dois. Não há essa divisão territorial. Muitos empresários do Sudeste têm fazendas também no Centro-Oeste ou no Norte. Um mesmo empreendimento tem padrões diferentes de comportamento. Meio modernos, meio arcaicos.

Um caso emblemático ilumina essa duplicidade. O empresário paulista J. Pessoa de Queiroz Bisneto teve um flagrante de trabalho degradante de índios em sua usina de cana-de-açúcar em Mato Grosso do Sul. Ele tinha assinado o pacto contra o trabalho escravo, feito parte da campanha contra o trabalho infantil, era da Unica e membro do conselho consultivo do Ethos. No dia em que liguei para ouvi-lo, fui informada de que ele estava "sobrevoando suas fazendas". Tem sete, em regiões diferentes. Quando falei com ele, a resposta foi a de sempre: exagero dos fiscais. Conversei com funcionários do Ministério do Trabalho, da Polícia Federal e do Ministério Público que foram à fazenda, e os relatos do flagrante eram fortes e convincentes. Tratei dos detalhes em outras colunas. Liguei para a Unica. O economista Marcos Jank tinha assumido um pouco antes a associação dos usineiros paulistas para modernizar a imagem da entidade. Ele me disse: "Isso não aconteceu em São Paulo, não é com a Unica", esquecendo-se de informar que José Pessoa era diretor da entidade, não um diretor qualquer, mas o de Responsabilidade Social. O Ethos informou que o suspendeu do conselho.

As entidades empresariais devem ao país um trabalho de separação de joio e trigo. Existem hoje técnicas de transparência, prestação de contas e rastreabilidade para se saber quem é quem.

A Europa nos pediu que fizéssemos isso num quesito apenas: a sanidade do rebanho. E o Brasil tem tropeçado nas próprias pernas ao cumprir o exigido pelo cliente. Outras exigências virão. Por protecionismo ou pela nova atitude do consumidor, o mundo não será conivente com nossa ambiguidade no agronegócio, com nossa aliança entre o legal e o ilegal, com a convivência do moderno com o arcaico. Quem já deu os passos para a modernização deve ajudar o país na inadiável tarefa de combater a vasta rede de ilegalidade que nos ameaça e sufoca.

Dinheiro dos outros

30.9.2009

Uma nova fronteira da modernização da economia brasileira ainda não foi transposta. É delicada, difícil, mas inevitável. A caderneta de poupança tem uma remuneração garantida de 6,2% mais TR, num país em que os juros básicos já estão na altura dos 8% e a inflação em 4,5%. O FGTS não tem garantia de inflação, e por isso os trabalhadores acham que foram lesados.

São dois instrumentos de poupança popular, e duas soluções diferentes, e ambas trouxeram efeitos colaterais. O governo quer mandar um projeto de taxação de 22,5% sobre a caderneta de poupança achando que, com isso, reduzirá a atratividade excessiva que a caderneta pode ter por não pagar imposto de renda.

A caderneta é um instrumento fácil de aplicação. A ideia do Ministério da Fazenda foi propor um imposto que incida acima de um determinado valor, mas que recaia sobre os depósitos acima desse limite e, caso o poupador tenha duas ou mais cadernetas, terá que fazer um ajuste na declaração de renda. Ou seja, o governo complicou o que era simples.

Louve-se a coragem do Ministério de Fazenda de propor uma medida impopular quando o ambiente do Congresso está condimentado pelo pré-sal eleitoral. Mas a proposta é ruim. Não há solução fácil. O ideal seria tirar a remuneração prefixada da caderneta de poupança para que ela não seja o impedimento à queda dos juros. Mas o risco é que os poupadores se sintam lesados como se sentem os do FGTS.

As contas mostram que há alguma coisa errada no Fundo. Só de 2002 para cá, se comparadas com a inflação, as contas do FGTS perderam R$ 53 bilhões. De 2000 para cá, os cotistas teriam perdido 13% na comparação com a inflação do período. O país está assim numa sinuca de bico. A caderneta de poupança, que tem garantia de remuneração alta, é considerada hoje uma barreira para a queda dos juros e uma fonte de distorções. O FGTS, que é corrigido por TR mais 3%, perdeu para a inflação. A economia é desindexada e tem que se desindexar mais, mas, ao mesmo tempo, ninguém quer perder da inflação. Nada disso é simples de resolver.

O FGTS é uma poupança compulsória à qual seu dono não tem acesso. O governo se comporta como se o dinheiro fosse dele. Recentemente impediu que o FGTS fosse usado para a compra de ações da Petrobras; dias depois, usou R$ 3 bilhões do fundo para incentivar empreiteiras. É como se o trabalhador não tivesse capacidade de tomar decisões próprias sobre seu dinheiro. O governo se comporta como um tutor, que guarda o dinheiro e diz quando e quanto seu dono pode sacá-lo. O dinheiro é manipulado, principalmente por este governo, como se fosse um fundo governamental. É um fundo dos trabalhadores. O governo tem a mesma sem-cerimônia com o FAT, que tem um objetivo específico que é pagar o seguro-desemprego.

Indexar o FGTS num momento em que o país tem que dar um passo adiante na desindexação é um retrocesso; mas usar o dinheiro do trabalhador para alavancar projetos governamentais extraorçamentários, pagando pouco ao dono do dinheiro e vedando a ele o acesso aos recursos, é uma distorção sem tamanho. O Brasil precisa aumentar a taxa de poupança, mas com incentivos à poupança voluntária. Os poupadores de caderneta de poupança podem dizer, cobertos de razão, que, em todo o período no qual perderam descaradamente para os rendimentos dos fundos, ninguém achava que isso criava distorção no mercado. Por isso é preciso construir uma solução justa. Não é um problema trivial.

Na economia, há outros entulhos da era de alta inflação. As tarifas públicas têm garantia de indexação mais outros custos, o que produz maluquices. É o caso de reajustes, este ano, acima de 20% no setor elétrico. E as empresas não querem abrir mão da indexação. O governo Lula trocou o indexador da telefonia de IGP-M para IPCA, e o consumidor saiu perdendo, já que o IPCA subiu mais. Os donos de imóveis conseguiram o mundo ideal: os alugueis são corrigidos por IPCA ou IGP, o que for maior.

Os fundos de pensão têm limites de remuneração mínima que são compatíveis apenas com um cenário de juros altos. Para adaptá-los ao novo cenário, o governo decidiu dar a eles mais liberdade para aplicações de risco. Solução perigosa. Primeiro, porque, de novo, o governo está decidindo sobre o dinheiro dos outros; segundo, porque, em qualquer país, existem regras prudenciais para aplicações de fundos de aposentadoria, e, por isso, os maiores investidores institucionais só podem ir para países com grau de investimento; terceiro, porque os maiores fundos do Brasil são de empresas estatais, e o governo terá que pagar parte da conta caso eles entrem em desequilíbrio.

Como se vê, regulação sobre dinheiro alheio é um campo minado. Principalmente num país que tem heranças do tempo da desordem inflacionária, que foi encerrada há quinze anos com o sucesso do Plano Real. Ajudaria se o governo seguisse duas normas de ouro: primeiro, não complicar instrumentos de poupança que são usados por pessoas de baixa renda, como a caderneta de poupança; segundo, entender que o dinheiro do FGTS e do FAT não é governamental, pertence ao trabalhador.

Só a bailarina

23.3.2008

Todo mundo tem gargalos. Só a bailarina que não tem. A Índia não fez reformas, tem um setor público ineficiente e um déficit fiscal que só não é maior porque está muito mal contabilizado. A China bate em limites ambientais com o seu modelo destrutivo de crescimento. A chuva ácida atinge um terço do território chinês e aflige 700 cidades, admitiu Sheng Huaren, o vice-presidente do Comitê Provisório do Congresso da China.

O Brasil costuma falar dos seus gargalos ao crescimento — que são mesmo grandes — como se fosse o único país a tê-los. Esta não é uma coluna para nos conformarmos com os nossos persistentes obstáculos ao crescimento. É só para combater um pouco o complexo de que os outros são bailarina.

Como China e Índia têm crescido em ritmo intenso (dos Brics, são os mais reconhecidos como locomotivas do planeta), é bom olhar os problemas das duas bailarinas, que dançaram tão bem o balé mundial nos últimos anos, enquanto o Brasil claudicava em crescimento menor e instável.

Neste mês de março, a revista *Economist* publicou uma capa sobre os problemas da Índia que ameaçam seu ritmo de crescimen-

168 Miriam Leitão

to, e outra sobre a compulsão de consumo de recursos naturais pela China, o que está fazendo dela uma nova potência colonialista na África.

A Índia deve o seu atual ciclo de crescimento a reformas que fez nos anos 1990, que reduziram impostos e gastos públicos, mas seus efeitos estão se esgotando. O país tem um déficit fiscal de 3,1% do PIB, e essa conta está incompleta: não contém os desequilíbrios dos estados nem os subsídios concedidos aos combustíveis e aos fertilizantes. O Brasil tem contas públicas bem mais auditáveis que isso.

A Índia tem 10 milhões de funcionários públicos — "população do tamanho da de um país pequeno", ressalta a *Economist*. A falta de reformas que tornem o Estado mais eficiente e mais leve está criando dois tipos de problemas para o país: limita o horizonte do crescimento sustentado e reduz a capacidade de que o crescimento se transforme em benefícios para a população mais pobre. A economia da Índia é limitada por vários aspectos; desde o governo, que depende dos comunistas, até o sistema de castas. O país tem enfrentado interrupções frequentes no fornecimento de energia e sofre com uma legislação trabalhista excessivamente rígida. Tudo isso soa familiar? Pois é: nenhum país é bailarina; todos têm problemas.

A China tem um crescimento que deslumbra os economistas. A maioria vai lá e volta contando tantas maravilhas que é como se o país fosse perfeito e invulnerável a crises. Outro dia, numa conversa com executivos de uma grande empresa, ouvi o seguinte raciocínio: a China manterá o crescimento a qualquer custo, pois tem taxa de poupança, e vai fazer isso usando o carvão, que ela tem em abundância. "Quem vai dizer não para a China?", perguntou-me um dos executivos. Respondi que, aparentemente, o planeta está dizendo não.

Nos anos recentes, a China passou por uma grande mudança, saiu da indústria leve para a indústria pesada. Parece uma mudança pequena, mas seus efeitos são enormes. As siderúrgicas consomem hoje 16% de toda a energia gerada no país. Isso é mais do que os 10% que a população inteira utiliza. Só que o carvão produz chuva ácida. "Quanto mais as siderúrgicas produzem, mais aumenta a chuva ácida e a poluição sobre o país", diz a revista. Isso espalha doença e morte entre a população e danos à economia. Pan Yue, vice-ministro do Meio Ambiente, disse que os custos da poluição já representam 10% do PIB ao ano.

As universidades da Califórnia, em Berkeley, e a de San Diego, publicaram um estudo no *Journal of Environmental Economics and Management* calculando que as emissões de carbono da China estão crescendo numa velocidade entre duas e quatro vezes maior que as estimativas feitas pelo IPCC.

Material particulado atinge hoje 36% das cidades chinesas; 16 das 20 cidades mais poluídas do mundo estão na China. A poluição do ar mata 400 mil chineses por ano. Cerca de 340 milhões de pessoas não têm acesso a água potável, inúmeras cidades estão ficando com um grave problema de abastecimento de água e dois terços dos rios já viraram esgotos. A desertificação se aproxima das metrópoles.

Para o resto do mundo, a voracidade da China é um problema que aponta para os limites físicos do planeta. Hoje, os chineses, que são um quinto da população mundial, consomem metade do cimento, um terço do aço e um quarto do alumínio. O problema da poluição no país está estimulando o que mais assusta as autoridades chinesas: manifestações populares de descontentamento. Por esse e por outros motivos, segundo dados oficiais, houve na China, em 2006, 60 mil protestos e passeatas.

O Brasil está com gargalos na infraestrutura, uma agenda de reformas parada, um Congresso soterrado de MPs, leis trabalhistas esclerosadas. O governo gasta muito, a carga tributária é alta, e, mesmo assim, o Estado não consegue conter a violência urbana e a devastação da Amazônia. Mas não somos o único dos grandes emergentes com problemas.

"Procurando bem todo mundo tem pereba", canta a música de Chico Buarque e Edu Lobo que pode nos confortar um pouco nesta Páscoa. "Sala sem mobília, goteira na vasilha, problema na família quem não tem? Só a bailarina que não tem." Na economia, não há bailarinas. Procurando bem, todo mundo tem problemas.

Dois mundos

26.1.2008

Era uma segunda-feira, feriado de Martin Luther King nos Estados Unidos, e o país vivia uma grave crise econômica. O clima era de incerteza sobre o tamanho do tombo da moeda e das bolsas, dos rombos das empresas, da recessão e da inflação que estavam por vir. Duas diferenças em relação à última segunda-feira: o país em crise era o Brasil, e o mundo era pré-histórico em tecnologia de comunicação.

Na última segunda-feira, os americanos descansavam no seu dia de Martin Luther King, enquanto o mundo acordou em pânico com a recessão dos Estados Unidos e a dimensão desconhecida dos rombos do sistema financeiro americano. O gatilho do pânico foi o pacote de George Bush na sexta-feira anterior, sem medidas concretas. O mundo ficou com aquele desconforto no fim de semana e acordou na segunda-feira irritado. Bolsas despencaram por toda parte: primeiro a Ásia, depois a Europa e, por fim, a América Latina. Um analista usou a palavra carnificina. Ao longo da semana, o mundo andou aos pulos em quedas e altas ornamentais.

Naquele outro dia de Martin Luther King, o feriado continuava sendo deles, mas a crise era só nossa. Foi há nove anos. O Brasil tinha acabado de ser empurrado pelo mercado para a desvalorização agressiva do real de 1999. O Banco Central tinha tentado fazer uma desvalorização controlada, e ela se descontrolou. O Brasil tinha reservas cambiais mínimas e vivia de um empréstimo do FMI. Tinha déficit de 4,4% do PIB em transações correntes e de US$ 6 bilhões na balança comercial.

A turbulência cambial me pegou nos Estados Unidos tentando voltar para o Brasil e para o meu posto na coluna. Consegui um voo no domingo à noite para retomar o trabalho na segunda-feira.

Embarcamos pontualmente, mas o avião não decolou. Ficou no pátio em Nova York, por horas, até que a tripulação avisou: não voaríamos naquela noite; só ao meio-dia do dia seguinte.

Situação complexa. Se ficasse a segunda-feira inteira em solo, escreveria a coluna de lá e a mandaria. Voando durante o dia, teria que enviar o texto de manhã, antes do embarque, numa conjuntura que mudava a cada segundo, com novos fatos, desdobramentos e agravamentos. No quarto do Ramada Inn, onde fomos instalados pela American Airlines, não havia internet. Só no *business center*.

Desci cedo para escrever a coluna. A porta do *business center* estava trancada. O funcionário que tinha a chave demorou a chegar. Entrei e escrevi furiosamente no único computador da sala. Acabei o texto e tentei enviar pela internet discada. Pediu senha. Fui à portaria perguntar:

— Infelizmente hoje é feriado aqui, e o rapaz da empresa que administra a sala não está.

"Posso imprimir e enviar por fax", imaginei.

A impressora estava sem papel. Irremediavelmente. Ela ficava dentro de uma caixa trancada. Não havia como trocar a bobina. Era feriado, e a chave estava com o rapaz da empresa terceirizada.

Olhei para o meu texto escrito, prisioneiro do computador, e tive que sair correndo porque a companhia aérea avisava que era a última chance de ir para o aeroporto.

No aeroporto, corri para a sala VIP. Tinha só um computador com acesso à internet. E estava sendo usado. Perguntei a nacionalidade do sujeito.

— *I am American.*

— Pois eu quero usar o seu computador.

— ????

— A sua economia vai muito bem, a minha acaba de entrar em colapso; eu sou jornalista e escrevo sobre economia.

Convenci. Voei sobre o teclado e escrevi o segundo artigo. Na hora de enviar, o computador pediu senha.

— Quem tem a senha do computador? — perguntou uma atendente às outras. Ninguém sabia. Buscas inúteis e meu tempo passando. Até que veio a explicação:

— Feriado de Martin Luther King, a moça que sabe está de folga.

O voo começou a ser chamado, e lá estava meu segundo texto prisioneiro de outra tela. O tempo se esgotava, precisava avisar ao jornal que talvez não mandasse coluna. Mas só usando o telefone da cabine. Eu até era a feliz proprietária de um dos 7,5 milhões de telefones celulares que os brasileiros tinham naquela época, mas ele não fazia ligação internacional. Cabine ocupada, voltei à atendente.

— Tem como imprimir e mandar por fax?

— Imprimir é possível, mas fax você tem que enviar por aquela outra máquina, se ela aceitar o seu cartão de crédito.

Segunda chamada do voo. Imprimi, corri para a máquina. Digitei o código do cartão. Recusado. Tentei o segundo cartão. Última chamada, senhores passageiros. A máquina engoliu o texto. Entendi que isso era sinal de que o cartão tinha sido aceito e corri para ser a última pessoa a entrar no voo sem saber se a coluna tinha chegado. Atrás de mim a porta do avião se fechou.*

---

* Naquele dia a coluna chegou e foi publicada. O título era "Escalada fiscal" e está aqui neste livro.

Segunda-feira passada, vi o chacoalhar das bolsas num Brasil e num mundo muito diferentes. Hoje eu tenho dois dos 120 milhões de celulares do país; com internet banda larga sem fio, em casa e no escritório, estou on-line o tempo todo, inclusive nos aeroportos. O Brasil tem quase US$ 200 bilhões de reservas cambiais; mais que dobrou seu volume de comércio, e o real sobe há anos em relação ao dólar. Os países neorricos, como Kuwait e Cingapura, resgatam bancos como Citibank e Merrill Lynch, com seus "fundos de riqueza soberana". A tecnologia muda o mundo da comunicação incessantemente. Duas coisas não mudaram: os americanos folgam no dia de Martin Luther King, e os capitais, quando fogem em pânico, continuam indo para o mesmo lugar: os títulos do Tesouro americano. Mesmo quando o centro da crise é lá, nos Estados Unidos

Desde aquele dia

11.9.2008

Tudo o que aconteceu na economia mundial depois do 11 de Setembro tem a ver, de alguma forma, com o 11 de Setembro. Foi por causa dele que os juros dos países ricos caíram. Ficaram baixos tanto tempo, que se formou a bolha, que agora estoura. É difícil analisar a economia destes sete anos sem considerar aquele dia. O Brasil tem a sorte de estar num bom momento, e o azar de ser um mau momento do mundo.

Após o ataque às torres gêmeas, balançaram as estruturas de outras fortalezas. As empresas aéreas entraram numa zona de turbulência, e as seguradoras vergaram sob o peso de seguros impagáveis. A crise de confiança reduziu o consumo drasticamente. O risco era de que o mundo entrasse em recessão.

Para evitar isso, os bancos centrais dos países desenvolvidos reduziram a taxa de juros para injetar liquidez na economia. Os juros baixos demais, por tempo demais, produziram um período dourado de crescimento econômico. Enquanto isso, o Brasil, por outros motivos, enfrentava uma crise de confiança que elevou o dólar, a inflação e os juros. O Brasil cresceu menos que o resto do mundo de 2001 a 2006, com a exceção de 2004, quando esteve bem.

176 Miriam Leitão

O excesso de liquidez trouxe para os países emergentes fluxos intensos de dólar; o crescimento econômico mundial elevou os preços das *commodities*; os juros baixos demais reduziram a aversão ao risco e alimentaram o *boom* de *commodities*, o que nos ajudou.

Com menos medo e mais ganância, o mercado financeiro correu atrás de ativos de risco com alta rentabilidade. Nessa corrida ao ouro, encontrou os papéis *subprime* e seus derivativos. Os consumidores americanos nadaram num mar de crédito fácil e transformaram suas casas em caixas eletrônicos que financiavam todo o consumo. As autoridades monetárias e reguladoras não viram, ou não quiseram ver, o tamanho da bolha. O mercado financeiro, com raras e honrosas exceções, preferiu não ver também, já que os lucros eram tão altos, os ativos estavam todos subindo e, principalmente, os bônus de fim de ano eram tão gordos que o melhor era contar o dinheiro entrando.

Enquanto isso, o Brasil tentou reduzir o descompasso entre o forte crescimento do mundo de 2002 a 2006 e o nosso crescimento pífio. Em 2007, o país enfim acertou o passo com o ritmo mundial, mas aí a bolha hipotecária começou a estourar. A abundância de dólares no país, pelo comércio e por investimento vindo de fora, ajudou no ajuste das contas externas. A queda do passivo externo amorteceu o impacto da crise mundial.

Ontem, o Brasil colheu um excelente número de crescimento do PIB no segundo trimestre, na mesma semana em que a crise bancária americana atingiu um dos momentos mais difíceis desde que as hipotecas de alto risco provocaram os primeiros rombos nos balanços dos bancos.

O Brasil vai continuar com seus dilemas. Alguns, reflexos de problemas internacionais, outros, criados aqui mesmo. Ninguém está tendo um aperto monetário da magnitude que o país enfrenta. Outros bancos centrais podem aproveitar, nos próximos dias, a queda das *commodities* para começar a reduzir juros. Nós estamos aumentando em doses cavalares. As empresas brasileiras estão com balanços sólidos e lucros altos, mas suas ações despencam na bolsa por fatores externos.

O 11 de Setembro ficou na história como uma tragédia política e humana. Pouca gente se dá conta de como o dia foi determinante para a economia mundial nos anos que se seguiram. O superávit fiscal deixado por Bill Clinton virou pó nas guerras de George Bush no Afeganistão e no Iraque. Agora, com um déficit fiscal de US$ 400 bilhões, o governo dos Estados Unidos está resgatando as duas torres do mercado imobiliário, Fannie Mae e Freddie Mac, que desabaram esta semana. Os fatos não param de se desdobrar desde aquele dia que a humanidade jamais esquecerá.

Crise sem fim

16.9.2008

A crise ameaça se espalhar para outros países. Os bancos japoneses são os que mais emprestaram para o Lehman Brothers. Os chineses têm centenas de bilhões de dólares em bancos americanos. Os mercados europeu e americano têm operações comuns. Países emergentes terão mais dificuldade de se financiar, e o Brasil está com crescente déficit em transações correntes.

O que aconteceu neste fim de semana foi a chegada do olho do furacão a Wall Street. Reuniões nervosas e intermináveis, regadas a sanduíches das lanchonetes próximas ao prédio do Fed em Nova York, detalhes revelados minuto a minuto pela imprensa. Tudo isso lembrava os atormentados fins de semana que vivemos no Brasil na era dos planos econômicos e da crise bancária. Desta vez era lá: no mais poderoso centro financeiro do mundo.

O pior fim de semana de Wall Street começou na sexta-feira, quando o secretário do Tesouro, Henry Paulson, avisou que o Estado não entraria com dinheiro do contribuinte na operação Lehman Brothers. Foi o primeiro "não" ouvido pelo mercado desde o começo da crise. Do pânico no fim de semana, o mercado foi para os tremores de ontem e ainda não há sinal de tempo bom à vista.

O Brasil não pode ficar achando que é invulnerável à crise. Nenhum país é. Nem precisa ter o pânico do contágio de primeiro grau, como os que tivemos no passado. Nossa situação é melhor, mas as conexões da economia no mundo globalizado são inevitáveis. O crédito ficará mais curto; a aversão ao risco, maior; as *commodities*, sem gás para continuar com preços altos; e as bolsas continuarão instáveis. Um dos efeitos pode ser o déficit dos fundos de pensão, que têm um terço dos seus ativos em bolsa — os grandes têm mais. Os fundos brasileiros continuam com superávit, apesar da queda da bolsa.

Empresas que investiriam nos países emergentes podem ter dificuldade de se financiar para tocar os investimentos; empresas brasileiras captando no exterior pagarão mais caro; o risco-Brasil subiu ontem 16% e a bolsa foi a que mais caiu, sem que tenhamos nada a ver diretamente com a crise. Tudo isso torna mais difícil financiar o déficit em conta corrente, que está crescente. Nada se parece com as crises do passado. Somos mais fortes, mas não imunes.

O pequeno investidor está amargando perdas grandes das suas aplicações em bolsa, e isso vai atrasar mais alguns anos a construção de um mercado de capitais realmente forte. Há dois anos, a bolsa chegou a ser uma fonte de captação maior que o BNDES para as empresas, mas agora ela encolhe em valor de mercado, em rentabilidade, em movimento diário. Os economistas acham que a recuperação dos últimos três dias da semana passada, quando a bolsa subiu 8% acumulados, foi mal interpretada. Era apenas um ajuste. Ela continua com tendência negativa.

O Lehman Brothers enfrentou e venceu inúmeras crises financeiras e econômicas ao longo dos seus 158 anos de vida, entre elas a crise de 1929. O que o fez sucumbir agora foi exatamente uma prática que se espalhou por todas as instituições financeiras, de exposição em graus de risco cada vez maiores, longe dos olhos da fiscalização.

Com os créditos cruzados do interbancário, quem é que pode dizer onde a crise vai realmente parar?

No fim de semana da ajuda à Fannie Mae e à Freddie Mac, telefonemas nervosos eram dados para Paulson pelas autoridades chinesas. A China tinha comprado quase meio trilhão de dólares de títulos das duas refinanciadoras imobiliárias. Neste fim de semana, o do Lehman-Merrill Lynch, o nervosismo estava no Japão, onde os bancos médios são grandes credores do Lehman Brothers. O Santander soltou nota dizendo que tinha ativos do Lehman e derivativos do banco, mas em pequeno volume. Micos estão em toda parte.

A operação de compra da Merrill Lynch tirou a bola da vez da fila de instituições em crise. A AIG, que procura dinheiro (US$ 40 bilhões) através de venda de ativos e faz captação através das subsidiárias, é a maior seguradora americana; suas ações caíram 50% ontem e, se ela entrar em colapso, a crise atinge outro mercado: o das seguradoras. Nada é trivial nesta crise, nunca foi — é o que esta coluna tem dito desde o começo.

O Fed ampliou as facilidades para que as instituições acessem as linhas de redesconto, mas o Tesouro tentou dar um basta ao socorro às instituições, porque teme que o processo seja mais longo do que se imagina. Depois do Lehman virão outras instituições; depois, outros setores, outras indústrias. A indústria automobilística, por exemplo, está na fila para pedir socorro também.

Quanto mais extenso for o diâmetro do furacão, quanto mais instituições ele atingir com perdas ou quebras, mais longo será o tempo de que a economia americana precisará para se recuperar. Bear Stearns e Lehman são instituições da mesma natureza. Uma foi resgatada e a outra, não. Agora, o Tesouro tenta reforçar o dique que ameaça romper e estancar o que eles chamam de "*moral hazard*": a imprevidência de instituições financeiras que querem ser resgatadas por serem "grandes demais para quebrar".

Estado vivo

24.9.2008

O mercado morreu, viva o Estado! No Brasil, estamos um pouco atrasados: aqui, o Estado nunca foi pequeno. O governo é dono de 32% do mercado bancário, sem o BNDES; da maior empresa do país; de 70% da geração de energia. Aqui, grandes fundos de poupança compulsória são controlados pelo Estado, como o FAT e o FGTS. Só o último tem R$ 200 bilhões. O Estado tira dos cidadãos 40% do PIB ao ano.

Tudo o que se conseguiu com um vasto programa de privatização foi reduzir o tamanho do Estado. Eram estatais todas as distribuidoras de energia, 90% das siderúrgicas, toda a telefonia e inúmeras empresas em diversas áreas. Na petroquímica, por exemplo, o Estado vendeu as empresas, mas a presença estatal já voltou ao que era antes da privatização. A briga no Brasil é mais antiga: ainda é como conter o avanço do Estado sobre áreas que têm que ficar nas mãos do setor privado e como reduzir o custo para os cidadãos de manter um governo que custa 37% da carga tributária e tem déficit fiscal de 3% do PIB. Somando-se o que o Estado toma por meio de impostos e compromete em endividamento, chega-se a 40% do PIB.

A briga aqui é convencer o setor privado de que ele deve acreditar em si mesmo e ir, sozinho, correr seus próprios riscos. Como o

182   Miriam Leitão

Estado é o único grande financiador de longo prazo no país, através do BNDES, mesmo empresas com capacidade de captação no exterior, em tempos mais fáceis do que os dos últimos dias, preferiam ir ao guichê do BNDES. O banco estatal é o preferido de dez em cada dez estrelas do setor privado, incluindo as de capital estrangeiro. No Brasil, o desafio é convencer os bancos privados a ocuparem espaço no mercado de crédito de longo prazo, que hoje é um monopólio do BNDES. Mesmo se o BNDES quisesse competidores, não os teria. Os bancos preferem o ganho certo do crédito curto a juros inviáveis no longo prazo.

Empresas privadas ou privatizadas, grandes e já em processo de globalização, com capacidade de tocar com independência seus negócios, preferem orbitar em torno do governo, como abelhas no mel. Empresas privadas querem parceria com estatais, seja na construção de novas hidrelétricas, seja na perfuração de campos de petróleo.

A melhor conclusão que o Brasil pode tirar da atual confusão da economia americana não é que o momento é de aumentar a presença do Estado. A proposta que está no Congresso americano é uma excrescência, fruto de uma barbeiragem. Imagine o que será o cotidiano dessa geringonça: uma agência governamental que vai contratar administradores privados, do próprio mercado que produziu a crise, com suas decisões irresponsáveis, para comprar ativos podres. A corrupção, os erros de julgamento, a captura do Estado pela lógica do mercado são um caminho perigoso. Até o secretário do Tesouro, Henry Paulson, ex-Goldman Sachs, autor do plano, admitiu que odeia fazer o que está fazendo.

O erro americano não foi ter uma economia privada forte. Este é e continua sendo o seu mérito. O erro foi o Estado ter aberto mão, relaxado e sido descuidado com o papel que sempre será seu: o de regular, fiscalizar e proteger a economia popular. O setor bancário, que se baseia na confiança, não pode ser entregue a si mesmo sem qualquer supervisão. A autorregulação e a desregulação, num setor que tem o poder de administrar o fruto do trabalho, a poupança e os projetos futuros dos cidadãos, não são admissíveis nos níveis em que chegaram nos Estados Unidos. Limites rígidos de alavancagem, transparência e prestação de contas são garantias fundamentais para a solidez do sistema.

No Brasil, o mercado sempre reclamou dos excessos da regulação. Vê-se agora, mais do que nunca, que as regras eram prudenciais.

— No Brasil não existe o sistema bancário paralelo, como nos Estados Unidos. Aqui, os bancos de investimento também estão sob regulação e fiscalização do Banco Central. As seguradoras estão sob controle da Susep, que não permite que as reservas técnicas sejam formadas por títulos estrangeiros. E há outras regras que tornam o sistema mais seguro. Os derivativos são negociados na BM&F, que tem um sistema de liquidação de garantias — explica o ex-presidente do Banco Central, Gustavo Loyola.

O país aprendeu com as crises, como a que levou ao Proer, que essas regras prudenciais são fundamentais. Naquele programa de reestruturação bancária, o que pesou mais e custou mais caro aos cofres públicos foi o Proes, ou seja, o programa de saneamento dos bancos estaduais e a capitalização dos bancos públicos federais.

O desafio aqui ainda é convencer os capitalistas a acreditarem mais na sua capacidade de empreender, e menos nos subsídios, nos favores especiais e nas exceções criadas pelo Estado e por suas inúmeras agências. O desafio é convencer o Estado que regular não é burocratizar; fiscalizar não é cobrar multas; e de que seu gigantismo hoje sufoca e distorce a economia. Portanto, antes que comece a festa no Jurassic Park, e que alguns dos dinossauros que sempre defenderam uma economia estatizada reapresentem suas bandeiras antigas — a pretexto da crise americana —, é preciso lembrar que não é por falta de Estado que o Brasil vai entrar em alguma crise. Será sempre por excesso.

Lei das Crises

19.10.2008

Nunca subestime as crises; nunca superestime as crises. Essas duas regras de ouro para atravessar momentos turbulentos servem para governos, pessoas e empresas. O pior risco em qualquer travessia como a que estamos vivendo é o governo ficar a reboque dos fatos. Quando isso acontece, ele comete o primeiro erro, o de subestimar o risco. Age tarde demais e pouco demais.

Jornalistas de economia do Brasil, da minha geração, já viram tantas crises que sabem que elas têm uma espécie de Lei Geral. Governos costumam ignorar essas recorrências, porque estão convencidos de que são melhores que os anteriores. Eles empilham os números que tornariam o país invulnerável naquele momento, em comparação com outros momentos do passado. Se a última crise nos pegou com baixas reservas, governos mostram o alto volume de reservas. Não se dão conta do que o Prêmio Nobel de Economia, Paul Krugman, me disse naquela entrevista há dez anos: os economistas estão preparados para prevenir a crise que passou; não a próxima. O Brasil tem US$ 200 bilhões de reservas; a Rússia tem US$ 550 bilhões; e a China tem US$ 1,8 trilhão. As bolsas da China e da Rússia caíram em torno de 60% este ano. Eles estão sendo atingidos pela crise. Por que nós ficaríamos isolados?

Nas crises surgem fatos inesperados, que complicam uma situação que o governo supunha ter sob controle. Agora, o *corner* cambial. Ele veio de duas frentes: as linhas de financiamento à exportação caíram súbita e drasticamente quando os bancos americanos e europeus cortaram os empréstimos. Sem esse fluxo, os exportadores não puderam fechar os Adiantamentos de Contrato de Câmbio (ACCs). O dólar começou a subir. Quando isso aconteceu, apareceu o segundo problema. As empresas tinham feito operações de derivativos cambiais apostando que o dólar não subiria. Começaram a perder e a ter que comprar dólares no mercado para cobrir suas posições. O dólar subiu mais. Elas perderam mais. Quanto mais tentavam se proteger, mais se expunham, porque era a demanda delas por dólar que elevava a moeda; quanto mais o dólar subia, maior era o prejuízo.

Não se pode subestimar o teor tóxico desse problema. Ele está mal dimensionado e não resolvido. Ele pode criar uma espiral em que a economia vai se afundando. Aumentou a desconfiança em relação à saúde das empresas. A desconfiança em si cria mais danos. Uma ação pode subir amanhã; contratos suspensos, negócios não feitos, estigmas criados sobre as empresas têm efeitos mais duradouros.

Não se pode superestimar o problema cambial. As grandes empresas brasileiras estão com dificuldades, mas não estão quebradas. Algumas passarão por um duro período de curar feridas e apagar vermelhos dos seus balanços. Quando os contratos de câmbio voltarem a ser fechados, as próprias exportadoras poderão aumentar a oferta de dólar e, assim, ajudar a normalizar o mercado de moeda. Com o dólar mais baixo, o risco de novos prejuízos cairá. O retorno da normalidade ao comércio internacional permitirá ao Banco Central voltar a acumular reservas.

Há ajustes que desajustam. Outra regra da Lei Geral das Crises. Mandar os bancos públicos salvarem as empresas exportadoras da encrenca produzirá a exposição excessiva do Banco do Brasil e do BNDES ao risco. Isso criará desajustes futuros. O Banco Central pode vender reservas e linhas cambiais, mas não pode defender um nível de taxa de câmbio específico, porque, se ele tentar estabelecer uma meta de preço para o dólar, vai queimar reservas sem atingir essa meta. As empresas e os bancos têm mecanismos para reduzir o problema, por meio da negociação direta ou do litígio. Há caminhos privados. Nos momentos de crise, os lobbies se fortalecem. Outra velha lei da selva. Eles apresentam ideias supostamente terminativas da crise, mas que são atendimento de interesse específico; socialização dos prejuízos. O governo deve ter um diagnóstico próprio e bem informado, para não se deixar levar pelos lobistas.

Empresas que superestimam as crises cortam investimentos, demitem, suspendem bons negócios, tentam se proteger contra todos os riscos e acabam expostas ao maior deles: à anemia. Quando se derem conta, terão perdido participação no mercado, ou terão perdido o pé. Empresas que subestimam as crises se alavancam em momento adverso, acham que estão sendo mais espertas que as outras, e são apanhadas no contrapé: com estoques elevados em época de alta de taxas de juros e queda de demanda.

A regra de enfrentar a crise com baixo endividamento e alta liquidez serve também para as pessoas. Época de décimo terceiro é um bom momento para pagar as dívidas, em vez de comprometer ainda mais o orçamento. Esse não é o momento de estar endividado e com risco de perda de renda.

Agora é a fase da crise-espetáculo; quedas dramáticas, líderes mundiais reunidos, palavras tórridas, comparações com fatos históricos inesquecíveis. Depois virá a banalidade do mal: a queda da produção, o aumento do desemprego, o consumo minguando. A recessão estará nos países ricos; a inflexão da curva da produção no Brasil aumentará o desconforto econômico.

O melhor das crises é a última lei: as crises não duram para sempre. Os momentos de reconstrução e retomada podem ser poderosos. Não subestime as chances que virão. Isso vale para empresas, governos e pessoas.

Zorra total

17.5.2009

Nilton tem uma caderneta de poupança para a educação dos netos. Já juntou R$ 117 mil. Mandou e-mail para a CBN para saber se teria que pagar imposto de renda. No site do programa "Bom Dia Brasil", uma telespectadora contou que foi demitida e depositou o FGTS na caderneta. Queria saber se haveria exceção para ela. A diferença em relação a outras mudanças de regras é que, agora, as dúvidas chegam por e-mail.

No mais, é tudo igual àquelas alterações feitas na época pré-internet. As mudanças repentinas e confusas de regras, os planos que fracassaram porque foram anunciados antes e pensados depois, as normas que não contemplam as múltiplas situações da vida real, tudo parecia estar de volta na semana passada. Com eles, as dúvidas dos poupadores. Cada um é uma história, cada um tem uma particularidade que não foi pensada pelo Ministério da Fazenda.

Nilton não terá como fugir, por mais nobre que seja o motivo pelo qual está poupando. Terá que pagar imposto, que vai incidir sobre a rentabilidade de R$ 67 mil do dinheiro da educação dos netos. Todo o conforto que se pode dar a ele é que só no ano que vem ele precisa saber o que fazer. Mas saber quanto pagar não é trivial. A base de cálculo vai depender da Selic, na ordem inversamente proporcional à taxa de juros: quanto menores os juros, menor o redutor da base de cálculo e, portanto, maior o imposto a ser recolhido pelo poupador. Tente explicar isso a uma velhinha que tenha como renda a pensão deixada pelo marido e uma antiga caderneta, na qual ela guarda sua garantia para dias piores. Terão todos esses 894.856 poupadores que excedem os emblemáticos R$ 50 mil que torcer para que os juros não caiam, porque a queda dos juros aumentará seu imposto.

Os outros donos de caderneta terão que se limitar aos R$ 50 mil, não poupar nada mais, porque em lei estará um valor imutável a partir do qual se paga imposto de renda. Serão punidos se pouparem mais. Quanto à telespectadora do "Bom Dia Brasil", para fugir do imposto ela terá que não conseguir outro emprego, ou, se conseguir, torcer para que não assinem sua carteira, para ter oficialmente apenas o rendimento da caderneta. Para ela, a informalidade será o melhor negócio.

As mudanças anunciadas pelo governo criaram inesperados aliados dos juros altos e da informalidade, e produziram outras esquisitices. Antes, os aplicadores dos fundos de investimento tinham um incentivo fiscal para investir em longo prazo, porque a alíquota do imposto caía nas aplicações mais longas. A redução da alíquota, agora, dá a eles a possibilidade de saque imediato. Quem tinha que esperar três anos pelo benefício de só pagar 15% de imposto poderá pagar 15% já. Liquidez imediata e saques para trafegar para outros ativos. Na caderneta de poupança, 41% do dinheiro aplicado pertencem a contas que excedem os R$ 50 mil. Poupadores podem ter a ideia de sacar tudo e se mudar para outros produtos financeiros tão logo o imposto seja aprovado. Não é nada, não é nada, eles têm quase R$ 111 bilhões no produto.

Outra esquisitice é que como os juros da caderneta de poupança não vão cair, mesmo que a Selic caia bastante, os financiamentos imobiliários não vão se beneficiar da queda, porque os bancos captam em caderneta para aplicar no mercado imobiliário. Se vão pagar mais numa ponta, não reduzirão os juros na outra ponta, a de quem vai pegar financiamento para comprar imóvel.

Tharcísio de Souza Santos, economista e professor da Faap, que respondeu a um chat no G1, se surpreendeu com a quantidade de pessoas que não sabiam que as regras da poupança não são para já, e com a confusão das pessoas em relação à incidência do imposto — se é sobre o rendimento ou sobre o principal aplicado. Ele achava que esses dois pontos já estavam claros, e que as confusões seriam em relação a outras partes da proposta.

— As regras vieram complicadas mesmo. Um ponto é a relação da Selic com os fundos de investimento e a taxação da poupança. Eu entendi que quando entrar em vigor a taxação da poupança, deixará de valer a redução da taxação dos fundos. Mas tem gente achando que não, que tudo continua. O governo ainda não falou nada, e eu acho que eles também não sabem como vai ficar — diz Tharcísio.

Na verdade, o governo disse que a renúncia fiscal deixaria de valer no ano que vem, mas agora pensa em deixar por mais tempo se não conseguir aprovar a taxação da poupança.

Há velhas lições dos tempos dos planos econômicos mais toscos e das rupturas de regras mais drásticas que foram ignorados agora. Não fazer regras complexas; não acreditar que o que dá certo nos laboratórios do Ministério da Fazenda se reproduz da mesma forma na vida real; não subestimar a multiplicidade de situações do cotidiano; não contornar um problema quando ele aparece: a reta é, na economia também, a menor distância entre dois pontos. O governo, no caso da poupança, quis contornar a necessidade de acabar com a remuneração fixa que impõe um piso a partir do qual os juros não podem mais cair. Ao sair pela tangente, criou mais um daqueles monstrinhos que no passado eram fabricados no Ministério da Fazenda.*

---

* Dias depois, o governo desistiu desse projeto de taxação da poupança.

Crime impune

29.1.2009

O Tesouro americano, no governo Bush, beneficiou de forma espantosa acionistas, credores e executivos dos bancos. Só para efeito de comparação, no Proer, acionistas perderam suas ações e administradores responderam na Justiça. Nos Estados Unidos, eles continuam com todos os seus direitos, apesar do custo que representaram para o contribuinte. Até agora, o governo Obama não mudou isso.

O Fundo Monetário Internacional recomendou um esforço intenso das autoridades dos países ricos para a eliminação dos ativos problemáticos dos bancos. O FMI, em nove meses, mudou sua previsão de perda com a crise bancária de US$ 900 bilhões para US$ 2,2 trilhões. Ontem, o mercado comemorou a notícia de que haverá um "*Bad Bank*" que vai comprar os ativos tóxicos dos bancos. De novo, seria o dinheiro do contribuinte entrando como serviço de limpeza para faxinar os papéis produzidos pela irresponsabilidade de quem concedeu empréstimo a quem não podia pagar, pela má gestão dos executivos, pela leniência dos acionistas.

No Brasil, o Banco Central separou os ativos podres e bons dos bancos que quebraram, criando um banco podre e um banco bom. Os primeiros ficaram no BC, e muitos desses ativos acabaram voltando a se valorizar; os ativos bons foram vendidos aos outros bancos. O BC financiou o comprador dos ativos bons, para que ele garantisse o dinheiro dos depositantes, mas, como as instituições estavam quebradas, ou seja, com patrimônio líquido negativo, os acionistas perderam tudo, e os administradores e controladores, no caso do Nacional, por exemplo, em que houve comprovação de fraude contábil, enfrentaram a Justiça.

A imprensa americana não tem mostrado o flagrante abuso que as fórmulas de salvamento representam, com enormes volumes de dinheiro do contribuinte e nenhuma punição para os responsáveis. O ex-presidente do BC, Armínio Fraga, disse que a imprensa americana tem sido "delicada, para não dizer omissa", em mostrar como os acionistas e executivos têm sido "extremamente bem tratados" pelos planos de resgate.

A ideia do "*Bad Bank*", de o governo criar uma agência para limpar os ativos podres dos bancos encrencados, já havia sido apresentada como parte do fracassado plano inicial do então secretário do Tesouro Henry Paulson. Na época, ficou claro que era difícil estabelecer valor para um ativo quase já sem valor no mercado. A ideia foi abandonada em favor da proposta do primeiro-ministro britânico, Gordon Brown, de simplesmente pôr dinheiro nos bancos em troca de suas ações. A Inglaterra tem estatizado bancos, e os Estados Unidos têm feito isso também, em alguns casos, como o da seguradora AIG.

A notícia de que a velha ideia de Paulson está sendo apresentada como nova pela equipe de Obama já fez subirem as ações dos bancos nos últimos dias. Como o valor está muito baixo, bastou uma boa notícia para que o Citi subisse 18%, o Bank of America, 15%, o Wachovia, 24%. O espantoso é que tudo se passa como se para os acionistas e executivos, que tomaram as decisões malucas que arruinaram as instituições e ameaçam a economia, não devesse caber nenhum tipo de punição. Isso sem falar nas auditoras e classificadoras de risco que atestavam que aqueles bancos e papéis eram ativos de excelente qualidade.

Obama investiu esta primeira semana em marcar os pontos de mudança na política internacional, ambiental e de conduta, mas na economia, o plano que já havia sido preparado na transição, e que foi a votação ontem, tem o mesmo conjunto de medidas tradicionais. A proposta apresentada como nova — de comprar os ativos podres — não é nova. Foi abandonada no governo passado por ser considerada inexequível. Ainda é vista assim pelos bancos, mesmo os que defendem a ideia. O argumento é que não há outra saída a não ser limpar os ativos dos bancos, só que ninguém sabe dizer como, quando, de que forma e por quanto comprar quais ativos de que bancos. Há muitas perguntas sem resposta nesse mecanismo.

A avaliação de muitos economistas é que, apesar de todos os aportes de capital — só os grandes bancos americanos receberam cheques de valores entre US$ 25 bilhões e US$ 15 bilhões cada um —, o sistema bancário continua insolvente, o que impediria a recuperação da economia. Há quem proponha a simples estatização geral dos bancos nos países ricos, para venda futura.

O pacote de estímulo econômico do governo Barack Obama repete as soluções convencionais de redução de impostos e estímulos em investimento público. Não tem, no entanto, uma solução nova para o problema da instabilidade financeira que ainda continua. O que falta nesta crise é um plano consistente para resolver o problema dos bancos. O Tesouro e o Fed improvisaram durante os últimos meses do governo Bush, cada hora indo numa direção. Agora, o novo governo começa a falar na primeira solução pensada por Paulson, que é a compra de ativos podres, e bate nos mesmos obstáculos. O plano de saneamento tem que ser consistente, remover essa fonte de incerteza, mas tem que contemplar também punições e perdas financeiras para os responsáveis. Do contrário, será um gigantesco incentivo ao mau comportamento.

Sentimento de país

*Nos piores momentos de um país,
é preciso saber que pátria fica,
governos passam...*

Sentimento de país

7.9.2004

Pátria fica, governos passam. O pior erro que se pode cometer é misturar os dois conceitos. Foi o que os militares fizeram, impedindo que os brasileiros comemorassem com alegria o 7 de Setembro. Lembro o dia em que retomei os símbolos da pátria: a Praça da Sé lotada, chovendo muito, o som subdimensionado enchendo de ruídos os discursos. Mas o que importava era o tamanho prazer de cantar o hino, enrolar-se na bandeira, exibir a camisa amarela e gritar "Diretas já" abraçada a desconhecidos, irmãos no mesmo sentimento.

Nem todos reencontraram, no mesmo dia, a fronteira entre governo e pátria. Durante muito tempo, certos líderes petistas continuaram amargurados. No 7 de Setembro, em vez da festa nacional, o PT sempre participou do grito dos excluídos, confusão que ainda dura até este ano, pelo menos nas 1.800 escolas do MST.

Indignação é transitória. Existe para mobilizar as pessoas pelas mudanças necessárias, aperfeiçoar instituições e estimular virtudes no país onde se nasceu e se escolheu viver. Indignação diante das tantas injustiças brasileiras deve haver sempre, principalmente nos jovens. O conformismo da juventude é uma ameaça ao futuro. Mas a indignação não pode ser o caminho para se misturar passageiro e permanente no nosso sentimento nacional.

Nacionalismo não é uma palavra pejorativa, como tem sido usada pelo PSDB, que vem acusando o governo de ser "neonacionalista". O feio é a xenofobia, razão de escolhas erradas, pretexto para cartéis e reservas de mercado. O feio não é o nacionalismo, mas o sentimento de superioridade de raça, que já acometeu alguns países em seus delírios psicóticos. Nacionalismo não tem que produzir estranhamento ao estrangeiro, ao diferente. Ele é apenas um orgulho sadio pelo conhecimento das virtudes da pátria, é o aconchego que produzem os referenciais comuns, é a esperança que o coração carrega de que podemos executar tarefas grandiosas. Reconhecer essas virtudes não é ignorar defeitos e vergonhas. Contra eles, devemos, sim, lutar, para que cada geração deixe aos seus filhos e netos uma pátria melhor.

O que o governo do PT está tentando dizer faz sentido: a festa de hoje tem que ser desmilitarizada; tem que ser mais popular. Não temos guerra, nem inimigos externos. Portanto, o desfile exibicionista do poder bélico, comum em tantos países, não faz sentido aqui. O governo do PT erra quando acha que, contratando o seu publicitário favorito, constrangendo empresas e usando o aparato do Estado, fará essa transição para uma festa nacional. Temos que reconquistar devagar esse caminho. Imposições oficiais podem ser bumerangues e fortalecer as defesas que tentamos derrubar. Quando olhamos para os vinte anos da nossa jovem — porém vigorosa — democracia, encontramos os vários sinais deixados por esse mesmo grupo que está no poder hoje, de que ele permaneceu confundindo os conceitos enquanto esteve na oposição. O Brasil deve ser amado não porque agora elegeu o PT, mas por seus valores permanentes.

Reconhecer os avanços não é ser governista. Quem se atrevia a dizer, no governo passado, que educação, saúde, economia tinham avançado era acusado pela oposição de estar sendo governista, neoliberal. Mas quem, acima de paixões partidárias e momentâneas, estuda os dados sociais, demográficos, econômicos verá que avançamos. E como o ex-presidente Fernando Henrique disse em artigo: constatar que melhoramos alimenta esforços que levam a novos avanços. Até porque quanto dos avanços é crédito exclusivo do governo? A estabilização foi mantida por decisões individuais, e não apenas pelas regras do Plano Real. Quanto da extraordinária queda da mortalidade infantil nos últimos dez anos foi resultado da ação de brasileiros como Zilda Arns e tantos outros que surgiram na mais vasta rede de solidariedade que já se formou na História do Brasil e que, atualmente, age em cada canto da pátria? Quanto do avanço escolar se deve ao trabalho do Instituto Ayrton Senna, que já espalhou seus benefícios a 4 milhões de meninas e meninos?

Como brasileira, o que posso dizer a todas as pessoas do trabalho voluntário neste 7 de Setembro é. obrigada. Pela proteção às crianças, pelo resgate dos adolescentes no desvio e no risco, pelo esforço de inclusão dos negros, pela tentativa de entender os índios, pela força às mulheres, pelo conforto aos pobres, pela melhoria da escola, pelo carinho aos doentes, pelo avanço da ciência, pela preservação da bela e ameaçada natureza do país. Pelas tantas causas nas quais as pessoas de bem no Brasil estão envolvidas — milhões delas longe dos holofotes —, pessoas que fazem o que fazem pela convicção de que é o certo. Não há fato do qual me orgulhe mais.

Neste 7 de Setembro, o que posso dizer para a ginasta Daiane dos Santos é que ela é demais e que aquela gingadinha do seu pequeno corpo negro é mais linda que o salto milimetricamente calculado que o júri valoriza; ao maratonista Vanderlei Cordeiro de Lima, que perdeu o ouro olímpico ao ser empurrado, que o gesto dele de seguir e comemorar o bronze foi tão superior que nem sequer entendi direito, mas dele me orgulho cada vez mais. Ao AfroReggae, que, quando

200 Miriam Leitão

me bate o desânimo diante da violência, lembro-me da força da música com a qual negros e pobres do Rio reagiram à chacina. Quando falo de amor ao Brasil, não é amor a uma abstração. É amor à gente daqui, à natureza, aos tantos fatos da História nos quais mostramos o nosso jeito de ser. É amor ao único canto do mundo que posso chamar de meu.

Namorando o olho do furacão

17.1.1993

Na época da ditaduras as pessoas diziam que era preciso manter viva a capacidade de se indignar. Havia o temor de que o Brasil se acostumasse com as arbitrariedades, os generais presidentes sendo escolhidos no Forte Apache, a censura à imprensa, as mortes no Doi-Codi. Havia medo de que o Brasil achasse normal viver distante da civilização.

Felizmente o país não se acostumou e 11 anos depois de iniciado o regime militar, as igrejas lotadas nas missas de Vladimir Herzog mostraram que o país estava inteiro e digno.

O mesmo não acontece com outro flagelo nacional, que também nos afasta dos padrões do mundo civilizado. Hoje o Brasil é uma exceção no mundo, quase um aleijão. Nos últimos anos países de vários continentes lutaram contra a inflação e venceram.

A América Latina era um continente devastado pela inflação, agora só resta o Brasil. Os outros países têm problemas, mas só nós estamos ainda namorando o olho do furacão, buscando o fundo do abismo.

Todas as estatísticas e estudos publicados na imprensa internacional nos envergonham. No número de fim de ano, a revista *Econo-*

mist publicou um mapa mundi com um gráfico das taxas nacionais de inflação. A do Brasil atravessou o mapa, foi além do gráfico e só se conformou no fim da página. Já somos motivo de piada ou de uma curiosidade histórica.

Neste começo de ano, o pequeno fôlego que atingiu a produção industrial foi suficiente para animar os empresários a dizerem a besteira de sempre: o país vai estabilizar a inflação em 25% e retomar o crescimento. Conseguirá ficar estável apenas pelo tempo em que um equilibrista se mantém firme na ponta dos pés num fio esticado.

O insustentável peso da nossa inflação é mais do que um espetáculo circense. É o que nos fará fracassar como nação. Nossos sonhos de grandeza traduzidos ora nos 50 anos em 5, ora no Brasil grande, ou na intenção de ir para o primeiro mundo jamais se realizarão em tal tumulto. O Brasil se contenta com pequenos curativos para a doença que desagrega seu tecido social, embaralha os costumes, tumultua contas e revoga planos. Sentirá, agora, um grande alívio quando forem cortados mais três zeros da sua moeda. Terá cortado nove zeros em sete anos.

Intocáveis permanecem as raízes do nosso problema. Os deputados continuam criando despesas, os empresários querem mais subsídios, os bancos giram a ciranda, os oligopólios não se saciam, os bancos oficiais criam ficções contábeis e os estados não pagam suas dívidas. Enquanto isso, os economistas, em seus laboratórios, produzem remédios cada vez mais letais para uma economia fragilizada. O único remédio eficiente será um antibiótico de amplíssimo espectro, que combata todas as nossas infecções. A história do sucesso dos outros países prova que só se cura quem persevera no tratamento, mesmo quando ele é doloroso.

A inflação é uma criatura coletiva. Ninguém quer abrir mão do seu interesse pequeno e imediato. Os deputados e senadores pensam que podem incluir 75 mil emendas com pedidos paroquiais num orçamento estourado. Os empresários não querem competição. São viciados em proteção. Preferem "repassar os custos" sem notar que as empresas do mundo inteiro interrogam diariamente os seus custos para diminuí-los. Os trabalhadores querem reposições de perdas. O estado vive agarrado às suas estatais e os funcionários se comportam como se elas fossem de sua propriedade. O contribuinte pensa que um pequeno e solitário roubo ao erário não fará falta. O consumidor aceita tudo. Outro dia um empresário admitiu em Brasília, na cara de ministros, que fez uma tabela experimental de preços. Se o consumidor "sancionasse" ela vigoraria. Assim se faz essa triste obra coletiva.

O Brasil está doente. O mais perverso resultado da inflação é concentrar ainda mais a renda. Até onde é possível esticar o tecido social brasileiro sem rompê-lo? Parece que este é o trágico jogo que o país decidiu jogar até as últimas consequências. Imprudente, o Brasil segue namorando o olho do furacão, o fundo do abismo.

O mal absoluto

31.3.2004

Os militares chocaram o ovo da serpente. Foi no regime militar que a inflação adquiriu a dinâmica que levou anos para ser desmontada. Os confrontos entre capital-trabalho no ABC, sempre vistos como parte da redemocratização, alimentaram a inflação. O geiselismo, que hoje parcelas do PT gostariam de reproduzir, foi um projeto autoritário que transferiu renda para os mais ricos e reforçou alguns dos piores vícios da economia brasileira. O Exército ainda reverencia o sombrio dia 31 de março.

O PT erra quando imagina que houve um lado bom no regime militar: o projeto econômico. Os militares deixaram por herança a dívida externa que foi renegociada por Pedro Malan, a inflação que o país demorou dez anos para vencer, a cartelização que ainda não foi totalmente desmontada, um parque industrial estatal ineficiente e uma indústria privada dependente dos favores do Estado. Há quem acredite ainda hoje, no atual governo, que os militares é que sabiam fazer planejamento. Na verdade, faltou a eles a mais reles visão estratégica. Quando o Brasil tinha uma população jovem e superávit na Previdência, eles poderiam ter feito uma reforma da Previdência que nos poupasse dos problemas que temos hoje. Quando o país estava crescendo fortemente, eles deveriam ter investido em educação para nos preparar para o grande desafio que enfrentamos hoje. Até o truculento Pinochet fez isso. E pior: os militares deixaram para os civis uma inacreditável desordem fiscal. Havia três orçamentos diferentes — só um passava pelo Congresso —, e o Banco do Brasil tinha uma conta corrente com o Banco Central na qual ele podia sacar à vontade.

É um equívoco olhar o percentual de crescimento econômico dos 21 anos da ditadura e compará-lo com os dezenove anos da democracia e, disso, concluir que a era militar foi melhor. A ditadura deixou uma herança maldita que consumiu os anos seguintes na reorganização da economia e do Estado. Quando os civis voltaram ao poder em 1885, tudo estava por arrumar.

Acabar com a conta de movimento entre Banco do Brasil e Banco Central, unificar os orçamentos, criar a Secretaria do Tesouro, aumentar a transparência dos gastos, criar o Siafi para que os parlamentares pudessem acompanhar os gastos públicos, fechar os muitos ralos, como os dos bancos estaduais, fazer a Lei de Responsabilidade Fiscal consumiu anos de esforço político.

A dívida externa, que alimentou os projetos faraônicos — muitos deles sem utilidade, outros feitos em meio a crimes ambientais —, foi renegociada e paga pelos civis.

A inflação havia subido antes de 1964, e isso foi o pretexto econômico do golpe militar. Inicialmente, foi contida pelo Paeg, um plano econômico com forte arrocho salarial. Mas, depois, os próprios militares montaram o sistema que se tornou uma bomba de efeito retardado: a correção monetária. O governo civil levou uma década para desarmá-la.

A verdadeira história nem sempre é o que parece. Os movimentos do ABC ajudaram, sim, a enfraquecer o regime, mas eram mais ambivalentes do que se supõe. Com a economia fechada, a produção era dominada pelos cartéis. Algumas poucas empresas ditavam os preços em cada setor. A produção metalúrgica não fugia a essa lei da economia cartelizada. Sem a chance de escolher, o consumidor tinha que aceitar o preço que as empresas exigiam. As greves do ABC terminavam com os aumentos salariais reivindicados pelos trabalhadores. As empresas, em seguida, passavam o custo para os preços. O consumidor pagava a conta e a inflação subia mais um pouco. Os trabalhadores que não pertenciam às categorias poderosas eram os que mais sofriam a perda de poder de compra dos seus salários.

Aquelas reuniões em que, de um lado, via-se o então líder metalúrgico Lula, de outro, o empregador e, no meio, o presidente da Fiesp eram muito menos uma resistência ao regime militar, e muito mais o pacto inflacionário. A parte mais dolorosa da luta contra o regime já havia acabado naquele final do governo Geisel e início do governo Figueiredo quando estourou o movimento do ABC. O horror ocorrera anos antes e nele é que sofreram os verdadeiros heróis da resistência brasileira, muitos deles até hoje anônimos. Entre as tantas fortes e dolorosas histórias da ditadura há, por exemplo, a de Maria Amélia Teles, torturada barbaramente na frente dos filhos, ou a de Nelson Lott, torturado por cinquenta dias. Ele explicou à filha que nunca pediu indenização do governo porque acha que cumpriu seu dever de cidadão. Visão diferente têm vários outros, entre eles, alguns com direito discutível a esse ressarcimento. Veja-se o caso do presidente do Sesi, Jair Meneguelli. Ele, que se aposentou aos 47 anos, receberá até o fim da vida a reparação de R$ 3 mil com o nome de "prestação mensal permanente e continuada". Nunca foi preso. Essa mesada vitalícia recebe por ter tido os direitos políticos cassados em 1981. Como se sabe, o regime acabou logo depois, e ele continuou com seus direitos. O Brasil cria injustiças até quando tenta reparar erros velhos.

A produção estatal de insumos industriais, como aço, produtos petroquímicos, energia, petróleo, custou caro para a sociedade e transferiu recursos públicos até para multinacionais. O caso do aço é um exemplo: as estatais vendiam a preços irrisórios para os fabricantes de bens de consumo e, por isso, tinham prejuízos. O Estado pagava a conta. A sangria acabou com a privatização.

Empresários sócios do regime recebiam empréstimos subsidiados com o dinheiro que deveria estar educando o povo brasileiro. Certa vez, o BNDES deu a empresários paulistas empréstimos com juros tabelados em 20%. A inflação foi de 100%. Só naquele episódio foram entregues à elite brasileira US$ 4 bilhões.

Não há lado bom no regime que foi instalado pela força há quarenta anos e tomou do Brasil 21 anos. O custo econômico foi astronômico e as escolhas, erradas. O arbítrio é um mal absoluto. Que as futuras gerações jamais se esqueçam disso.

Erro nas reparações

2.12.2004

Os que participaram da resistência à ditadura tinham uma história para contar aos descendentes que ficaria como lição de patriotismo, determinação e coragem. É esse patrimônio que as obscenas indenizações políticas estão destruindo para sempre. Tudo parece ter sido apenas um rentável investimento que produziu, para quem as recebe hoje, aposentadorias especiais, vergonhosas loterias, ganhos injustos. É importante compensar os danos realmente graves, mas os excessos são inaceitáveis.

É com exemplos do comportamento de seus cidadãos nos momentos decisivos que se constrói o caráter de um povo. A boa página da resistência aos desmandos militares virou uma mera questão pecuniária. Foi, pelo visto, um investimento rentável.

A destruição do legado histórico é o pior erro desse evento, todo lamentável. Mas ele pode ser olhado de outros dois ângulos. Primeiro, é um custo fiscal de R$ 4 bilhões numa estimativa que pode até ser ultrapassada; segundo, é a repetição do mesmo vício da elite brasileira que produziu nossa absurda desigualdade. No Brasil, a elite sempre teve acesso fácil aos cofres públicos, enquanto os pobres encontram os caminhos bloqueados. Foi essa forma de distribuir o dinheiro público que permitiu e tem alimentado a iniquidade. E as indenizações políticas conseguem reproduzir o mesmo mecanismo que gera privilégios e exclusões. Há muito mais que o governo deveria fazer com esses R$ 4 bilhões do que distribuir privilégios para quem sempre os teve na injusta sociedade brasileira.

O Estado reconhecer seu erro era a atitude correta e didática. E foi com esse espírito que o então secretário dos Direitos Humanos, José Gregori, criou a comissão dos desaparecidos que estabeleceu a obrigatoriedade da indenização, mas criou o teto de R$ 150 mil. Reconhecer o erro era um dever do Estado; é fundamental que haja reconhecimento dos crimes.

O desvio ocorreu em outras versões da lei de reparações — a pior delas no governo Lula. A ideia foi sendo desvirtuada até virar o monstrengo que virou com seu esdrúxulo critério de dar mais a quem tem mais e menos aos mais pobres. A se tomar os critérios da lei como bons, deveríamos então concluir que há duas classes de brasileiros prejudicados pela ditadura; e o perseguido pobre vale menos.

As indenizações ou aposentadorias pagas às famílias de desaparecidos e a tantas pessoas que foram irremediavelmente afetadas, que carregam sequelas de injustiças irreparáveis, quando dentro de limites razoáveis, estão certas. Produziram o que sempre se quis: o ato simbólico e decisivo do governo de dizer que o Estado errou naquele passado de divisão nacional. Atos assim ajudam a construir a consciência cívica, fortalecer as instituições e preparar o país para um futuro sem os erros do passado.

Mas, como já escrevi aqui, o Brasil constrói injustiças mesmo quando tenta corrigir erros velhos. Foi exatamente por causa desse comportamento viciado que nasceu a farra das indenizações, que tem produzido extravagantes casos. A definição da lei de que se deve calcular em valor presente o que supostamente a pessoa deixou de receber ao ser atingida por algum ato de arbítrio traz um raciocínio sem pé nem cabeça: o de que cada brasileiro atingido pudesse chegar ao topo da carreira na qual trabalhava. E se o local de trabalho nem existe mais porque faliu? Não importa. Para os que andam distribuindo recursos públicos com critérios enviesados, o que vale é a convicção de cada indivíduo de que ele chegaria ao topo e, portanto, merece receber uma pensão que seja bem maior. Os exemplos estão todos aí.

No caso dos jornalistas, houve demissões, mas não foi a regra. Os jornalistas não tiveram barreiras para a construção da carreira que quiseram pelo fato de terem pertencido a partido de esquerda, militado, participado de alguma forma da resistência à ditadura. Em outras profissões, houve barreiras, mas não no jornalismo. A grande imprensa não escolheu seus funcionários por suas convicções políticas; se tivessem feito isso, não teriam conseguido editar seus jornais.

A propósito, minhas considerações não são feitas sem conhecimento de causa: também fui presa, respondi a IPM, sofri violência, como tantos outros. Evidentemente não acho que o Estado me deva nada por isso. O tranquilizador, nesse festival de interesses mesquinhos, é saber que há tantos brasileiros vítimas de violência política que condenam o triste espetáculo de tirar vantagem até nisso.

Nós não estamos diante do debate de quanto deve ser pago de indenização política. Estamos, mais uma vez, diante do mesmo truque da velha elite brasileira: o de se apropriar dos recursos públicos que deveriam estar destinados aos pobres, os únicos brasileiros a quem o Brasil deve.

A grande reparação nunca foi concedida. Nunca se ouviu das instituições que comandaram o período ditatorial uma retratação; nunca um torturador ou assassino foi punido. Mais importante: somos o último país com arquivos e informações importantes para a reconstituição da História que permanecem secretos e prisioneiros. A única reparação realmente indispensável é a informação.

Continuam sendo necessários dados que elucidem episódios ainda obscuros da nossa História. Essa seria a verdadeira reparação coletiva, e não a escolha arbitrária de alguns para receber, com critérios duvidosos e contabilidade insana, compensações financeiras.

A primeira vez em que escrevi, há dez anos, um artigo contra a proposta da indenização política, o processo estava só no começo, e era um caso de pedido de aposentadoria especial no Sindicato dos Jornalistas do Rio. Era o início do processo. Pelo que escrevi, perdi alguns amigos. Um deles me faz muita falta ainda hoje. De lá para cá, o caso virou uma bola de neve, um esqueleto no armário dos passivos públicos, um saque ao caixa do Tesouro que ainda não terminou. Vai se prolongar pelos próximos anos enquanto estiverem sendo pagos os atrasados e as mensalidades dos bem aquinhoados.

Senhor juiz

22.6.2003

O Brasil está vendo uma absurda distorção do que os líderes de um poder devem fazer no exercício de sua autoridade. Desde que assumiu a presidência do STF, o ministro Maurício Corrêa tem usado suas declarações na defesa dos interesses da sua corporação. Seu comportamento é tão esquisito quanto se, na presidência do país, Lula atuasse como presidente do sindicato dos metalúrgicos do ABC.

O mesmo padrão de comportamento tem sido seguido por outros integrantes do Judiciário. O presidente do Tribunal Superior do Trabalho, Francisco Fausto, lamentou não poder "pintar a cara e sair por aí pedindo que o governo caia ou gritar 'fora Lula'". O presidente do STJ, ministro Nilson Naves, disse que o governo estava jogando o Judiciário "na vala comum". O ex-presidente do STF, ministro Marco Aurélio, disse que a previdência só poderia ser alterada com revolução.

Nunca se viu tantos líderes de um poder usando tão mal o poder que lhes foi entregue pela sociedade. Eles estão no lugar em que estão para que o Judiciário funcione adequadamente, julgue e decida questões do interesse do país ou dos cidadãos. Não foram escolhidos para presidir uma espécie de sindicato supremo do Judiciário. Pelo visto, é assim que se sentem: "A magistratura pode ficar tranquila porque ela não está nem só nem desamparada", pontifica o ministro Maurício Corrêa.

O despropósito atingiu o absurdo nas declarações de juízes publicadas nos jornais. Um chamou a reforma da Previdência de "canalhice", outro comparou Lula a Hitler. E vários outros pelo país afora, em insistentes declarações nos últimos dias, fizeram a farsa de sempre: de confundir a defesa dos seus interesses com a defesa da democracia; de comparar tudo o que reduz vantagens corporativas com atentados à liberdade.

São muitos os números e fatos que mostram como os funcionários do Judiciário têm tido privilégios em relação a outros servidores públicos e aos brasileiros em geral. Na área dos números: durante o governo Fernando Henrique, a despesa anual de pessoal do Executivo, entre ativos e inativos, dobrou, a do Legislativo também dobrou, e a do Judiciário, saiu de R$ 2,6 bilhões, em 1995, para R$ 10,3 bilhões no ano passado, ou seja, quadruplicou.

Os juízes têm sessenta dias de férias, salário acima da média do funcionalismo, aposentadoria média muito acima dos outros funcionários, são inamovíveis, vitalícios, estáveis. A estrutura salarial do Judiciário tem inúmeras distorções, criadas exatamente por julgamentos em causa própria que levam desembargadores a ganharem mais que o presidente do Supremo. Esse tipo de absurdo deverá ser corrigido pela Reforma da Previdência. Há outros erros que a reforma corrigirá. Tribunais superiores têm uma parte dos seus integrantes vindos da OAB. Normalmente, profissionais que contribuíram para o INSS durante a maior parte de sua vida e que, com alguns anos nos tribunais, aposentam-se com salários integrais. Eles deverão perder esse privilégio na Reforma da Previdência. Essa proposta do governo afeta também advogados que depois de anos do exercício da profissão no campo privado ingressam na magistratura e se aposentam com o último salário integral. São esses os mais irados com as mudanças propostas pelo governo. No comando da gritaria, o presidente do STF, que, em quase todas as declarações públicas que fez, dedicou-se ao exercício da defesa dos interesses corporativos como se fosse a defesa institucional do poder que preside. Contrastado com o fato de que ele próprio tem o privilégio de somar seu salário com dupla aposentadoria, o presidente do Supremo Tribunal Federal emitiu um douto juízo: "Não sou nenhuma mãe Joana para, tendo direito a algo, dizer que não quero."

Esta é a tragédia do país: juízes que julgam em causa própria, presidentes de tribunais com linguagem rastaquera na defesa de direitos impróprios e ilegítimos, elite usando o poder que tem na estrutura do Estado para defender interesses pecuniários travestidos de institucionais.

Um dos pontos da reforma contra o qual mais se insurgem determinados magistrados é o fim da aposentadoria aos 48 anos para a mulher e aos 53 anos para o homem. Não tem cabimento juízes se aposentarem nessa idade. Em algumas profissões, pode-se até alegar que o tempo trabalha contra e que a idade torna os profissionais inadaptados a determinados rigores físicos do trabalho; mas não é o que acontece no exercício de julgar. O tempo, a experiência e a maturidade, normalmente, aumentam o discernimento dos que julgam. A idade lhes faz bem, senhores juízes!

O Brasil está num momento decisivo de sua vida. Tem a chance de reordenar os gastos públicos para reduzir as desigualdades. Isso se faz reduzindo os privilégios e ganhos dos que têm mais, para aumentar os gastos com quem recebe menos do Estado. O cortador de cana deve ser, sim, a preocupação maior do presidente da República, e não um desembargador que ganha mais que o presidente do Supremo ou um advogado que entrou na magistratura para se aposentar com rendimento maior, profissionais que têm sessenta dias de férias, membros da elite que se aposentam aos 53 anos.

Todos se envergonham do fato de o Brasil aparecer frequentemente como vencedor no campeonato da desigualdade. Poucos se dão conta de que, para mudar isso, é preciso combater combates como o da reforma da Previdência. A desigualdade se perpetua no país porque, nas escolhas do que fazer com o dinheiro público, os mais pobres são sempre esquecidos e os privilégios sempre mantidos.

Elos da cadeia

26.3.2005

A OIT fez, a pedido da Secretaria de Direitos Humanos, um estudo inédito: um levantamento da cadeia produtiva das empresas que foram apanhadas em flagrante de trabalho escravo. E chegou a vários grandes grupos brasileiros que compravam produtos de fornecedores que fazem parte da lista suja preparada pelo Ministério do Trabalho. Com base nesse estudo, será lançado um Pacto Nacional, no qual as empresas vão se comprometer a não comprar mais de quem está na lista.

Para quem, no Brasil urbano, não gosta da expressão e acha que ela é exagerada, a OIT informa: trabalho escravo é o termo usado para designar o tratamento aviltante dado a trabalhadores que, na maioria das vezes, não conseguem sair do local de trabalho, sendo praticamente prisioneiros. A expressão é forte, sim, mas é usada nos casos em que trabalhadores são mantidos em condições ultrajantes e subumanas e com restrições ao direito de ir e vir. Em geral, são pessoas que vão de outras regiões para áreas remotas atraídas pelas promessas de bons empregos e não conseguem deixar o local: ou são ameaçadas fisicamente, ou nem sabem como sair de onde estão. Há vários casos de servidão por dívida. A OIT não chama de trabalho escravo o erro comum no Brasil de falta de vínculo empregatício ou baixo salário. A definição é para casos piores.

Com base no estudo da OIT, o Instituto Ethos procurou empresas mostrando que, sem saber ou sem querer ver, elas estavam garantindo a existência de outras empresas que usam práticas inaceitáveis de produção ao tê-las em sua lista de fornecedores. Diante dos dados, as grandes empresas de varejo colocarão cláusulas em seus contratos com os fornecedores estabelecendo que não comprarão de quem estiver na lista suja. Essa decisão e o estudo da OIT servirão de base para que o presidente Lula lance um pacto nacional contra o trabalho escravo no dia 13 de maio.

Os casos são muitos, chocantes, e aparecem de vez em quando nos jornais. Algumas empresas são reincidentes e suspeitas de grilagem. Mas há até casos de grandes grupos do agronegócio que têm uma parte da sua produção executada por trabalhadores recrutados por "gatos". Normalmente, os donos das empresas alegam que desconheciam a situação em que seus funcionários trabalhavam. A desculpa mais comum é dizer que não são funcionários seus, mas de um prestador de serviço. Quem usa mão de obra contratada por "gatos" e nem tem a curiosidade de saber como são executados os trabalhos diários não tem desculpa.

Ao todo, são 166 empresas que tiveram uma ou várias comprovações *in loco* de que usavam a prática da exploração de trabalhadores em situação degradante. Fazendeiros têm conseguido liminares impedindo que a lista suja seja usada para vetar o financiamento através de fundos constitucionais. A OIT seguiu as pistas da cadeia produtiva de 111 dessas empresas. As outras entraram na lista depois que foi iniciado o trabalho.

Este ano, o relatório mundial da OIT está sendo lançado no Brasil, no dia 11 de maio. É a primeira vez que um relatório global da

OIT é lançado fora de Genebra. O estudo deve fazer boas referências aos esforços do governo brasileiro para eliminar a prática. Mas a esperança da organização é que o relatório, o pacto, a consciência das empresas para a necessidade de olharem com cuidado sua lista de fornecedores para punir quem não segue padrões civilizados de relação com os empregados tenham o mesmo efeito que a luta contra o trabalho infantil. Luta que começou com a identificação do problema em plantações de laranja e depois se espalhou. Os dados que o IBGE tem divulgado mostram o declínio rápido do uso de crianças no trabalho.

Na avaliação da OIT, o trabalho infantil está sendo fortemente inibido por causa da utilização bem-sucedida das mesmas ferramentas: pressão de organizações e da opinião pública, reação de empresários-clientes, atuação da fiscalização governamental. Quando o governo, o mercado e a opinião pública rejeitam uma prática na economia, ela certamente muda. Em agosto de 2004, foi assinado um acordo específico para o setor siderúrgico. Grandes empresas, como Vale, Queiroz Galvão e Gerdau, pararam de comprar carvão de carvoarias da área de Carajás, que usavam trabalho escravo.

Em plena era da responsabilidade social, os registros dos flagrantes feitos por quem fiscaliza, o testemunho dos repórteres que acompanham o tema, os relatos de quem viveu a situação mostram que uma parte do Brasil está em outro século. O problema é que o Brasil legal, que paga impostos, que cumpre a legislação trabalhista, que adota princípios de responsabilidade social, pode estar legitimando situações escusas. É preciso romper essa relação entre o Brasil moderno e aquele velho Brasil que grila, desmata, escraviza e sonega. Normalmente as coisas andam juntas: os maiores grileiros são os que escravizam e desmatam ilegalmente.

Quem não quer ver o problema do ponto de vista humano e ético veja do ponto de vista econômico. A convivência, ou conivência, com esse tipo de exploração de seres humanos pode ser o pretexto para barreiras comerciais impostas por outros países. E isso prejudica todos os produtores, mesmo os que estiverem rigorosamente dentro da lei. Hoje, alguns grandes bancos já começam a adotar critérios socioambientais para aprovar empréstimos. O consumidor não quer saber apenas se o produto é bom e barato. Hoje ele se pergunta, cada vez mais, como ele foi produzido. O consumidor quer um produto limpo. No sentido mais amplo que a palavra tenha.

País hipotético

15.10.2006

Vamos imaginar que moramos num país normal, que costuma olhar de frente para seus problemas e preparar a solução. Num país assim, 15 dias antes das eleições presidenciais, estão todos envolvidos no debate sobre o conteúdo da lista do que fazer. Candidatos apresentam suas ideias com clareza, não mentem sobre seus feitos e defeitos e fazem promessas que cumprirão.

Nesse país imaginário, há uma lista de problemas a serem enfrentados, dos quais os candidatos não fogem. A longa lista começaria com uma emergência, uma precondição: combater a corrupção, que se elevou de forma perigosa. Os candidatos e suas equipes buscariam informações objetivas sobre como enfrentar o problema. Ninguém diria que é impossível impedir que ocorra o crime, só é possível punir depois; ninguém acusaria o outro sabendo que também do seu lado ocorreram erros; ninguém diria que não sabe o que aconteceu se os crimes foram cometidos por pessoas íntimas e dirigentes do seu comitê de campanha; ninguém diria que política não é só coisa limpa. O passado seria apurado, mas, além disso, o grande compromisso que os candidatos apresentariam ao eleitor seria a adoção de medidas preventivas para garantir que isso nunca mais aconteça na história desse país. Por isso, a solução é tratar o problema com objetividade. Por exemplo: fazendo uma força-tarefa que analise casos internacionais de combate à corrupção e levante soluções que deram certo em outros países. O candidato-presidente diria que não se pode aceitar nem mesmo aquilo que é feito sistematicamente no país, porque conformar-se com a rotina dos crimes é aceitar a derrota da civilização e dos valores.

Cumprida essa etapa indispensável, os candidatos apresentariam soluções para outros problemas centrais. Exemplo: o país cresce hoje menos que o resto do mundo. Isso é grave. Constatariam sinais da anormalidade: o investimento público está no mais baixo nível em quarenta anos; há quinze anos a carga tributária sobe; a dívida é alta e cara; a informalidade é uma das mais elevadas do mundo; falta dinheiro para questões básicas. Se o país fosse normal e os candidatos também, apresentariam aos eleitores fórmulas viáveis de solução do impasse fiscal. Nenhum candidato diria que esse é o melhor momento econômico desde a proclamação da República, nem diria que tudo se resolverá apenas com um mal definido "choque de gestão"; ninguém teria coragem de dizer que não é necessário cortar gastos. Todos saberiam ver o tamanho da encrenca. A lista do que fazer seria longa: reforma tributária, mudança na forma de fazer o orçamento, redução do custo do Estado, combate à informalidade. Fácil de falar, difícil de fazer. Só para acertar a reforma tributária é necessário que 27 estados, cada um com sua estrutura econômica e sua preferência tributária, estejam de acordo. Por isso o candidato desse país normal diria que ele próprio comandaria a negociação, prometeria arbitrar e oferecer soluções para os impasses federativos, que, em alguns pontos, põem em lados opostos governadores do mesmo partido. O candidato diria que a proposta, a liderança, o ônus de conciliar o conflito federativo têm de ser da União e que, por isso, nunca culparia os governadores por não ter feito a reforma, nem diria "mandei para o Congresso, está lá, não foi aprovado por culpa da oposição".

A população do país é jovem ainda: 36% têm menos de 20 anos, apenas 8,9% têm mais de 60 anos, mas, mesmo assim, a Previdência já quebrou. Alguma coisa está errada com a Previdência. O país gastava 2,5% do PIB com o INSS na época da Constituinte; em 1994, o gasto já tinha pulado para 5%. Em 2002 era de 6,5% e hoje já está em 8% do PIB. O país tem 16 milhões de pessoas com 60 anos ou mais e, em 2030, terá 40 milhões. Se não resolver o problema agora, será tarde demais quando a população envelhecer. Assim, nenhum candidato se atreveria a dizer que não faria a reforma da Previdência, pois os dados mostram que ela é inevitável.

A educação tem números vergonhosos: menos escolaridade que países mais pobres, e, em 2005, as estatísticas mostraram aumento de trabalho infantil e de evasão escolar de adolescentes. Por isso esse assunto seria central, e pelo menos um candidato proporia um programa do tipo: "Todo adolescente na escola." Ninguém confundiria solução para a educação com o ato de abrir universidades públicas de papel. Todos os candidatos saberiam que o fundamental é investir no ensino fundamental e médio. Nesse país, jamais um político iria se vangloriar de ter conquistado vitórias sem ter estudado, nem diria que ser "letrado" é defeito, porque políticos são líderes e não devem deseducar jovens ainda em idade escolar, e que podem interpretar essas mensagens como incentivo a não estudar e não ler.

Nesse país a mortalidade infantil caiu muito, mas ainda é alta. Por isso, nenhum candidato se atreveria a dizer que a saúde está perto da perfeição. O meio ambiente está sendo destruído, a violência atinge principalmente os jovens. Esses problemas estariam todos na agenda.

Todo país tem problemas, e, em todo país normal, os políticos que se apresentam para renovar seu mandato ou ganhar um posto na administração pública têm soluções, e não uma lista repetitiva de autoelogios. Por isso, as eleições são uma excelente oportunidade para renovar a busca por novas ideias e propostas. Mas isso, num país normal.

O inexplicável

19.12.2006

Tente explicar para um estrangeiro que não saiba nada de Brasil o que é o caso Pimenta Neves. Eu não consegui, porque é inexplicável que um homem que matou uma moça trinta anos mais nova, de forma premeditada, por motivo torpe, réu confesso, condenado pelo Tribunal do Júri, receba, seis anos depois, o benefício de continuar aguardando em liberdade. Logo, logo o assassino fará 70 anos e terá outras vantagens legais.

Quem vê de fora tem uma visão mais simples e direta; acha que o caso é o que é: no Brasil, pode-se matar uma moça, no auge de sua juventude e com todo o futuro pela frente, se você tiver dinheiro para pagar bons advogados que tenham sagacidade para entrar nas brechas das leis brasileiras, nos sofismas das jurisprudências. Assim, você pode matar e, seis anos e meio depois, só terá passado seis meses na cadeia. Para explicar as decisões da Justiça brasileira, a pessoa sustentará que se trata do princípio do direito constitucional de que todo réu tem o direito à liberdade até que seu caso tenha transitado em julgado.

Parece lógico, parece um princípio de defesa dos direitos individuais, mas são decisões que afrontam a lógica e o espírito da lei. Matar é crime. E há agravantes, como premeditação e motivo torpe. Esse caso contém esses agravantes. O criminoso fugiu do local e, assim, escapou de ser preso em flagrante. Permaneceu preso por apenas seis meses pelas artimanhas permitidas pela interpretação da lei no Brasil.

Então um réu confesso tem de esperar que seu caso chegue ao Supremo Tribunal Federal para, então, começar a cumprir sua pena? Foi esse o argumento que também liberou o coronel Pantoja, comandante da tropa no assassinato dos sem-terra em Eldorado dos Carajás. Se isso for seguido para todos os presos brasileiros que não tiveram seu caso analisado pelo STF, então o país já resolveu um dos seus problemas: a superlotação das prisões. Elas podem, na verdade, ficar vazias.

O Supremo julga casos em que estão envolvidos princípios constitucionais. Que princípio constitucional pode um assassino confesso, de crime premeditado e por motivo torpe, reclamar em seu favor? Neste caso, como em tantos outros no Brasil, a Justiça tarda e, por isso, falha. Pimenta Neves, que assassinou sua ex-namorada Sandra Gomide, pôde permanecer seis anos dos últimos seis anos e meio em liberdade, viver numa casa confortável em local aprazível, refazer sua vida, enquanto a família Gomide continua vivendo sua dor sem cura.

É impossível explicar tudo isso sem pensar nos defeitos institucionais do Brasil, nas cada vez mais estranhas decisões de juízes e na impunidade, velha marca do país. Certas decisões do Judiciário parecem ter trocado de lado: tentaram ser pró-réu, e foram contra a vítima; tentaram ser a favor de direitos individuais, e ameaçam o direito coletivo.

As possibilidades de redução da pena são tantas que certos crimes ficam, na prática, impunes. Veja-se o caso do assassinato da atriz Daniella Perez. Os assassinos já estão soltos, Paula Thomaz fez curso de direito na prisão, reconstruiu sua vida; Guilherme de Pádua mudou de cidade, adotou nova religião e também refez sua vida, com outra mulher. Eles são jovens e têm um longo futuro pela frente. E quanto a Daniella? Cabe à mãe, Glória Perez, carregar a dor sem cura de saber que sua filha foi morta, os assassinos saíram da prisão após uma pena muito menor do que a que foram condenados e estão de vida nova.

Daniella foi vítima de um casal enlouquecido. Sandra foi mais um caso de crime contra a mulher; por ciúme, por senso de propriedade. As duas têm em comum o fato de que a pena maior coube às suas próprias famílias.

Este ano foi particularmente intenso em ataques a mulheres. Na semana passada, houve outro crime: uma mulher foi assassinada pelo ex-marido inconformado com a separação. Os jornais trazem casos de homicídios e espancamentos de mulheres com muita frequência. O Instituto Patrícia Galvão e o Ibope fizeram uma pesquisa este ano sobre o assunto que mostrou que 51% dos pesquisados conhecem pelo menos uma mulher que foi agredida pelo seu companheiro e, em cada quatro entrevistados, três consideram que as penas aplicadas aos que cometem violência contra a mulher são irrelevantes e que a Justiça trata esse drama como um assunto menos importante.

Logo que a jornalista Sandra Gomide morreu, assassinada pelo seu chefe, na época diretor de redação do *Estado de S. Paulo*, ex-funcionário do Banco Mundial, apareceram algumas análises, feitas por pessoas que conheceram ambos nas redações dos jornais, que tentavam criticar a vítima. Ora, a vítima é a vítima. É velha no Brasil a tendência de se culpar a pessoa morta pelo crime. O mais bem-sucedido desses casos de contorcionismo jurídico foi o que deu a Doca Street o direito de matar Ângela Diniz. Hoje, ele mesmo, com a vida refeita, admite que "legítima defesa da honra" foi um argumento jurídico que não refletiu os fatos.

Da mesma forma, é falso o argumento de que é preciso esperar que um dia, nas calendas, chegue ao Supremo Tribunal Federal o caso Pimenta Neves. Ele está se beneficiando de manobras protelatórias ao cumprimento de sua pena. E deve começar a cumpri-la já, antes que a Justiça cometa a injustiça por decurso de prazo. O caso Pimenta Neves não é uma questão jurídica envolvendo direitos individuais, é um caso inexplicável de impunidade.

Mãe das batalhas

6.12.2007

Se ganharmos todas as batalhas, menos a da educação, perderemos a guerra. Se tivermos os melhores fundamentos macroeconômicos, mas os jovens não entenderem o que leem, não haverá futuro. A educação é a mãe de todas as lutas. Uma economia em recessão pode se recuperar mais adiante, pelo próprio movimento dos ciclos; perder os cérebros de uma geração inteira é fatal.

Está difícil escrever hoje. Há dias assim: piores, dolorosos. O Senado se abastarda nos conchavos, as prisões oferecem ao país cenas medievais, a violência colhe suas vítimas indefesas nas ruas, por insensatez e descuido destruímos a Amazônia. Tudo aflige. Mesmo assim, é possível achar que isso é conjuntural.

Sonhar que um dia escolheremos senadores que nos orgulhem, construiremos prisões onde criminosos paguem sua dívida com a sociedade de forma civilizada, que a indignação seja tamanha que nunca mais uma menina seja trancada numa cela com homens. Mas como se proteger do pessimismo diante do teste internacional Pisa? Isso derrota.

Perdemos para o Chile e para o México. Perdemos para quase todos, em quase tudo. Retrocedemos na mais fundamental das habilidades: a leitura. Há 500 anos, o sistema educacional se estruturou em torno do livro, mas o Brasil, no começo do século XXI, não consegue capturar os estudantes para o prazer da leitura. Prazer que meus pais e professores me ensinaram na infância e ao qual tributo cada um dos meus êxitos. Quem não lê não pensa bem. Quem não é ensinado a pensar jamais vai realizar seu potencial. Seguirá apequenado, subutilizado, subdesenvolvido. Um país de apequenados jamais será grande.

Quando alguns alunos falham, a culpa pode ser dos alunos; quando tantos falham, foi a escola que fracassou. Há tantos motivos para a nossa desgraça educacional que é difícil saber por onde começar.

O Brasil gasta mais por aluno do ensino superior que vários países do mundo. O governo Lula aumentou de 70% para 75% a fatia do bolo federal da educação que vai para as universidades, quando a nossa tragédia começa no fundamental. Alguns professores gastam mais tempo se mobilizando por melhores salários e reivindicações da categoria que na dedicação aos alunos. Os livros didáticos foram contaminados por ideologia de terceira categoria. Mestres se aposentam cedo demais, e o Brasil perde a maturidade de suas vocações, o auge do seu conhecimento. Muitas famílias não se envolvem com a educação dos filhos, achando que isso é obrigação das escolas. A classe média paga colégio particular, debita uma parte do gasto no Imposto de Renda, não cobra qualidade da escola que paga, depois põe os filhos num bom cursinho para não gastar com a universidade. Os muito ricos escapam da sina coletiva alienando os filhos em escolas estrangeiras.

Governos acham, como o atual, que devem mudar as políticas anteriores apenas por idiossincrasias político-partidárias. Empresas pensam que, se forem exigentes nos seus processos de seleção, serão competitivas, mas começam a descobrir que não têm onde fazer sua seleção. A incapacidade administrativa paralisa bons projetos, como o da informatização das escolas, cujo financiamento foi esterilizado no Fust (Fundo de Universalização de Serviços de Telecomunicações). Ministros pedem mais dinheiro sem oferecer em troca qualquer melhoria de gestão.

Alunos passam de ano sem ter aprendido, só porque reprovar não é politicamente correto. Imposto para qualificar o trabalhador financia sindicato de empresário; Fundo de Amparo ao Trabalhador financia empresas. Nosso único acerto nas últimas décadas foi universalizar o ensino, ainda que tarde.

A tragédia da educação pode ser vista pela economia. Na era do conhecimento, a mais importante habilidade a desenvolver é a capacidade de pensar, o que só se consegue com educação de qualidade. Na era da globalização, as empresas tendem a espalhar pelos países etapas do seu processo produtivo, escolhendo cada local pela vantagem competitiva. Um país sem cérebros treinados ficará com o que há de mais tosco, com as etapas de menor valor agregado e menores salários. Os países competem por localização de investimento e mercados. Um país com uma mão de obra sem qualificação inevitavelmente perderá a competição.

Mas o mais relevante não é a economia. Um ser humano não é apenas a sua força de trabalho. A educação não é só o treinamento de trabalhadores, por mais importante que isso seja. A educação é a única forma permanente de redução das desigualdades. O trabalhador que está hoje em alguma fazenda sendo escravizado ou submetido a trabalho degradante foi aprisionado na cadeia do analfabetismo. O ribeirinho que está com uma arma na cabeça na Amazônia, tendo que abandonar sua terra para que o grileiro ocupe tudo para desmatar, não sabe nem ler o documento que lhe apresentam para assinar. É a ignorância que o torna escravo. É a ignorância que desampara.

A educação é, sobretudo, a forma de realização plena das tantas e tão versáteis capacidades humanas. Mais que treinar o trabalhador, forma o cidadão, amplia horizontes, alimenta ambições. Por isso é a mãe de todas as batalhas. Nós a estamos perdendo no momento mais decisivo da construção do país, quando a maioria da população é jovem. Temos em idade escolar (no ensino fundamental e médio), 37 milhões de brasileiros. E eles estão em perigo.

Senhores usineiros

8.3.2007

A notícia foi destaque no "Bom Dia São Paulo", da TV Globo: numa fazenda de Riolândia, na divisa entre São Paulo e Minas, foram cortadas 140 árvores, mais vinte da fazenda vizinha, sem autorização, e ainda aterrou-se uma nascente. Motivo: a fazenda fora arrendada para o plantio de cana-de-açúcar. No telejornal seguinte, o "Bom Dia Brasil", meu comentário era sobre as enormes chances do álcool — ou etanol — brasileiro. Foi impossível não conectar as duas notícias.

— Eles nem precisavam cortar aquelas arvorezinhas, eram poucas — lamentou, no intervalo, a apresentadora do "Bom Dia Brasil" Mariana Godoy.

O sargento da polícia ambiental ouvido na reportagem disse que esse tipo de irregularidade está se tornando comum. Essa mesma usina, a Colombo, já está sendo investigada porque tem feito cortes sem licença ambiental em outras sete áreas.

Precisar, o Brasil não precisa derrubar uma arvorezinha sequer para se firmar como o maior, mais competitivo e pioneiro produtor de álcool combustível do mundo. As avenidas que se abrem são largas; nunca foram tão promissoras as chances do produto brasileiro.

Mas o quadro mudou. Hoje, se crescer destruindo o meio ambiente, num mundo em que haverá tantos competidores no mesmo florescente mercado, vai estar abrindo a guarda para o competidor exigir barreiras verdes contra o país.

O espaço que o país tem para crescer a plantação é impressionante: só na Amazônia, são 150 mil quilômetros quadrados já desmatados e degradados; no Brasil inteiro, são 500 mil quilômetros quadrados. Então, é isto: precisar, não precisa, mas o risco de que o desmatamento avance é imenso.

Senhores usineiros, os senhores têm má fama. Vem de longe, mas eu vou pular a parte do Brasil colonial, do trabalho escravo nos engenhos, da dependência crônica do Estado, do vício patrimonialista. Vamos ficar só nos problemas recentes: o Proálcool foi uma boa ideia, mas ele foi turbinado durante décadas por um volume de subsídios assombroso. Provocou crimes ambientais assustadores no Nordeste e em São Paulo. Contas enormes foram espetadas nos bancos públicos. E os grandes produtores têm a mania de agir como cartel, para forçar a alta de preços. Pior: até em estados ricos tem havido flagrantes de trabalho em condições subumanas.

A chance de purgar parte dos erros é agora, no contexto da luta contra os efeitos do aquecimento global: o álcool poderá ser uma fonte importante de redução das emissões de gases de efeito estufa. De quebra, pode gerar um volume enorme de divisas. Pode ser motor para aumento dos investimentos, do emprego e da renda no país. Mas é preciso romper com o passado e agir e pensar de maneira totalmente diferente.

A queima da cana produz uma fumaça particulada que faz enorme mal à saúde das pessoas. Mas qualquer lobista do setor tem uma resposta pronta para isso: se tudo for mecanizado, faltará emprego para os cortadores de cana. Convenhamos, senhores usineiros, isso mais parece chantagem. Que tal investir nesse mesmo trabalhador e nos seus filhos para prepará-los para empregos de qualidade que podem ser oferecidos com o novo florescimento da indústria sucro-alcooleira, agora rebatizada de agroenergia? Por que pensar pequeno? Por que propor aos brasileiros a eternidade da tragédia social? Isso lembra aquele argumento dos escravocratas: quem cuidaria dos escravos na velhice se acabasse a escravidão?

Senhores usineiros, queiram mais, sonhem mais alto para suas empresas, para seu patrimônio, para seus trabalhadores, para o Brasil. Assim poderão, realmente, contribuir para um novo momento do país. Velhas práticas têm que ser banidas; simplesmente, erradicadas.

O contexto no qual o Proálcool surgiu era de restrição da oferta de petróleo. Agora o objetivo é muito maior: a redução dos riscos que o planeta corre. Não faz sentido produzir o novo combustível, chamá-lo de energia verde, destruindo o verde nativo.

Num livro patrocinado pela Unica, em papel reciclado, o presidente da associação que reúne os usineiros, Eduardo Pereira de Carvalho, escreve: "O Brasil ingressa na era pós-petróleo disposto a provar que o etanol de cana-de-açúcar é, no presente, o melhor combustível que o dinhciro pode comprar neste século XXI." O que o dinheiro não pode comprar é o patrimônio ambiental brasileiro se ele for destruído.

Estão surgindo novos e modernos produtores, alavancados por novos produtos de engenharia financeira e com discursos lustrados para impressionar os investidores em "road-shows". Os neousineiros podem até ter entendido o risco que correm se cometerem crime ambiental, mas, se não formarem uma rede contra a exploração abusiva de trabalhadores e a destruição do meio ambiente, as velhas práticas dos usineiros tradicionais pesarão contra a imagem da produção brasileira como um todo. O cartel, que o setor sabe tão bem fazer, deveria virar uma união pelo respeito rigoroso ao meio ambiente.

Que mal faziam aquelas 140 arvorezinhas de Riolândia, senhor usineiro da Colombo? O bem que faziam? Ora, eram parte dos magros 7% que existem da cobertura original. E aqui na mata atlântica é assim: só nos restam os fragmentos.

Os jovens

10.9.2006

Domingo passado, o Rio acordou com quatro corpos, de um total de cinco mortos num terrível acidente, numa calçada da Lagoa. Passei por lá logo cedo e vi ainda cenas de desespero. Eles eram jovens; foi o que mais chocou. O que está acontecendo com jovens no Brasil é dramático: nossos meninos e meninas correm extremo perigo. O pai de Ana Clara, uma das vítimas, lamentou: o acidente será apenas um dado na estatística. Mas as estatísticas estão gritando pela atenção dos brasileiros.

Os dados revelam que as mortes de jovens por causas externas — nome técnico dado às mortes que não são por causa natural, mas por violência ou acidente de trânsito — estão aumentando. Elas afetam principalmente os rapazes, em proporção 8,5 vezes maior que as moças. O acidente da Lagoa foi diferente nisso; nele morreram mais moças. É um alerta de que jovens do sexo feminino, que se pensava que estivessem mais protegidas contra o risco de morte, podem entrar também na mesma espiral dos perigos crescentes.

Há um número espantoso: 8 milhões de jovens brasileiros não estudam, não trabalham, nem procuram trabalho na faixa entre 15 e 29 anos. O dado está num estudo coordenado por Ana Amélia Camarano, do Ipea, sobre transição para a vida adulta. As pesquisadoras se perguntam: "Estão fazendo a transição os jovens que não estudam, não trabalham, nem procuram trabalho?"

Se eles nem procuram trabalho, estão fora das estatísticas de desemprego, porque o que os institutos medem é o insucesso da procura; se não há procura, eles são invisíveis. O que Ana Amélia, junto com Solange Kanso, Juliana Mello e Adriana Andrade mostram é que, na transição normal, primeiro o jovem cumpre a educação formal, depois entra no mercado de trabalho. No Brasil, frequentemente, isso não acontece. Jovens acumulam ou saem cedo demais da escola. "Do ponto de vista social e econômico, não frequentar escolas pode acarretar prejuízos ao desenvolvimento do país, uma vez que a educação é apontada como um fator fundamental." No estudo, o que elas querem investigar é se os jovens não procuram trabalho por desalento; se não estudam por falta de condições econômicas.

— Esses dados podem estar escondendo os jovens que trabalham para o tráfico de drogas — diz Ana Amélia.

Em outro estudo, Helder Ferreira e Herton Ellery Araújo perguntam-se: "O que está privando os jovens de completarem sua transição para a vida adulta?" A resposta está no texto: de 1980 a 2000, o Brasil conseguiu reduzir em 60% a mortalidade de pessoas com menos de 15 anos, mas aumentou em 18% a mortalidade de pessoas de 15 a 29 anos. Se tivesse mantido o mesmo índice, o país teria poupado, só no ano 2000, a vida de 8.500 jovens.

O professor Gláucio Soares tem tratado do assunto. Ele constata que as mortes de jovens por causas violentas são cada vez mais numerosas e têm aumentado a cada década. O professor registra que a Lei Seca, adotada em algumas cidades depois de estudos comprovando aumento de mortes em áreas próximas aos bares, teve bons resultados. Em Diadema (SP), a proibição de servir bebida após as 10 horas da noite derrubou o número de mortes violentas e no trânsito. Em Brasília, o excelente trabalho de educação no trânsito feito pelo então governador Cristovam Buarque tirou da capital brasileira o título de uma das cidades com maior índice de mortes no trânsito.

O que fazem com seu tempo os jovens que não estão na escola, nem trabalhando, nem querendo trabalhar? Estão em risco, expostos assim ao nada fazer, mas, ao mesmo tempo, é o país que está perdendo: 8 milhões é uma população maior que a de todo o Rio de Janeiro; equivalente à de um país do tamanho da Áustria.

Evidentemente, nem todos estão expostos aos mesmos riscos. Ana Amélia conta que se surpreendeu com o número de jovens do sexo feminino que, nessa faixa, não estudam, nem trabalham, nem procuram trabalho por estarem dedicadas ao papel tradicional da mulher, de mães e esposas.

— Me impressionei também com o aumento do número de jovens de 25 a 29 anos que estão na mesma condição de não estudar, nem trabalhar — disse ela.

Ana Amélia explica que há uma concentração de jovens pobres nessa situação, principalmente no Nordeste. Quanto menor a renda da família, maior a proporção de jovens que não estudam nem trabalham, especialmente de homens. Quanto maior a renda da família, maiores as chances de se encontrar um jovem, independentemente do sexo, que só estudava ou combinava as duas atividades. As estatísticas de morte violenta de jovens mostram que há um número maior de vítimas no Rio, e muito maior de negros.

Nessa campanha eleitoral estéril, em que nada se discute de relevante, os jovens estão morrendo como resultado dos nossos erros como sociedade. Há políticas que podem poupar vidas: a educação no trânsito, como houve em Brasília, ou as restrições à venda de álcool em áreas onde, comprovadamente, há riscos, como aconteceu em Diadema. Está claro que é preciso trabalhar para manter os jovens pobres nas escolas e aumentar a oferta de oportunidades no mercado de trabalho. Essa tragédia tem vários lados, e o país precisa elaborar políticas ou adotar medidas que protejam rapazes e moças da interrupção abrupta e trágica dos sonhos e projetos.

Expostos aos riscos numa sociedade que não tem sido capaz de protegê-los, eles morrem prematuramente, sem se dar conta de como são preciosos, para os seus, para o país.

Medo da rotina

19.6.2007

Tenho medo de o Brasil se acostumar. De achar normal que o presidente do Senado use um lobista para pagar uma conta da sua mais "íntima privacidade", que ela seja paga em dinheiro vivo com recursos de origem incerta, que seus negócios empresariais permaneçam mergulhados em indícios de irregularidades. E que os senadores deem tão explícitos sinais de acobertamento num processo dirigido pelo próprio acusado.

Tenho medo de o país já ter se perdido nos escândalos sequenciais cheios de esquemas complexos, fios ligando acusados conhecidos a neofamosos, conversas telefônicas sórdidas, dinheiros flagrados e operações com nomes curiosos — Hurricane, Navalha, Xeque-Mate, Narciso, Curupira, Sanguessugas —, e de confundir aloprados, mensaleiros, vampiros. E, de tão cansado desse furacão de sanguessugas aloprados, concluir que é melhor deixar para lá e ir cuidar da vida; que, no final, está difícil para todos.

Tenho medo de que o Senado continue exibindo o descaramento da pressa explícita de inocentar seu presidente, Renan Calheiros, fingindo, ainda hoje, que o que está em questão é um caso extraconjugal, e não o pagador da pensão e o matadouro de normas, leis e princípios morais em que se transformou sua defesa. Que acredite num senador como Gilvam Borges (PMDB-AP) e na sua desculpa desqualificada de que "nós, homens, desde os tempos de Adão e Eva, estamos sujeitos à sedução". Que os senhores e senhoras representantes do povo brasileiro na mais alta câmara do legislativo continuem sendo atores de quinta num teatro de absurdos em que documentos toscos, explicações mutantes e óbvios conflitos de interesse sejam aceitos como prova bastante de inocência do chefe do clube. O risco é que a semântica mude o significado do nome do Conselho de Ética. Em vez da designação clássica, passaria a ser o local do acumpliciamento pelos pares e da absolvição prévia sem análise das provas.

Tenho medo de que o Brasil tenha passado do ponto de transformar escândalos em algo depurador. Houve um momento em que o país teve o choque e a dor da descoberta de envolvimento de pessoas públicas em uma inaceitável triangulação que envolvia publicitários do governo, distribuição de dinheiro vivo em quartos de hotel e contratos de prestação de serviços para órgãos públicos. Tudo isso no governo de um partido que, durante vinte anos, disse que fazia política com ética. Era uma encruzilhada: ou purgar o erro do mensalão e curar o tecido nacional enfermo ou se acostumar e ir reduzindo o patamar das nossas exigências éticas. Eram dois os caminhos, e o país tem preferido o pior deles.

Tenho medo de que nunca se saiba, por esquecida na complexidade dos propinodutos, a ligação entre Engevix e Gautama. Sérgio Sá, o elo perdido entre ambas, poderia explicar tanto fraudes recentes como uma antiga, já afogada nas águas da barragem: a do EIA-Rima da hidrelétrica de Barra Grande. Nele, a Engevix atestava haver por lá apenas um capoeirão, quando eram, na verdade, 4 mil hectares de mata atlântica com araucária.

Tenho medo de que jamais se saiba também que dinheiro era aquele que estava nas mãos de amigos do presidente da República e de seus assessores de campanha num hotel de aeroporto em São Paulo perto das eleições presidenciais de 2006. Que passe a ser normal que chefes de "inteligência" de uma campanha de reeleição usem dinheiro sem origem e comprem acusações falsas contra adversários. Que isso seja tão banal que ninguém seja indiciado e que a única punição sobre eles seja a reprimenda ligeira do presidente da República, chamando-os de "meninos" e de "aloprados".

Tenho medo das reformas divorciadas dos diagnósticos. O que o Brasil precisa é de mais transparência nas doações privadas aos candidatos, para que os eleitores fiscalizem os atos dos políticos eleitos, e a solução da proposta de reforma política é aumentar o financiamento público, como se isso fizesse desaparecer o financiamento privado. O risco é ficar totalmente opaco o fio que liga a empreiteira ao político, ficar eternizado o caixa dois e se consagrar a hipocrisia. O que o Brasil precisa é de maior relação entre eleitor e eleito, e a solução proposta é diluir essa relação através do voto em lista fechada. O que o Brasil precisa é de novos quadros na sua vida partidária, dominada por caciques de outras épocas: os políticos que não trabalham e cujo partido se chama "dos trabalhadores" aos políticos que serviram à ditadura e cujo partido se chama "democratas"; as bancadas evangélicas com suas malas de dinheiro da extorsão dominical da crendice, o que, nem de longe, lembra a fé que um dia protestaram ter; os partidos que alegam ser de oposição, social e democrata, mas que recuam do seu papel por temer a ameaça aos seus. Em vez da abertura para que apareçam novos quadros, mais poder aos donos dos partidos, a maioria arrolada nos mesmos prontuários dos escândalos recentes.

O que temo, por ser jornalista de economia, é achar que tudo se resume à equação Dívida/PIB e ficar comemorando nosso "*investment grade*" sem perceber o grau de deterioração dos valores e o ranking de absurdos que nos encurralam.

Mundo, vasto mundo.

*Nenhum espanto é bastante
diante dos fatos deste estranho
início do século XXI.*

Breve história

20.12.2001

"Onde foi que a Argentina se perdeu?", perguntam, insistentes, os leitores desta coluna, aflitos por um fio da meada que lhes explique por que um país que tanto investiu em educação, que já teve um alto índice de desenvolvimento, agora agoniza, se humilha e empobrece. E chega até o ponto do caos social e do estado de sítio neste fim de 2001. O que é certo é que são falsas as respostas simples.

Quem acha que tem uma boa resposta no clichê — é tudo culpa do modelo neoliberal — é quem mais erra. Não é a ideologia que explica a Argentina. Quem diz que tudo é culpa do "*currency board*" erra também. A teoria monetária não é suficiente para explicar tudo o que se passou nos últimos anos.

Uma hiperinflação devastava a Argentina nos anos 1980. A sensação que se tinha era de que tudo lá era maior, mais grave e mais rápido. O Plano Cruzado deles, o Austral, aconteceu antes do nosso e fracassou de forma mais avassaladora: o governo Sarney de lá — o de Raúl Alfonsin — teve que entregar o poder seis meses antes com o país num descalabro inflacionário. Aqui a taxa bateu em 86% ao mês. Lá, passou de 200%.

Antes desse desgovernado início do poder civil, a ditadura militar deles foi pior e mais sangrenta que a nossa. Os militares lá mataram mais e roubaram muito. A dívida externa deles, que estourou na crise dos anos 1980, foi, além de tudo, inútil. A nossa nos deu, quando nada, Itaipu. O governo militar deles caiu depois de decretar guerra à Inglaterra. O nosso saiu pela porta dos fundos do Planalto.

Humilhados pela derrota na guerra e na inflação, os argentinos entraram nos anos 1990 querendo mais ardentemente a estabilidade. Assim nasceu o Plano Cavallo, que deu tão certo no início que o presidente rebatizou-o de Plano Menem. Os argentinos recuperaram o peso nacional e monetário. Foram muitos os economistas de dentro e de fora do FMI e do Banco Mundial a dizer que a aposta da Argentina era a melhor.

Congelaram o câmbio, decretaram a moeda conversível e escreveram na Constituição que aquilo seria para sempre. Não havia nada de novo no "*currency board*". Era um antigo sistema monetário que funcionara no começo do século XX, conhecido como padrão-ouro. O economista Winston Fritsch explica: "É preciso ter em moeda nacional o mesmo volume que se tem em reservas em dólares. A moeda nada mais é do que um certificado de que aquele papel pode ser trocado por um dólar."

Esse sistema impõe uma disciplina fiscal rígida. Não se pode emitir moeda sem lastro, do contrário desequilibra-se a paridade. A queda da inflação que ocorreu depois da mudança cambial levou euforia à Argentina. Foi o milagre deles: durou sete anos de crescimento a taxas de 8% ao ano. Esse período coincidiu com o de maior abundância na oferta de empréstimos externos e que se esgotou na crise da Ásia, em 1997.

· De 1991 a 1994 eles cresceram, enquanto nós patinávamos. Parecíamos exóticos com aquela taxa de inflação. Em 1994, no Plano Real, o Brasil optou por um meio do caminho: usar o dólar, sim, mas num regime de pequenas desvalorizações consentidas; nada de convertibilidade, e muito menos de pôr o regime cambial em lei. Isso provaria, disseram vários economistas mundiais que hoje esconjuram a Argentina, que eles eram sérios e nós, não. Até 1999, houve quem nos aconselhasse a adotar o sistema argentino. Cavallo não errou sozinho por delírio. Os argentinos foram incentivados a fazer o que fizeram por economistas americanos que vendem palestras a US$ 50 mil.

Eles decidiram reformar e diminuir o Estado. O caminho era mesmo esse. As estatais eram cabides de emprego, ineficientes e perdulárias. Mas, ao fazer a privatização, eles erraram mais que nós. A Aerolíneas vendida quebrou, voltou ao Estado, foi reprivatizada e quebrou de novo. Na telefonia, trocou-se um monopólio estatal por um privado. A empresa de petróleo deles virou subsidiária de multinacional. O modelo foi ruim, e eles venderam mal suas empresas.

Como coincidiu com o período de crescimento e forte arrecadação, o Estado deixou as reformas incompletas. O aparelho do Estado, os governos das províncias, a previdência e a assistência social dominada pelos sindicatos, tudo ficou sem reforma. Até porque, a essa altura, Carlos Menem estava querendo a reeleição. Afrouxou o controle fiscal, gastou além da conta e começou a minar o equilíbrio monetário. Enquanto isto, os Estados Unidos, emissores da moeda-mãe do modelo argentino, viviam um longo período de exuberância: cresceram muito, aumentaram a produtividade e o dólar se fortaleceu em relação às outras moedas. Quanto mais o dólar subia, mais caras ficavam as mercadorias argentinas em seu principal mercado: a Europa. A Argentina começou a ter menos dólares.

A crise da Ásia fez sumir o dinheiro farto e barato para países emergentes. Isso abalou todos os países que, de uma forma ou de outra, estavam apegados ao dólar. O Brasil teve que desvalorizar, a Argentina não teve como. A população, traumatizada com a inflação, tinha medo de qualquer mudança. Na eleição de De la Rúa, não se discutiu a política cambial: ela era um tabu.

A desvalorização brasileira agravou a crise argentina. Para enfrentar a desconfiança em relação ao seu modelo, o país começou a cortar gastos. E entrou num círculo vicioso: quanto mais corta gastos, menos cresce, menos arrecada e maior é o déficit. Aí recomeça-se com novos cortes, menos crescimento, arrecadação menor e maior déficit. São nove já os planos da Argentina. Cada um deles tentou adiar o inevitável: a desvalorização do peso. Quando ela vier, os argentinos vão viver dias de horror econômico piores que os nossos de 1999, mas, quem sabe, terão alguma chance de reencontrar o caminho perdido.

Uma vez, em Paris

16.6.2002

"As manifestações da Bolsa de Valores mostram que há pessoas para as quais a democracia não tem nenhum valor." "A responsabilidade de defesa da moeda é do atual governo, em fim de mandato, e do presidente." Essas frases foram ditas pelo partido de esquerda à frente nas eleições. Foi em maio. De 2002? No Brasil? Não! Há 21 anos, em Paris. O que, nos dias de hoje, a eleição de Mitterrand tem a nos ensinar?

A eleição de François Mitterrand foi no dia 10 de maio de 1981. O que aconteceu no dia seguinte, na Bolsa de Valores, foi descrito como "pânico". As autoridades tiveram que suspender o pregão. Os investidores vendiam ações em massa e fugiam para o ouro e para o dólar. O primeiro-ministro Raymond Barre, do governo conservador, que perdera as eleições, ameaçou: "A vitória de Mitterrand deteriorará a situação do país", e prometeu defender a moeda até o fim do governo. O temor da esquerda no poder detonou um processo de fuga de capitais que aumentou com a nomeação do primeiro ministro, Pierre Mauroy. Os ricos franceses mandaram seu dinheiro para a Suíça, Luxemburgo, Bahamas, Estados Unidos: US$ 10 bilhões em

1981, US$ 7,6 bilhões no ano seguinte. No dia 27 de junho, o dólar atingiu sua maior cotação em 23 anos. Na época, acusava-se a economia de interferir na política.

Mitterrand ficou 14 anos no poder, mais tempo que o fundador da Quinta República, Charles De Gaulle, provando que as instituições democráticas resistem a mudanças radicais de rumo econômico, mesmo que o pânico domine o mercado nos momentos da alternância no poder. Por outro lado, a história econômica daqueles tempos iniciais mostra que os erros da esquerda custaram caro ao país. E é curioso também ler, hoje, os temores que circularam naquela época nos mercados. Não eram boatos, eram antecipações de fatos.

No dia 24 de maio, o articulista Paul Lewis, do *New York Times*, tentava mostrar como era exagerado o pessimismo. Explicava que os socialistas provavelmente não adotariam o seu programa de nacionalização, que previa a estatização de empresas e bancos. Primeiro, porque não tinham maioria na Assembleia. Segundo, porque os principais assessores de Mitterrand eram moderados e, terceiro, porque eles haviam dito durante a campanha daquele ano, que o programa de nacionalização, aprovado pelo partido em 1972, estava ultrapassado.

Lewis estava errado e o mercado certo: os socialistas ganharam as eleições legislativas, organizaram um governo com os comunistas e adotaram o programa que, durante a campanha eleitoral, os socialistas haviam declarado ultrapassado. No dia 11 de fevereiro de 1982, o governo aprovou a lei que estatizava cinco grandes grupos industriais (Saint Gobain, CGE, PUK, Rhône-Poulenc e Thomson), bancos e instituições financeiras. O programa foi chamado de "pilar de mudanças". Acirraram-se os conflitos internos. O presidente tomou o partido dos mais radicais: "Os franceses votaram por mudança e não se pode descartar mudanças em curso."

O programa de estatização foi um rotundo fracasso. As empresas deram prejuízos crescentes — US$ 900 milhões no primeiro ano,

US$ 1,4 bilhão no segundo ano, e, no terceiro, o governo teve que pôr nas empresas mais de US$ 2 bilhões de recursos orçamentários. Em 1986, os socialistas perderam as eleições legislativas e tiveram que iniciar a primeira coabitação. Logo depois, o governo iniciou um vasto programa de privatização.

Durante a campanha de 1981, os críticos conservadores diziam que o programa da esquerda era inflacionário. O direitista *Le Figaro* publicou: "Nada no programa de Mitterrand inspira confiança: a economia vai mergulhar na inflação, o déficit orçamentário vai aumentar." E foi o que aconteceu. A inflação chegou a 15% ao ano, um espanto numa economia desenvolvida. O superávit fiscal se transformou em forte déficit. Enquanto isso, o governo cumpria seu programa: aumentou fortemente o salário mínimo, reduziu a idade de aposentadoria, diminuiu a jornada de trabalho, ampliou as férias remuneradas, dificultou demissões. Essas medidas ampliaram o consumo, mas não fizeram o país crescer. Como os empresários não se sentiam seguros, o investimento despencou. O consumo foi atendido pelo aumento das importações, o que aprofundou o déficit comercial.

Para frear o forte processo de desvalorização da moeda, o governo tomou uma decisão que foi no fígado da classe média: reduziu para US$ 400 o limite de dinheiro estrangeiro que se poderia levar numa viagem internacional, e os cartões de crédito passaram a valer só dentro do país. O que mais irritou os franceses foi receber a notícia ao mesmo tempo em que o secretário-geral do Partido Comunista, George Marchais, iniciava pela Grécia uma turnê de 10 dias pelo mundo. A medida era ingênua e inócua: a sangria do país era a falta de confiança dos empresários que preferiram naqueles anos investir fora da França.

Os dois primeiros anos do governo socialista foram de crise. Em 1983, para enfrentá-la, o governo baixou um pacote de austeridade que incluía cortes de gastos públicos, aumentos de tarifas de gás, energia, telefones e metrô e empréstimos compulsórios.

O populismo inicial deu lugar a pacotes de austeridade fiscal; as estatizações deram lugar a privatizações; a crise econômica foi enfrentada com medidas conservadoras. O governo socialista não acabou com a França como parecia indicar a histeria do mercado naqueles dias de 1981. A democracia foi feita exatamente para suportar a alternância no poder. Mas o que aconteceu nos anos seguintes na economia traz ricas lições sobre o que não fazer e que caminhos evitar na construção do sonho de mudanças.

No Miraflores

21.1.2003

O caminho para o Miraflores, palácio do governo da Venezuela, está cheio de barricadas de arame farpado. O camuflado da farda dos soldados espalhados cria uma cena de país em conflito. Os excessos da revista confirmam a sensação. Depois, fomos levados ao setor de imprensa por um soldado com a mão no fuzil e andando de costas para ficar de frente para nós. Como se fôssemos inimigos.

— Vamos filmar as cercas de arame farpado? — sugeri a Jaime, o cinegrafista venezuelano que me acompanhava.

— Estás louca? Se fizer isso não teremos entrevista.

Foi o primeiro que me chamou de louca, o segundo foi o presidente Hugo Chávez, quando perguntei se o Brasil não estaria intervindo em assuntos internos ao favorecer um dos lados em conflito na Venezuela.

— Creio que a sua pergunta... Como vou te responder? Sua pergunta não tem fundamento! Porque aqui não há duas partes. Estamos fazendo comércio. Então a Rússia também intervém em nossos assuntos internos, os Estados Unidos também. É uma coisa irracional! E não há base alguma nem para fazer uma pergunta! Como vou te responder? É uma coisa louca, louca! De onde saiu essa tese? Só da loucura da oposição venezuelana.

Chávez divide o mundo em dois e, naquela resposta, ele já me jogara na oposição.

O presidente venezuelano garantiu que não havia desabastecimento no país. Foi quando perguntei se ele iria intervir nas empresas.

— Não posso responder a essa pergunta. Vai depender da atitude de alguns empresários que têm agido como traidores da pátria, conspirando contra o próprio país, como se fossem uma quinta coluna de um exército invasor. Mas até agora não há escassez.

Antes da entrevista, quando fomos levados ao setor de imprensa, uma assessora nos avisou que o horário não seria respeitado, que esperássemos com paciência, porque o presidente era um homem muito ocupado, e me disse para não ficar nos corredores e, sim, na sala onde tínhamos sido instalados. Era uma passagem; por ela, transitaram, pela longa tarde de espera, soldados em uniforme de campanha, dando a sensação de se estar em um quartel. Nessa sala, não havia café, água nem banheiro. A certa altura fui atrás de um banheiro e entrei num corredor. Vi quatro mulheres. Elas dividiam, entre si, pacotes de farinha para fazer arepa, um pão recheado. Escondiam os pacotes em sacos ou dentro da roupa, e saíam disfarçadamente. Perguntei a direção do banheiro e uma das funcionárias me perguntou:

— Você vai precisar de papel?

Cenas explícitas de desabastecimento dentro do Miraflores. Ainda assim, além de afirmar que não havia escassez, Hugo Chávez disse que também não existia greve:

— Aqui o que há é uma elite econômica, uma elite sindical ilegítima, uns partidos políticos que estão aliados a um plano subversivo para derrubar o governo.

Chávez diz que não pensa em antecipar as eleições.

— Não é possível. Você sabe, cada país é regido por uma Constituição. Não se pode antecipar as eleições, a única forma é um golpe de Estado.

Perguntei sobre o clima de guerra que se via no palácio.

— Não é um país em guerra. Bom. Sim. É um país em guerra, uma guerra da mídia, da política, econômica, moral. Aqui estamos combatendo.

Hugo Chávez disse que nunca as relações entre o Brasil e a Venezuela se intensificaram tanto quanto nos últimos quatro anos em que esteve à frente do governo. E fala do seu sonho: pensa em unir todas as empresas petrolíferas da América do Sul — Petrobras, PDVSA, Petroperu, Ecopetrol (da Colômbia), Petroecuador, Petrotrin (de Trinidad e Tobago) — e formar a Petroamérica. Depois, quando perguntei de que forma ele pretendia levar adiante o plano de união se nem a PDVSA ele controla, Chávez explicou que sua proposta é apenas de fazer acordos de cooperação entre as empresas da região; uma espécie de Opep da América do Sul.

— Nesse arco dos dois oceanos, do Atlântico e do Pacífico, na parte norte da América do Sul, há uma imensa reserva energética. Nós poderíamos ter planos conjuntos, esforços tecnológicos, buscar investimentos e apoio internacional para construir uma grande força para a América do Sul.

Perguntei como ele explicava o desastre econômico do seu governo.

— Que país pode apresentar números melhores que os nossos? O Brasil? Ponho em dúvida.

Na verdade, o Brasil teve crescimento no ano passado — pequeno, mas positivo —, e ele, uma recessão de 8% que, nos números definitivos, pode ainda ser bem maior. É bem diferente. O presidente da Venezuela diz que melhoraram indicadores sociais e que nem tudo se mede pelo crescimento do PIB.

— Você está enfocando a realidade com uma visão monetarista, economicista clássica. E isso é um risco. Me diga um país neste continente onde haja cifras boas no âmbito econômico. A América Latina está no meio de um furacão, de uma crise histórica, há muito tempo. Você me pergunta pelo desastre econômico do meu governo. Na Venezuela, houve um desastre econômico no século XX, porque ninguém explica como um país com 20 milhões de habitantes, 1 milhão e tanto de quilômetros quadrados, explorando petróleo desde 1914, com um imenso mar do Caribe, com montanhas de ferro, bauxita, minerais de todos os tipos, milhões de hectares de terra fértil, água em quantidades infinitas, tem 80% de pobreza.

Isso, de fato, explica o fracasso das elites tradicionais da Venezuela, mas não o exime. Chávez governa o país desde 1998 e, nesse tempo, a população abaixo da linha da pobreza aumentou, em vez de diminuir, porque a recessão continuada só empobreceu os pobres; apesar do forte programa assistencialista que tem posto em prática.

Aos onze do nove

11.9.2003

Onze de setembro é o dia em que a humanidade pratica o desatino. Pelo menos foi assim duas vezes. Tão grande o desatino que exige reflexão. Este é o esforço 30 anos depois e dois anos depois. Após o Chile, ainda houve atentado contra a liberdade na região, mas a América Latina dos militares caricaturais começou a morrer lá. Dois anos depois do atentado que amputou um braço de Nova York, o mundo ainda tenta entender.

A conclusão, tão pouco tempo depois, é pessimista. Seguiu-se ao 11 de setembro de 2001 um tempo que parecia ser de possibilidades. A união solidária em torno dos Estados Unidos parecia tornar a primeira potência mais cooperativa, multilateralista, menos isolada. O raciocínio era o seguinte: para combater uma rede que atua nas sombras, só mesmo uma rede de países, de governos. Isso aumentaria a interdependência entre países e Estados e fortaleceria os órgãos que representam esses Estados, como a ONU.

Era uma racionalização, uma forma de tentar extrair algum pensamento positivo do meio da irracionalidade de aviões abatendo prédios no maior centro urbano do mundo e soterrando 3 mil pessoas em segundos. Se tivesse acontecido, provaria não que tragédias vêm para o bem, mas, sim, que, diante da barbárie, o ser humano é capaz de dobrar a aposta civilizatória. Poderia ter sido assim. Mas, naquele momento, entrou em ação a ideologia: ou-você-está-comigo-ou-está-com-meu-inimigo. O presidente George W. Bush, como o governante mais poderoso do mundo em um momento trágico, exibiu um raciocínio curto, recorreu ao velho paradigma que vigorou durante a Guerra Fria e começou a listar o eixo do mal e a caçar países um a um. O mundo, em vez de construir o futuro, passou a reviver o passado, que parecia enterrado com o Muro de Berlim, e, nos últimos dois anos, elevou-se muito o risco global.

A economia nestes dois anos cresceu pouco, deixando longe a esperança de que a queda do PIB americano fosse apenas um pequeno freio de arrumação. As previsões de retomada têm sido sistematicamente adiadas. Os Estados Unidos cresceram pouco, a Europa ficou perto da estagnação, o Japão permanece prisioneiro da paralisia, o petróleo teve nova crise de volatilidade, grandes corporações americanas foram arrastadas em escândalos de fraudes contábeis. Não foi um bom momento econômico o vivido nos últimos 24 meses. A guerra do Afeganistão trazia uma esperança, sobretudo para as mulheres: o fim da opressão talibã que proibia até que meninas afegãs aprendessem a ler. Houve melhoras, de fato, mas as mulheres de lá estão longe do dia em que vão se ver livres de restrições medievais. Para invadir o Iraque, os Estados Unidos atropelaram a ONU. A mesma ONU alvejada fisicamente por um dos mais insanos dos atentados, aquele em que morreu o magnífico cidadão do mundo, o brasileiro Sérgio Vieira de Mello.

Os economistas começam a construir cenários mais otimistas para a economia em 2004. Europa e Estados Unidos podem crescer bem; a Ásia, excluindo-se o Japão, vai crescer mais no ano que vem que já cresceu este ano; e a América Latina também terá um

Convém Sonhar   255

2004 melhor do que 2003, que já está sendo melhor do que 2002. Tudo isso se não houver um novo conflito que desorganize as economias, revogue as esperanças e anule as previsões. A ameaça paira sempre forte desde o 11 de Setembro.

No Chile, há 30 anos, o golpe sepultou uma ilusão: a de haver, na época, um Exército profissional e democrata na região. O chileno era, soube-se então, o mais truculento. Parecia naquele momento que a América Latina seria definitivamente o território dos golpes, de tenebrosas transações, do obscurantismo da censura. Os anos 1970 só confirmaram essa impressão. Foi o pior momento da Argentina após o golpe de 1976. Mas, ao fim daquela década, o Brasil já começava a trilhar o longo caminho da transição democrática, com a volta dos exilados e já livre do jugo do AI-5 e da censura prévia.

Os generais ditadores foram tão longe, confirmaram tão fortemente a caricatura, mataram e torturaram tanto que cavaram assim seu próprio fim. As décadas seguintes viram o renascer da democracia que estamos construindo. No Brasil, a democracia se fortaleceu a cada teste. E foram muitos. O momento atual é esplêndido e luminoso, de debate intenso, de alternância de poder, de ampliação do número de votantes. Chile e Argentina — mais até que o Brasil com seu Araguaia — vivem um doloroso e importante momento de resgatar as dores do passado. Por que não deixá-lo enterrado? Ora, porque um passado como aquele só morre depois de exposto e curado. Do contrário, vira fantasma assombrando a História dos países.

Tragédias como as duas de 11 de setembro melhor seria se não tivessem acontecido. Dado que aconteceram, o mais sensato é refletir, em momentos calendário como este ou não, sobre como evitar que se repitam. A Humanidade passará os próximos 11 de setembro lembrando e aprendendo, discutindo, divergindo e revivendo. Não por alguma compulsão mórbida, mas pela esperança de que, revendo a dor, seja possível evitá-la nas gerações futuras. A América Latina enterrou os golpes e está construindo a democracia. A humanidade pode construir — quem sabe? — uma era de mais tolerância, na qual 11 de setembro seja uma data normal. Um dia de comemorar a vida, como todos os dias.

Crise de valores

21.5.2004

Da guerra do Vietnã, fica a memória de que, aos horrores da tortura a prisioneiros, do napalm em crianças e do massacre de uma aldeia inteira, a sociedade americana respondeu com movimentos pacifistas, repúdio, passeatas. Hoje, diante das tétricas imagens de torturas na prisão de Abu Ghraib, a reação é tímida e com alegações de que é um caso isolado. Seriam os torturadores bestas ocasionais, pervertidos acidentais. O risco que se vive agora é de lassidão moral. Trava-se de novo a velha luta entre civilização e barbárie, e a humanidade está sofrendo uma perigosa derrota.

Fora dos Estados Unidos, só os muito ingênuos acreditaram que o governo Bush estivesse indo ao Iraque numa cruzada civilizatória. Eram o petróleo, o cálculo eleitoral ou uma revanche de um atentado sofrido pelo pai, ou os três, os motivos de George Bush. Mas as imagens da tortura, as tentativas da soldado Lynndie England de tratar como corriqueiras as cenas repulsivas nas quais posou distraidamente chocam até os mais céticos. O que está diante dos nossos olhos são provas de uma gravíssima crise de valores no país mais poderoso do mundo que, se não tiver a merecida resposta da sociedade, firma-se como o novo padrão moral americano.

O que faz uma mulher grávida achar engraçado arrastar um ser humano pela coleira, como se fosse um cachorro, durante seis horas? O que faz essa mulher responder com tal frieza e displicência às perguntas sobre por que fez o que fez? Ela disse que basicamente as fotos eram apenas "nós nos divertindo". E por que é ainda mais chocante o fato de Lynndie estar grávida? Pode parecer piegas, mas nós, mulheres, acreditamos que, nesses momentos, mais do que em qualquer outro, somos sensíveis aos mais profundos valores da vida.

A maior potência do mundo está numa encruzilhada. As respostas do governo e a reação da sociedade foram fracas. A pena de um ano dada na quarta-feira para um dos responsáveis é ridícula. O secretário de Defesa, Donald Rumsfeld, não foi demitido, nem teve tanta vergonha a ponto de se demitir do cargo. Rumsfeld não fez nem mesmo o gesto de demitir-se mesmo que seja apenas para facilitar a vida do seu chefe, em campanha pela reeleição.

De tantas palavras ocas, ressoam ainda, por serem recentes, as afirmações de George Bush no dia 30 de abril, quando já começavam a aparecer as cenas da barbárie. "Nós compartilhamos valores que são muito importantes, valores de liberdade e de dignidade humana. Nós nos preocupamos com a condição humana. Não há mais câmaras de tortura, quartos de estupros ou covas coletivas no Iraque." Só há duas explicações possíveis para essas declarações do líder americano: é desinformado ou cínico.

Pequenos sinais de vida aparecem na sociedade americana diante desse horror. Queda do apoio à guerra e ao secretário de Defesa, queda da popularidade de George Bush. Não a ponto de que se possa respirar aliviado em relação à assustadora hipótese de ter, por mais quatro anos, o mesmo governante na maior potência do mundo: belicoso, inepto e obcecado.

O americano médio, com sua cegueira aumentada após a tragédia de 11 de setembro, acreditou que a cruzada de Bush era em defesa dos princípios de liberdade e democracia que ele supõe serem propriedade dos Estados Unidos. Bush prometeu algo ainda mais improvável: que, a partir da queda de Saddam Hussein, ocorreria, por efeito contágio, a instalação de governos democráticos nos países árabes. Um cidadão de outro país, capaz de ver com a frieza da distância, não acreditou nisso. Mas por que o americano que acreditou tem uma reação tão tímida ao se descobrir enganado pelo presidente? Se ele acha que isso é aceitável diante do fim maior que é a queda do ditador Saddam Hussein, já perdeu aquilo que imaginava serem os "valores americanos".

Um americano de nome Gary Bauer, de uma ONG conservadora chamada Valores Americanos, admite que as cenas são repugnantes, mas acha que é preciso esperar para "conhecer todos os fatos". Ele acusa a grande imprensa de estar dando ao noticiário um viés antiamericano e acha que a decapitação brutal de Nick Berg prova que "a superioridade moral pertence aos Estados Unidos". Contenta-se, assim, esse americano em ser menos bárbaro.

Em Guantánamo, cidadãos afegãos sem culpa formada permanecem prisioneiros em condições subumanas, provando que Abu Ghraib não foi um acidente.

A reação do brigadeiro Mark Kimmit, diretor adjunto das operações da coalizão, logo após divulgadas as primeiras imagens da tortura, foi dizer que estava "desapontado" com o comportamento dos soldados e que, de vez em quando, não sentia "orgulho" deles.

Palavras suaves para definir atitudes abjetas são sinais de que se vive nos Estados Unidos uma crise moral sem precedentes. Alguém pode argumentar que não há novidade alguma e que eles foram, nos anos 1960, nas ditaduras latinas, professores de tortura. Pode argumentar também que a memória está traindo os contemporâneos da guerra do Vietnã, porque houve um tempo grande entre a divulgação dos horrores e a reação da melhor sociedade americana. Alguém pode argumentar, com razão, que só ingênuos acreditaram que seria diferente.

Tudo é verdade, mas, ainda assim, a indignação precisa ser conservada. Precisamos lembrar que recentemente, em 1989, quando caiu o Muro de Berlim, a humanidade teve um sonho, breve é verdade, de estar diante de um período de paz. Não completa — Kosovo não nos deixou esquecer o lado obscuro do ser humano —, mas, pelo menos, houve um tempo em que um presidente americano procurava uma terceira via e que essas grosserias que vemos hoje pareciam ter ficado para trás.

Bela senhora

27.3.2007

Podem-se olhar as rugas e os sinais do tempo na senhora de 50 anos. Ou podem-se olhar as conquistas do tempo. Na Europa, vence o segundo olhar. A comemoração da união no Portão de Brandemburgo — portão que um dia dividiu um país — é de um continente que deu vários passos na direção certa. Seis países, um deles, a Alemanha, partida ao meio, reuniram-se há 50 anos em Roma e sonharam com a união. Seus feitos em meio século foram além dos sonhos.

Cada país teve que fazer muito esforço pela construção do sonho coletivo. Imagine o que os alemães pensaram em 2002 quanto tiveram que, definitivamente, abrir mão do marco, moeda cunhada na dor da hiperinflação de 1922, e que se tornou nas décadas seguintes uma das mais fortes do mundo. Imagine o esforço dos cidadãos de cada país para abrir suas fronteiras para a circulação de pessoas, bens, serviços e capital livremente.

A aposta europeia é uma das mais bem-sucedidas aventuras políticas do mundo. Outros conglomerados de países já se formaram, mas sempre em impérios, com um submetendo os demais. Mesmo quando a situação muda e são países independentes, como a

262 Miriam Leitão

Commonwealth, está registrado no DNA que o grupo surgiu sob a hegemonia de um sobre outros.

A Europa Unida nasceu dos escombros de duas guerras. Países que se enfrentaram em campos de batalhas, como Alemanha, Itália e França, estavam no pequeno grupo de seis países que, no dia 25 de março de 1957, reuniu-se em Roma para ampliar o acordo do carvão e do aço e assinar um tratado de energia atômica. Ali começou o salto para o sonho de uma Europa Unida.

Hoje, 50 anos depois, contam-se avanços, crises, reveses, ameaças, mas o continente é o maior bloco econômico e político do mundo. A Europa nasceu por delegação, todos os governos democráticos obedecendo às decisões dos seus eleitores. Seu avanço tem sido a consolidação de valores comuns em cima de um princípio básico: todos são cidadãos da União sem deixar de ser cidadãos de cada nacionalidade.

Os passos foram dados devagar. Primeiro, a Comunidade do Carvão e do Aço aprofundou a redução tarifária entre eles e criou tarifas comuns contra outros países. Novos países foram entrando. Um dia, virou Comunidade Econômica Europeia. Em Maastricht, em 1991, foram estabelecidos os critérios e parâmetros a serem seguidos pela política fiscal de cada país. Em 1993, percebeu-se que o "econômica" era um reducionismo, e o nome mudou para Comunidade Europeia e, depois, União Europeia.

Mesmo assim, uma pesquisa do *Financial Times* de agora mostra que 44% dos europeus acham que sua vida está pior hoje do que estava antes da entrada no bloco. De fato, o bloco tem enormes desafios pela frente: a geração do pós-guerra chega à época de se aposentar, e a previdência precisa de reformas. Os imigrantes explicam, segundo alguns, o aumento da atividade econômica dos últimos anos, mas criam tensões e contradições sociais enormes que terão que ser superadas. Há demógrafos prevendo que a população do bloco será de

449 milhões de pessoas em 2050; 10 milhões a menos que hoje, mesmo calculando-se um aumento de 35 milhões de migrantes. Como incluir os migrantes no mesmo nível de cidadania oferecida à população tradicional? Como convencer os europeus a se aposentar mais tarde e a abrir mão das vantagens do Estado de bem-estar social? Como reduzir os subsídios agrícolas e manter povoadas as regiões do campo? Como avançar com o projeto da Constituição comum?

Principalmente, é preciso saber como dinamizar a economia de forma permanente. Nos últimos dois anos, ela tem crescido a níveis surpreendentes para a Europa. Mas, para revigorar a economia, é preciso adotar medidas dolorosas, como mercado de trabalho flexível, reforma do Estado do bem-estar social, e mais competição, principalmente em serviços.

Mas há avanços admiráveis: a Inglaterra, tão receosa do projeto de união monetária, é quem está liderando o caminho para enfrentar o desafio do século XXI: o aquecimento global. A Inglaterra é a que faz a proposta mais ousada; talvez por culpa, por saber que emitiu a maior parte do estoque de gases de efeito estufa nas revoluções industriais, talvez por visão das suas lideranças. Seja o que for, a Inglaterra está propondo cortar 60% das emissões até 2050, com metas anuais.

Há 50 anos, em 25 de março, seis países, um deles com seu território dividido ao meio, reuniram-se em Roma para fazer o primeiro esboço de uma grande ousadia. Eram apenas França, Holanda, Bélgica, Luxemburgo, Alemanha e Itália. Hoje são 27 países. Todos foram democráticos. Foram vencidas as tiranias que aprisionaram a Espanha e Portugal por décadas; resgatados da tirania vários países que viveram sob o jugo soviético, que ousou até marchar sobre a bela e eterna Praga. A Alemanha foi unificada. As crises passaram, outras virão, mas o bloco representa 20% da economia mundial e do comércio global. Eles têm uma moeda comum que virou uma das mais fortes do mundo. Têm um parlamento para o qual votam os cidadãos da União. Os europeus se enfrentaram em duas guerras que viraram conflitos mundiais na primeira metade do século XX; na segunda metade, construíram um elo tão forte que torna uma guerra entre eles algo impensável. Essa é a maior conquista desta senhora que acaba de fazer 50 anos olhando os desafios do século XXI.

Verso e reverso

13.12.2006

Um diplomata brasileiro me pediu que não comparasse Fidel Castro a Augusto Pinochet. Acha que seria uma comparação injusta e incorreta. Para ele, Fidel é para Cuba o que Julius Nyerere foi para a Tanzânia; um libertador que põe fim ao período colonial. Respeito o autor do raciocínio, mas discordo. Os governos Pinochet e Fidel foram parecidos no autoritarismo, no método de se livrar dos opositores. Um morreu; o outro, doente, está saindo do poder na mesma hora, como para lembrar suas semelhanças.

Parecem ser de pontos opostos da cena política, mas têm várias coisas em comum. Ambos deixaram algumas heranças boas. As reformas liberais de Pinochet ajudaram a fazer do Chile o que ele é hoje, os avanços da medicina e da educação em Cuba são inegáveis e invejáveis. Mas os dois escolheram a ditadura e o assassinato político para impor a ordem na qual acreditavam.

Os avanços de Pinochet não o absolveram, mas o Chile já fez a transição e está agora fechando a última página do livro do horror que foi o pinochetismo. Cuba ainda não discutiu o papel de Fidel — o que fará inevitavelmente nos próximos anos — e está diante da incerteza da transição para um futuro sem ele. Para o diplomata brasileiro que ouvi, a única comparação possível é entre Fidel e Nyerere, porque o tanzaniano, que também permaneceu muito tempo no poder, foi o fundador do país, praticamente. Fidel seria o mesmo:

— Cuba foi até 1902 uma colônia espanhola e, depois, passou a ser, na prática, uma colônia americana. Só com Fidel Castro passou a ser um país.

Pode ser. Mas é bom lembrar que, com Fidel, Cuba dependeu durante décadas da União Soviética, como agora precisa do subsídio venezuelano para sobreviver.

Fidel, até três anos atrás, matava adversários políticos condenados em processos duvidosos. Em 2003, foram para o *paredón* três cubanos que haviam sequestrado um barco para fugir do paraíso de Fidel. O Brasil não condenou os últimos assassinatos de um regime caduco, porque, como disse o embaixador brasileiro Tilden Santiago, "é constrangedor comentar coisas que acontecem em família". Ou seja, os de casa podem tudo. Confirma o que se viu em outras áreas do mesmo governo brasileiro.

O Chile ainda tem divisões, mas o futuro democrático está garantido. Cuba sem Fidel ainda é uma incógnita. Fidel eliminou — inclusive fisicamente — qualquer oposição ao seu regime no longo período castrista. Para esse integrante do Itamaraty, o governo de Fidel já acabou, e o país está agora no caminho da transição. Fidel nunca preparou sua sucessão. Foi seu pior erro. A tentativa de criar uma sucessão familiar lembra as velhas oligarquias de direita da América Central que ele, em sua juventude, tentou derrotar. Na recente comemoração dos 80 anos de Fidel, festa de corpo ausente, Raúl Castro foi à tribuna tentar substituir o irmão. Missão impossível. Ele leu o discurso. Inevitável a comparação com a loquacidade dos improvisos de Fidel. Leu de forma insegura e sem uma chispa do charme magnético do irmão.

A explicação do diplomata: Raúl não quer, nem pode, ser um Fidel. A leitura do discurso mostra um novo estilo. A vantagem: durou apenas meia hora. Raúl nunca será um novo "comandante", mas o risco de Cuba é perder os avanços sociais e ser invadida por interesses predatórios que não querem outra coisa senão recriar os tempos da Cuba cassino. Por outro lado, num governo mais livre e aberto, há boas perspectivas. Pode ser, por exemplo, um grande fornecedor de etanol. Redes hoteleiras americanas já se instalaram em grandes investimentos. Tem enorme potencial turístico, do qual já está se aproveitando. Tem chance de ser um novo Vietnã, no bom sentido — o Vietnã hoje floresce economicamente.

Fidel e Pinochet tiveram, por algum tempo, fama de democratas. Fidel foi aplaudido por democratas no mundo inteiro por encerrar o lamentável governo de Fulgêncio Batista. Pinochet era considerado chefe de um Exército democrático. No governo Allende, não foram poucos os analistas que consideraram que o Exército chileno era diferente dos outros da América Latina porque defendia as instituições democráticas. O sangrento golpe chefiado por ele mostrou quão vãs eram essas análises.

Fidel e Pinochet têm mais uma coisa em comum: ambos provam que os fins não justificam os meios. Pinochet fez várias reformas que modernizaram o Chile, mas o preço pago pelo país e pelas instituições foi tão alto que, na hora de sua morte, o balanço foi altamente negativo. Ele já está condenado pela História. Cuba tem indicadores educacionais e de saúde invejáveis. Está sempre entre os melhores das Américas nos rankings de mortalidade infantil e alfabetização. Mas Fidel governou o país como se fosse a fazenda dele, e não uma nação com vontade própria. Quando morrer, será chorado e terá um funeral grandioso — diferentemente de Pinochet —, mas qualquer análise que se fizer sobre ele, sem as paixões que ainda desperta, mostrará a face de um ditador como outro qualquer, que confundia crítica ao governo com traição à pátria, que preferia matar os opositores a conviver com a diversidade de pensamento. O funeral de Pinochet mostra o fervor dos seus ainda adeptos, mas eles são minoritários. Para a maioria do Chile, ele é apenas o último símbolo de um tempo sombrio.

Juntos, Fidel e Pinochet confirmam — por reverso — que a democracia é o melhor dos regimes políticos. Não há avanço econômico, nem ganhos sociais que justifiquem a perda da liberdade.

O sim e o não

6.5.2006

Sim, a política externa brasileira sempre foi pacífica, a favor da solução negociada e, por isso, há mais de cem anos o Brasil não tem uma guerra com nenhum dos dez países com os quais compartilha 16.886 quilômetros de fronteira. Não, isso não significa abrir mão da firmeza, da defesa dos interesses nacionais, do tom mais duro quando necessário. O governo Lula, com sua diplomacia bicéfala, não entende a diferença entre sim e não.

Sim, a Bolívia é um país pobre, foi espoliada no passado, tem uma maioria indígena que precisa de mais poder e mais riqueza em suas mãos. Não, isso não significa que possa tomar qualquer atitude, confiando que sua pobreza e seu sofrimento passado a abonam previamente por qualquer erro que cometa.

Sim, a Bolívia tem direito a toda a sua riqueza e todo o seu patrimônio; seu solo e subsolo são sua soberania. Ela pode — qualquer país pode — mudar suas leis e rever contratos. Não, essas mudanças não podem ser feitas pela força, com o uso de tropas, com ações unilaterais para revogar tudo o que foi livremente negociado. Por isso existe o direito internacional. A civilização construiu, para a convivência entre os países, para arbitrar os interesses divergentes, as leis internacionais que limitam os estados nacionais.

Sim, a Bolívia pode querer alterar o preço do gás que vende ao Brasil ou a qualquer país. Se ela se sente lesada comercialmente, pode e deve propor uma negociação para rever isso. Não, nem de longe a maneira como a Bolívia agiu é a forma correta de propor uma revisão de preços; não se agride um parceiro com o qual se quer chegar a uma solução negociada; não há espaço para uma negociação quando a opção é aceitar os termos ou abandonar o país.

Sim, seria absurdo o Brasil mandar tropas para a fronteira, ameaçar guerra, como sempre fazem os Estados Unidos quando são contrariados. Não, os críticos não propuseram isso. Entre tropas na fronteira e aceitação do desaforo, há um enorme gradiente de tons para a reação diplomática. A diplomacia é exatamente isto: a arte de usar sinais e palavras para manifestar agrados e desagrados, defender interesses e estabelecer limites, construir respeito recíproco e negociar parcerias. Não, a escolha não é entre frouxidão e guerra. O que o Brasil deveria ter feito era dizer que não gostou do que houve, diplomática e civilizadamente. Em nenhum momento fez isso. Os assessores do presidente dizem que ele teria dito na reunião isso ou aquilo. Mas há uma mensagem de respeito ao Brasil que deveria ter sido passada por gestos e palavras públicas. Na diplomacia, existe o momento de calar e o de falar. Nesta semana, era a hora de falar publicamente sobre o sentimento brasileiro. Não apenas por orgulho nacional. Também por cálculo. As empresas brasileiras têm negócios e investimentos em vários países da região e o precedente criado é perigoso. Estão todos os países informados de que o Brasil aceita qualquer desaforo e que, além de não responder, promete ajuda ao país que o ofende.

Sim, quando há divergências, os países que mantêm boas relações devem se encontrar para negociar; se o diálogo está difícil, podem chamar quem facilite de uma solução comum. O Brasil foi o pivô de várias soluções negociadas para perigosas divergências entre os países da região. Não, a reunião de Puerto Iguazú não deveria ter sido feita assim, com a presença de Hugo Chávez. Da parte do Brasil, a disposição para o diálogo continuava, não eram necessários terceiros presentes na conversa. Se fosse preciso, não poderia ser Hugo Chávez por um motivo simples: ele tem um lado, já o escolheu e o explicitou. O negociador só pode ser neutro. Chávez é mais do que apoiador de Evo Morales. Ele o inspira.

Sim, o Brasil tem o sonho de construir uma unidade entre os países da América do Sul, vários governos trabalharam nessa direção, cada acordo hoje em vigor não é mérito — nem culpa — de um governo só. É o Brasil que tem persistido em iniciativas para aumentar o comércio e a cooperação com os países vizinhos, encurtando a distância que nasceu do fato de termos histórias e línguas diferentes. Não, isso não pode ser feito renunciando ao respeito, calando diante de uma humilhação pública, aceitando interesses feridos. A confiança foi abalada e não por nós. Para reconstruí-la, será preciso que a Bolívia faça um gesto de amizade, e ocorreu o oposto: ela foi fortalecida pela tibieza brasileira e pelo oportunismo venezuelano.

Sim, a América do Sul é autossuficiente em energia, e esta é a melhor chance da região de construir parcerias boas para países fornecedores e consumidores. Não, o Brasil não pode aumentar as compras e os investimentos se não for restabelecida a confiança em que o que for negociado será respeitado nas relações regionais.

Sim, a política externa deve ser conduzida por quem foi eleito para governar o país, exercendo o poder que lhe foi delegado. Não, a política externa não pode se guiar por convicções e preferências partidárias. Os partidos são passageiros, o poder é efêmero, a ideologia muda. Permanentes são o país e suas escolhas. Um bom estadista constrói a política da sua gestão, mas ouve as lições da história e entende as escolhas permanentes da nação.

Adeus, Bush

17.1.2009

Foi ruim enquanto durou. O governo George W. Bush mentiu, torturou, prendeu pessoas sem acusação, teve prisões secretas, arruinou a economia, deixou um rombo nas contas públicas, desrespeitou a ONU, fez duas guerras, bloqueou acordos contra o aquecimento global, desamparou as vítimas do Katrina, censurou cientistas. Sim, foi pior do que o governo que odiávamos tanto: o de Richard Nixon.

Não, a História não lhe dará razão. Pode fazer o contrário: confirmar as piores suspeitas. Já começa a fazer isso. Bob Woodward, sempre ele, o lendário repórter do Watergate, publicou no *Washington Post* a confirmação de que em Guantánamo se torturava. Mohammed Al-Qahtani, um saudita, foi mantido isolado, impedido de dormir, exposto nu a frio extremo, sofreu afogamentos e outras perversidades próprias de governos extremistas. Quem confirmou isso ao jornalista não foi um "garganta profunda", mas alguém de quem se sabe nome, rosto e cargo: a juíza Susan Crawford, funcionária do Pentágono, com autoridade para decidir quem deveria ir ou não a julgamento. Qahtani não irá a julgamento porque seu interrogatório foi criminoso. "Nós torturamos", reconheceu a juíza.

George W. Bush foi para a vida americana o que o AI-5 foi para o Brasil. Pessoas sumiam sem qualquer acusação formal, eram mantidas presas sem processo e formação de culpa; cientistas do governo que alertaram sobre o aquecimento global foram perseguidos ou tiveram seus textos alterados; cidadãos tiveram conversas gravadas sem autorização judicial.

No princípio, foi a fraude eleitoral; no fim, o apocalipse econômico. O governo Bush foi todo equivocado, com um intervalo em que ele perdeu a chance aberta por uma tragédia: o 11 de Setembro. A primeira eleição foi perdida no voto popular e vencida no colégio eleitoral graças à manipulação na contagem dos votos no estado governado pelo irmão Jeb Bush, a Flórida. Foi o pior momento recente do sistema eleitoral americano, em que se viu quanto o sistema e o método de votação haviam envelhecido.

A tragédia do 11 de Setembro deu uma chance ao presidente. A população americana se uniu em torno da pessoa que representava a instituição máxima da nação. O mundo se solidarizou com os Estados Unidos e sofreu pelos mais de 3 mil inocentes que morreram enquanto trabalhavam ou andavam pelas ruas da cidade mais internacional do planeta. O terrorismo agindo em rede só podia ser enfrentado pelos governos unidos em rede. Bush fez naufragar essa chance, aberta pelo sofrimento e pelo luto, ao escolher o caminho do isolacionismo, do desrespeito às leis internacionais e do enfraquecimento das Nações Unidas.

Se, na luta contra os talibãs, o governo americano teve o apoio da maioria da opinião pública mundial; na guerra do Iraque ele violou princípios e alienou aliados. Agora, Bush admite que errou ao apostar na existência das armas de destruição em massa. É tarde. Na época, ele ignorou os relatórios da ONU e a oposição de amigos como a França e a Alemanha. Saddam Hussein era um ditador e ninguém o chora, a não ser seus adeptos ferrenhos. Mas a civilização ganharia se ele fosse deposto de outra forma. O julgamento viciado e o enforcamento grotesco não ajudam a fortalecer princípios e valores democráticos.

Bush não criou um mundo mais seguro com suas guerras sem fim. O mundo estará mais seguro dentro de dois dias, quando chegar ao fim a era Bush. O desafio da luta contra a irracionalidade do terrorismo vai continuar, e testará o novo presidente. Mas se houver uma cooperação entre os países aliados e os organismos internacionais e respeito às leis e valores, haverá mais esperança de vencer.

Na economia, seu governo não foi apenas inepto. Foi irresponsável. Foram perseguidos e silenciados os que dentro da máquina pública alertaram para o risco da bolha imobiliária. Os sinais da excessiva ausência do Estado, no seu papel regulador e fiscalizador, ficaram cada vez mais contundentes. E a resposta foi mais ausência. Bush chegou a tentar nomear executivos da indústria de derivativos para órgãos reguladores do setor imobiliário. Surfou na bolha para se reeleger. O estouro lançou o mundo numa era de incerteza. E até ontem, hora final, a crise bancária voltara a piorar.

Os republicanos tinham ao menos a fama de ser responsáveis fiscalmente. Hoje já não podem dizer isso. O governo George W. Bush recebeu os Estados Unidos com superávit orçamentário e entrega o país com um enorme déficit, que pode chegar a US$ 1,3 trilhão, e uma dívida crescente. Bush sabotou deliberada e persistentemente todos os esforços do mundo para reduzir as emissões dos gases de efeito estufa. Não por acaso, o estado campeão de emissões no país é exatamente o Texas. Foi incompetente no Katrina, antes e depois da tragédia, e não entendeu o alerta da natureza. Qualquer minuto de atraso na luta para preservar o planeta é um crime contra as gerações futuras, que herdarão a Terra.

Difícil saber onde Bush não errou. A boa notícia desta manhã de sábado é que faltam dois dias para o fim dos longos e duros oito anos. Terça-feira há de ser outro dia.

Era Obama

21.1.2009

O momento era de tocar a História, tão próxima ela estava. A poeta convocou "os mortos que nos trouxeram até aqui". Eles estavam lá: na Bíblia de Lincoln; nas escadarias de onde Martin Luther King anteviu o dia da união entre brancos e negros, no qual eles poderiam se dizer "livres, afinal"; nas lágrimas dos velhos militantes dos direitos civis; nas evocações históricas do presidente Barack Obama.

A divisão racial que fraturou os Estados Unidos esteve presente nos comentários dos jornalistas, nas declarações dos cidadãos de todas as idades e cores entrevistados no gigantesco National Mall, nos textos e nas análises das versões on-line dos jornais. "Milhões testemunham um momento profundo da história racial", ressaltou, logo após a posse, a versão on-line do *New York Times*. Na CNN, as perguntas constantes dos repórteres e âncoras aos entrevistados eram sobre o significado de ter o primeiro presidente negro do país. John Lewis, lendário participante do movimento de Martin Luther King, democrata pelo estado da Geórgia, admitiu sua incredulidade quando viu Obama fazer seu juramento:

— Isso não é verdade, não está acontecendo, não estou vendo um jovem negro assumir a Presidência!

Este mesmo espanto, de chegar ao dia pelo qual tantas gerações esperaram, foi a frase mais comum de ontem, independentemente da idade. A lembrança da herança de velhos guerreiros da igualdade consolida os mesmos valores nos jovens. O discurso de Luther King foi lembrança insistente. Estava na fala da senadora Dianne Feinstein, que presidiu a cerimônia, quando disse que os sonhos de 44 anos atrás, naquela escadaria, tinham chegado à Casa Branca. A menção às divisões raciais estava também na bênção final do reverendo Joseph Lowery.

Os americanos não negam seus defeitos. Têm essa qualidade. Tiveram uma história terrível de divisão racial, mas lutaram contra ela de forma memorável. Mereciam o dia de ontem, da colorida união de 2 milhões de pessoas no local da posse; do acontecimento que, se calcula, teve a maior audiência de televisão do mundo; do mágico pacto sobre todas as diferenças. Há países que negam a divisão que deveras têm. Nesses, a luta é mais difícil, porque o inimigo é escorregadio e o silêncio sobre ele, compacto e asfixiante.

— Esse é o sentido da nossa liberdade e da nossa crença, porque homens, mulheres, crianças de toda raça e toda fé podem se juntar em comemoração ao longo dessa magnífica praça; e porque o homem, cujo pai, menos de sessenta anos atrás, não poderia ser servido num restaurante local, pode agora, diante de vocês, fazer o mais sagrado juramento — disse Barack Obama.

Ele toca a questão racial com a elegância de quem veio para governar para todos e consolidar o arco que une os que estiveram separados. A luta racial americana nunca foi só dos negros. Brancos, como os Kennedy, e milhões de outros, estiveram, desde sempre, do lado certo dessa longa história. Ted, o último dos irmãos, foi um dos primeiros a apoiar Barack Obama, lembrando que era hora de "passar a tocha" à nova geração. Obama se emocionou ao homenageá-lo no discurso no Congresso, logo após o desmaio do velho senador.

No discurso de posse, Obama chamou a herança do país de "colcha de retalhos" formada por cristãos e muçulmanos, judeus, hindus e pessoas sem religião. "Essa diversidade é a força, e não a fraqueza dos Estados Unidos", disse ele. Lembrou que, por ter superado a guerra civil e a segregação, saindo desses sombrios momentos sempre mais forte e mais unido, o país pode acreditar que os "velhos ódios" podem passar um dia. Como para mostrar sua fé no fim dos velhos ódios, o presidente Barack Obama enlouqueceu os seguranças quando saiu da sua superblindada e sombria limusine para caminhar livremente no meio da Avenida Pensilvânia, de mãos dadas com Michelle. Incrível cena.

Obama é uma passagem. Quebrou o monopólio de 200 anos dos brancos no cargo maior do país e começa a mudar o tom do que vigorou em Washington nos últimos oito anos. O discurso da posse do ex-presidente George W. Bush parecia saído direto de um manual da guerra fria, exalando ameaças e ódios. O presidente Barack Obama também avisou aos inimigos que eles serão derrotados, mas falou de tolerância, de estender a mão, em interesse e respeito mútuos com o mundo muçulmano. Alertou que o poder dos Estados Unidos cresce se for usado de forma prudente.

O dia em que a História parecia mais real que outros dias tocou quem viu, de perto ou de longe, os fatos. O diretor do Banco Mundial, Vinod Thomas, contou, logo após chegar da posse, que constatara, feliz, que nas ruas de Washington havia gente de todos os países do mundo.

— Vi muitos brasileiros. Não os conhecia, mas reconheci que eram brasileiros — disse Vinod, que morou no Brasil por alguns anos.

Essa alegria do novo fica maior diante do tributo pago aos que iluminaram o passado. Como na poesia de Elizabeth Alexander: "Falem claramente que muitos morreram para que esse dia chegasse. Cantem os nomes dos mortos que nos trouxeram até aqui, que dispuseram os trilhos do trem, levantaram as pontes, colheram o algodão e as alfaces, construíram, tijolo por tijolo, os edifícios brilhantes que eles manteriam limpos e nos quais trabalhariam."

A escolha é nossa

18.4.2009

A América Latina gosta de perder décadas e oportunidades. Aceita caudilhos, tiranos e tiranetes com razoável regularidade. Tolera que seus governantes confirmem as caricaturas feitas sobre a região. Usa, para se dividir, o que seria fator de união: a Amazônia, os rios comuns, a energia. A América Latina gosta de terceirizar suas culpas, achando que suas mazelas são imposições externas.

Em 2005, a Cúpula das Américas, em Mar del Plata, foi um fiasco. Não se discutiu nada sério e o esporte favorito era atacar George Bush, o detestável. O anfitrião culpou-o numa reunião bilateral por todas as misérias latino-americanas. O excêntrico Hugo Chávez comandou uma passeata contra o governo americano, organizada com o apoio implícito do governo argentino.

Uma nova liderança americana com todas as virtudes de Barack Obama abre a chance de uma relação amadurecida no hemisfério. A declaração da secretária de Estado, Hillary Clinton, é animadora. Um passo pequeno, mas um reconhecimento de que a política americana sobre Cuba fracassou. A resposta de Raúl Castro, de que está disposto a conversar sobre tudo, é outro sinal interessante. O diálogo isola ainda mais a patética Alba, que se reuniu para dar um suposto apoio a Raúl Castro, que, pelo visto, é mais esperto que todos eles. Na tal reunião, o presidente da Bolívia, Evo Morales, pediu para ser expulso da OEA, e se definiu como membro da inexistente corrente "marxista-leninista-comunista-socialista", e Chávez avisou que não assinaria o comunicado conjunto negociado pelos governos. Nada sério.

A América Latina tem muitas mazelas: pobreza, desigualdade, exclusão, racismo. O problema é que, ao lutar contra elas, os líderes preferem culpar alguém ou algo externo. Dependendo da época, muda o culpado. Pode ser o colonizador, os Estados Unidos, o imperialismo, as multinacionais, a CIA, a dívida externa, a trilateral, o capitalismo, o FMI, o neoliberalismo. O inferno são os outros, e nunca as escolhas da região, os governantes eleitos ou tolerados, a indulgência com os erros, a corrupção.

Os Estados Unidos, por sua vez, ficaram prisioneiros de uma armadilha enferrujada. É espantoso que, vinte anos depois da queda do Muro de Berlim, a potência americana ainda veja algum sentido no embargo a Cuba. O passo de Barack Obama, permitindo viagens, colaboração nas telecomunicações e remessas ao país, é insuficiente. Obama teve uma atitude madura e moderna em relação ao mundo muçulmano, mas ainda não encontrou o jeito de revogar essa velharia da guerra fria. O embargo foi decretado para sufocar o regime, sustentado pela União Soviética, que já acabou há quase duas décadas. Pelo menos, agora o governo americano já reconhece que fracassou.

O teste de resistência derrotou os Estados Unidos. Mas o tempo os derrotou a todos. Fidel Castro lembra o personagem literário de *Outono do patriarca*, com aparições em que parece o fantasma de si mesmo. A ilha revolucionária, que incendiou a esperança dos jovens latinos nos anos 1960 e 1970, virou apenas uma capitania hereditária.

Cuba, com seu território menor que a Pensilvânia, não pode permanecer eternamente ditando o tom da relação entre os países do continente. Donna Hrinak, ex-embaixadora dos Estados Unidos no Brasil, resumiu esse sentimento.

— Trabalhei trinta anos no hemisfério. Nós perdemos tempo, dinheiro e energia demais discutindo Cuba. Morei na Polônia comunista, e nós a inundamos de informação, visitantes e intercâmbio cultural, e isso mudou o regime.

Cuba é apenas uma ilha com um governo autoritário, que lembra as ditaduras longevas da região, como foram as de Stroessner e Trujillo, e que tem um indiscutível mérito: atingiu conquistas sociais inéditas. Evidentemente, ao contrário do que pensam os defensores do esclerosado regime castrista, isso não o absolve dos crimes contra a vida e a liberdade. O embargo isolou e sacrificou seu povo. É inaceitável, mas o embargo é um detalhe com os dias contados.

O relevante é o atraso da região, que tem muitas oportunidades de construir um futuro mais sólido e as despreza. Veja o que aconteceu com a Bolívia. Nos últimos anos, o preço do gás e a demanda pelo produto boliviano estavam em alta. Em vez de aproveitar e atrair investimentos, Evo Morales demoliu a confiança do consumidor brasileiro de que ele poderia ser um fornecedor confiável. Chávez desperdiçou o boom do petróleo com populismos e má administração. É um governante eleito construindo uma tirania. Na semana passada, Morales fez uma exótica greve de fome para pressionar o Congresso. A Argentina, país que tem alto nível educacional, aceita a anomalia de ter uma presidente exercendo funções protocolares e um ex-presidente governando de fato o país. O Brasil é atacado por Bolívia, Equador e Paraguai, como se fosse um sub-Estados Unidos, cada vez que os governantes desses países estão disputando alguma eleição ou plebiscito. Depois, voltam a ser "*muy*" amigos.

Será boa para todos uma nova era de relacionamento maduro, moderno e pragmático, mas a salvação não virá de Washington, como nunca veio de Madri, Lisboa ou Londres. A região está por sua própria conta e vive das suas escolhas.

Histórias da política

*Brasileiros aptos a votar
formam a terceira maior
democracia do planeta.*

O jogo da franqueza

26.7.1992

País esquisito o Brasil. Algumas autoridades andam escandalizadas com o que chamam de "quebra de sigilo bancário", por parte de integrantes da CPI, que estariam passando para a imprensa informações que são objeto de proteção legal. Essas mesmas autoridades não parecem igualmente escandalizadas com o que o sigilo escondia: contas duplas, CPFs falsos, identidades fantasmas, promiscuidade de saldos bancários. Ou com o que os extratos revelam de mais dramático: a insistência com que se pratica o perjúrio no Brasil, a frequência com que as pessoas se afastam da palavra dada.

O sigilo existe para a proteção do cidadão, mas parece óbvio a qualquer um que ele também estava servindo para encobrir irregularidades que dizem respeito aos brasileiros em geral. Não se trata de pedir um *habeas data*, mas de entender o que está se passando no país. Ambos os lados da disputa têm permitido vazamentos e divulgado informações e contrainformações. Foi assim também com Watergate. Foram os vazamentos que tornaram o episódio tão célebre na história política dos Estados Unidos e na história da imprensa universal.

Nesse tiroteio de informações, os jornalistas estão vivendo um período perigoso e estimulante. Nunca foi tão necessária a técnica de apurar, checar e comparar informações. Infelizmente não temos passado no teste com dez com louvor: os erros têm sido tão diários quanto os jornais. Frequentemente um de nós confunde a atividade de um repórter com a do juiz. No rol de nossos erros, no entanto, não consta o de estar devassando privacidades.

Essa é a sutileza que deve ser entendida: o histórico bancário de um cidadão comum interessa a ele, em primeiro lugar; à Receita, em segundo. Os de pessoas que comandam os destinos do país dizem respeito a todos os eleitores, cidadãos ou contribuintes. Os brasileiros estão legitimamente interessados em saber quem abastecia as contas de pessoas ligadas ao presidente Fernando Collor ou a seus ministros. Estão curiosos sobre o que fazia o empresário Paulo Cesar Farias nas cercanias do poder. Ou o que continham seus bilhetes à ministra da Economia. Se o empresário pedia providências favorecendo uma empresa na mesma época em que o diretor da empresa fornecia dinheiro para candidatos governistas, isso não é assunto privado. É público.

É delicado o trabalho do jornalista neste momento. Os congressistas que vazam informações bancárias têm um propósito. O governo também luta para permanecer governo e a informação é sua principal arma. Todos têm interesses e a Nação quer estar informada. Como transmitir informações de pessoas que têm tantos interesses e evitar manipulação? Como neutralizar nossas próprias emoções? Nunca o dilema esteve tão presente. Condenar parlamentares que vazam informações é esconder o fato de que todos estão jogando. O Congresso erra quando dá interpretações persecutórias às notícias que não lhe agradam. Mas o protesto do governo é mais peculiar. Como bem lembrou o deputado Benito Gama, algumas pessoas cujas vidas bancárias estão sendo devassadas nem sequer existem. É de supor que fantasmas não tenham direitos civis.

País curioso. Como resultado das denúncias publicadas, o desânimo começa a se espalhar entre os eleitores e já é possível ouvir de novo o discurso "os políticos são todos corruptos". Passa-se o oposto. Nada melhor do que sanar os problemas da democracia do que mais democracia. Soa estranho, mas a verdade é que nunca houve tanta razão para otimismo. O país está discutindo a melhor forma de tornar transparentes os esquemas de financiamento eleitoral que ligam grandes empresas aos candidatos de qualquer partido. Algumas frases talvez fiquem ecoando na consciência nacional após tudo isso. Uma delas certamente é a de PC Farias sobre o dinheiro de campanha: "Estamos todos sendo hipócritas aqui." Quem já sabia que o jogo era este, está deixando de ser hipócrita. Quem não sabia, deixa de ser ingênuo.

Da mesma forma que um adolescente passa por crises de crescimento, o Brasil está enfrentando seu terremoto particular para construir instituições sólidas e transparentes. Se no meio do caminho, a imprensa publicar informações consideradas sigilosas, não há de ser esse o principal tema da discussão. E quem passou para a imprensa as informações não é o principal pecador.

Fundamental para nós deve ser aprender sobre o exercício da profissão e amadurecer com a reflexão dos nossos erros, num processo paralelo ao próprio país. O final de tudo isso será feliz se a revista *The Economist* tiver tido razão ao escrever que "a democracia brasileira é mais forte que o presidente Collor".

Amor avesso

19.1.1994

Pilhado num momento de azedume em relação ao país, o diplomata Gilberto Amado explicou-se: "Eu sou um detrator público e um
adorador privado do Brasil." Quem conta a história com seu notório
bom humor é o embaixador Marcos Azambuja, numa conversa com
outros devotos desse culto secreto à Pátria.

Nelson Rodrigues escreveu sobre esse narcisismo às avessas, Fernando Henrique diagnosticou falta de autoestima, mas ninguém definiu melhor que Gilberto Amado. É mesmo assim — inverso, dissimulado e avesso — o que liga os brasileiros ao Brasil.

Só isso explica a memorável obra coletiva dessa semana: a
reportagem do *Wall Street Journal* sobre o gigante da América
Latina afundado em crise, enquanto o resto da região decola. A
imprensa é livre. Lá, há mais tempo que aqui. O jornalista que
fique à vontade para fazer a sua interpretação dos fatos. Melhor
para o repórter se ele pode sustentar convicções prévias com declarações locais. Nunca foi tão fácil. Os brasileiros serviram ao
repórter pitorescas histórias e fartas frases de efeito. Depois não
se culpe a imprensa.

O cabra armado Ronaldo Cunha Lima deu munição para o primeiro disparo. A patética história do governador-pistoleiro* é contada no primeiro parágrafo da reportagem. O senador Humberto Lucena entrou dando cobertura institucional. Solidarizou-se com Cunha Lima por razões paroquiais, mas para o leitor americano, ele aparece como presidente do Senado. E nesta condição diz que a postura do governador é "digna" porque ele atirou de próprio punho, em vez de contratar um matador.

Com isso, o repórter sentiu-se confortável para concluir que a maioria dos brasileiros apoia o repentista governador, que já está, segundo assegurou, de volta ao governo do estado. Não é exatamente isso, mas basta descrever a cena do restaurante da Paraíba e acrescentar a declaração do presidente do Senado. Tem-se assim um país que é a cara da caricatura da primitiva América Latina.

Assim com trechos da verdade e loquazes declarações dos nativos construiu-se um retrato memorável do país. "Os líderes lucram com a inflação e aceitam isso, assim como a corrupção e a violência. Os pobres são abandonados para sofrer", diz o jornal. Conclui que da mesma forma como não veem nada de errado nos atos de Cunha Lima, os brasileiros têm sido complacentes com a inflação disparada, a corrupção sistêmica e a assustadora violência. "Em vez de enfrentar seus problemas de frente, os brasileiros encontram caminhos para tangenciá-los, justificá-los e se beneficiar deles", diz o jornal.

Isso é verdade em relação à inflação, mas é difícil reconhecer esse retrato no país que acaba de tirar do poder um presidente acusado de corrupção.

Os entrevistados do WSJ representam grupos políticos diversos e correntes econômicas opostas, mas falaram no mesmo tom.

---

* No dia 5 de dezembro de 1993, o então governador da Paraíba, Ronaldo Cunha Lima, entrou num restaurante em João Pessoa e atirou contra seu desafeto político e ex-governador Tarcisio Burity.

Maílson da Nóbrega disse que o Congresso tem um alto grau de "irresponsabilidade social", Roberto Campos preferiu ver uma "estupidez coletiva", Lawrence Pih, empresário de São Paulo, acha que o Brasil é uma sociedade amoral, Antonio Kandir vê em ação um "pacto da mediocridade", José Augusto Assumpção Brito propõe um par de lentes para um "míope" Brasil. José Sarney pensa que "a crise nacional excedeu a todos os limites". Arnaldo Jabor é cinematográfico: "O Brasil deseja a hiperinflação. Queremos saber como é a vida depois da morte." Mário Garnero diz que: "Estamos à beira de um big-bang. O sistema todo é insustentável", diz ao jornal que generosamente o descreve como um "proeminente banqueiro", pelo visto desinformado sobre os trechos insustentáveis da sua biografia.

O economista Celso Martone se deu ao trabalho e produziu um número que parece delírio estatístico: concluiu que os preços no Brasil subiram 22 bilhões de vezes desde 1960. Edmar Bacha diz que o país está casado com a inflação e até Gustavo Franco forneceu munição: "O Brasil troca de moedas como os bebês trocam de fraldas", diz, diretamente do Banco Central, onde se costura uma fralda que promete ser real, não desconfortável, pregada no dólar e impermeável à inflação.

É tarde para patriotadas. Faz tempo que descobrimos que as aves gorjeiam onde bem entendem, de preferência em ambientes ecologicamente corretos, e as brisas beijam e balançam pendões de qualquer cor. Já não somos prisioneiros do dilema amá-lo ou deixá-lo. Mas há de haver algum ponto de equilíbrio entre falar com franqueza das mazelas nacionais e a compulsão de só criticar confirmando os clichês dos analistas apressados. Há de haver um jeito moderno e maduro de perceber o país no seu tamanho exato — nem o maior do mundo, nem o pior. De ver verso e reverso; luz e sombra; falhas e feitos.

Ouvido pela *Folha de S.Paulo*, o Itamaraty se disse satisfeito com a reportagem e negou que ela deprecie o Brasil. Nada mais diplomático e menos justo. Respeitar o direito do jornalista de fazer a sua avaliação dos fatos é diferente de reconhecer, em qualquer borrão apressado, o retrato fiel do país.

Um dia com Covas

7.3.2001

O jornalismo tem seus privilégios. Em nome dele, pode-se entrar em lugares, fazer perguntas, conhecer pessoas que outras profissões não permitiriam. Foi privilégio puro, por exemplo, em abril de 1983, passar um dia inteiro na casa de um cidadão de classe média chamado Mário Covas. Ele acabara de ser escolhido prefeito, e a revista na qual eu trabalhava me escalou para a reportagem.

Visto da perspectiva de hoje, quando parece normal que se enriqueça na política, o apartamento no Itaim Bibi, a poucos metros da Marginal Pinheiros, poderia parecer modesto demais para quem estava na política desde a juventude. Naquele ano, quando o país vivia o prenúncio do fim da ditadura, os políticos que lutavam pela democracia pareciam estar acima de qualquer suspeita. Felizmente, Covas permaneceu assim até o fim da vida, acalentando com esperança uma época de descrença.

A luta interna no PMDB, que acabara de chegar ao poder estadual em São Paulo, era intensa. De um lado, o vice-governador Orestes Quércia mobilizava sua ala do partido para exigir a prefeitura; de outro, o grupo de Covas, Fernando Henrique e Franco Montoro.

Era um tempo de transição. Ainda valiam as regras do regime militar de não haver eleição nas capitais. A escolha competia ao governador, só que, no caso, o governador era o democrata Franco Montoro. Ele teve que primeiro superar seu próprio constrangimento por fazer sozinho uma escolha que, estava convicto, caberia ao voto popular. Por outro lado, a democracia acabara de mostrar a Montoro que a transição não seria fácil. As grades do palácio arrancadas por manifestantes mostraram que ele não poderia hesitar, nem escolher um político fraco para a prefeitura. Tinha que ser decidido e bom administrador. Havia quem defendesse a escolha de um técnico. Quem temesse a presença de alguém que ofuscasse a estrela do governador. "Eu não posso aceitar uma solução medíocre", disse, na época, Montoro.

O próprio Montoro comunicou a Quércia que ele havia perdido a disputa e que o cargo seria dado ao seu adversário no partido: Mário Covas. Antes disso, Fernando Henrique sondou o vice-governador. Perguntou se poderia contar com ele caso a escolha recaísse em Covas. Quércia disse que seria um erro. E foi o que repetiu a Montoro: "Acho isso um erro político. Você está privilegiando apenas um lado do partido." "Eu me responsabilizo", respondeu Montoro. E fez o que era certo.

Covas estava naqueles dias completando 53 anos, e sua casa se encheu de gente, de flores, telegramas, telefonemas e repórteres. As televisões foram documentar o "parabéns para você" e um constrangido soprar de velinhas. Na conversa em seu apartamento, ele e dona Lila me contaram de outros aniversários bem mais solitários. No dia 21 de abril de 1969, por exemplo, ao completar 39 anos, Covas passou o dia jogando xadrez sozinho num sobrado hipotecado no bairro da Ponta da Praia, em Santos. "Conheci os dois lados da moeda", disse Covas, enquanto olhava da janela a cidade que administraria. "Muita gente atravessava a rua para não me cumprimentar."

Covas foi preso e cassado quando, líder do MDB na Câmara Federal, resistiu à cassação do deputado Márcio Moreira Alves. Conheceu então seu ostracismo.

Vi naquele dia Lila, dona de casa, na cozinha fritando bolinhos e concluindo, ela própria, o almoço. Lá, longe do marido, ela aceitou falar comigo sobre a maior dor da família: a perda de uma filha, Silvia, num desastre de motocicleta no *réveillon* de 1976. Mas Lila tinha sido para Covas mais que dona de casa: quando o MDB estava sendo montado, os dois viajavam para o interior para abrir diretórios. "Os jornais diziam que a comitiva do Covas estava indo, e a comitiva era eu", disse ela.

Naquele ano de 1983, era o momento de colher os frutos dessa luta. Ele acabara de ser reeleito deputado, com 300 mil votos, e era escolhido prefeito. Prometia fazer uma administração tecnicamente boa e politicamente diferente, pois seria aberta às queixas da população.

Naquele dia, Covas me disse que ele era o mesmo de antes, tinha as mesmas ideias, mas o país havia mudado. Isso foi o que ele aplicou na sua recente administração do estado de São Paulo. Chegou falando contra a privatização e privatizou. Era contra a intervenção no Banespa, mas concordou com a venda do banco. Sempre protestou contra o que achava excesso fiscalista e fez uma administração austera, que recuperou as finanças estaduais. Brigou o tempo todo com a área econômica, mas adaptou-se às mudanças do país, agora estabilizado. Aliás, deixou muitas lições sobre como recuperar um estado que estava falido quando ele assumiu.

Sua vida deixa tantas lições que assombra: um político franco, que dizia o que pensava. Um administrador honesto, mesmo nos tempos de uma ética com limites imprecisos. Um cidadão de princípios políticos inegociáveis, numa época de valores relativos. Um político que sabia diferenciar inimigos de adversários eventuais, qualidade que tanta falta faz hoje ao Brasil. Até na morte ensinou: abriu as informações sobre seu estado de saúde até o ponto do exagero. Nada escondeu da imprensa. Chorou diante dos repórteres. Lutou pela vida com bravura.

Estas são horas de dor e luto, mas o Brasil deveria pensar assim: que privilégio foi tê-lo entre nós e que preciosa a sua herança!

Os sem-grupo

30.8.2002

Lula comentou, em entrevista na TV, que o mérito do regime militar foi planejar a economia. Discordo. Não houve planejamento, mas sim intervencionismo; e, além disso, o resultado dessa política foi mais concentração de renda. Ele disse que ouviu empresários e sindicatos antes de ter de atender o convite para falar com o presidente Fernando Henrique. Falou com eles, mas não com os amplos setores desorganizados e desprotegidos.

O PT está convencido de que é o legítimo representante do povo. Não é. O povo permanece, como sempre, sozinho. Em cada um dos seus pedidos, atos, palavras, documentos e propostas, o que se depreende é um partido profundamente comprometido com interesses específicos, organizados, corporativistas. Ontem, ele defendeu os não pobres.

Exemplo perfeito é o documento que levou ao presidente Fernando Henrique. Propôs o Plano de Renovação da Frota, que envolve subsídios públicos para a compra de carros mais novos. Tem méritos. Cria mais empregos na indústria automobilística, na qual trabalha a elite do operariado brasileiro e de onde saiu Lula. Mas é dinheiro demais, que poderia estar sendo investido no resgate dos verdadeiramente pobres. Pediu a extensão do prazo do seguro-desemprego. Esse seguro é um benefício para os 40% de trabalhadores que têm carteira assinada. Os que estão fora do mercado formal não têm esse benefício. Estudos de aguda clareza do Ipea sobre focalização dos gastos públicos brasileiros mostram que a maior parte do dinheiro do seguro-desemprego vai para os não pobres, a maioria na fila já está novamente empregada.

Propôs também interferência direta do presidente numa licitação da Petrobras. Lula apresenta esse tema de uma forma que confunde quem ouve. Ele fala como se a opção da empresa fosse entre fazer aqui ou em Cingapura. Não é. Discute-se o índice de nacionalização. O estaleiro brasileiro que venceu a licitação fará uma parte da plataforma aqui. O que perdeu faria um pouco mais da obra aqui, mas cobraria mais também. A decisão da Petrobras pode até estar errada, mas ela avaliou esse mix de índice de nacionalização, custo e capacidade técnica. Lula avisou que a Petrobras está submetida ao presidente da República. Seu acionista controlador, de fato, é o governo, mas ela tem também milhões de acionistas privados. Tem, para cumprir, lei do menor preço. O PT tem que tomar todo o cuidado para não acabar defendendo interesses comerciais específicos travestidos de interesse nacional. As elites brasileiras sempre foram eficientes em confundir as duas coisas para se apropriar do dinheiro público.

Lula defende, em inúmeras ocasiões, e seus economistas também, a política econômica do regime militar. Erra redondamente. O mérito que vê não pode ser reproduzido, o defeito que não vê é gritante. A política econômica dos militares concentrou renda, aumentou de forma exponencial a intervenção estatal na economia, produziu inflação, excluiu milhões de brasileiros do mercado de consumo, foi o auge da "privatização do Estado", que o PT condena no programa. Ela não pode ser reproduzida não apenas porque nada disto é eticamente aceitável, mas porque passaram-se trinta anos desde o momento descrito por Lula:

— No auge do regime militar, vivíamos o maior *boom* de emprego no ABC.

A indústria não emprega mais como antes; houve uma revolução tecnológica na forma de produção e no mercado de trabalho. Nunca mais a indústria automobilística empregará tanto, por maiores que sejam os subsídios através de programas como os da renovação da frota. Aquele ambiente não pode ser reproduzido, pois o Estado não tem mais o dinheiro disponível para alocar em setores específicos. Não pode porque o mundo não comporta mais o dirigismo dos planos decenais dos militares, ou dos sovietes. O planejamento hoje tem outras bases, outra metodologia, outros propósitos. O passado passou, felizmente. Lula diz que quer "coletivizar" a tomada de decisões e decidir com a sociedade. Tomará decisões apenas com a parte da sociedade que sempre influiu. Barrará os eternamente barrados.

É reconfortante ver o processo de crescimento do PT. Ele muda, avança, ganha musculatura. Mas não deixou ainda de ser o defensor dos setores organizados. Esse é seu pecado original. Quando fala, pensando estar defendendo os pobres, é o incluído que ele defende.

Lula diz que foi à Bolsa e criou um grupo de trabalho para ver as reivindicações deles; foi à Febraban e também montou um grupo de trabalho; foi à Abdib, que se beneficiou tanto dos planejamentos dos militares, e também montou um grupo de trabalho. Ele não se dá conta de que é assim que os interesses organizados privatizam o público no país. Quando esses grupos se juntam, sempre dividem, entre eles, o bolo do dinheiro coletivo através de políticas que são dirigidas a interesses específicos, com ar de interesse nacional. Quem não é atendido nessa divisão do bolo são os interesses difusos, os sem-grupo de trabalho.

Lula disse que ninguém defende os ricos durante a campanha eleitoral. Ele está enganado. Ninguém defende os pobres. Os verdadeiramente pobres. Já os segmentos organizados de classe média — que, protegidos em suas corporações, se autointitulam excluídos — e a elite, juntos, capturam os candidatos ao poder brasileiro. Tem sido assim desde sempre, e é isso que eterniza a nossa vergonhosa desigualdade.

Festa do direito

6.10.2002

Hoje, a força de 115 milhões de pessoas moverá a História. Brasileiros aptos a votar formam a terceira maior democracia de massas do planeta. Há mais eleitores apenas na Índia e nos Estados Unidos. Custou-nos muito o direito que hoje exercemos. Nesta campanha, as instituições funcionaram perfeitamente, a população debateu de forma apaixonada os temas relevantes e a imprensa fez seu papel.

Em 1960, 11 milhões estavam aptos a votar. Apenas 16% da população. Deles, 5,6 milhões votaram em Jânio Quadros. Juscelino, que fora eleito com 3 milhões de votos, encerrou seu mandato e entregou a faixa ao presidente eleito. Foi a última vez que este ritual — um presidente eleito termina seu mandato e entrega a faixa a outro presidente eleito — aconteceu no Brasil.

Hoje a democracia é forte e ampla: votam 65,8% da população. O direito do voto tem sido uma lenta e difícil construção. No Império, votavam os proprietários com comprovação de renda. A primeira Constituição da República permitiu o voto dos homens acima de 21 anos e alfabetizados. O voto feminino, em 1932, mal pôde ser comemorado. Em 1937, os partidos foram proibidos, as eleições suspensas, o Congresso fechado por 11 anos na ditadura de Getúlio Vargas. A democracia floresceu no pós-guerra com vida curta e tumultuada. O país elegeu Dutra, Vargas, JK e Jânio. Dois mandatos concluídos; dois interrompidos, por suicídio e renúncia. O vice que assumiu foi deposto por golpe.

Voltamos a votar em 1989. Nos 29 anos sem escolher o presidente, vivemos um doloroso período, sobre o qual é bom falar para que ele jamais se repita. Na travessia, tivemos combatentes valorosos e a força do dr. Ulysses. Nas praças, aos milhares, pedimos pelo direito do voto. A inesquecível "Diretas Já" pareceu — por breve tempo — derrotada. Mas a voz magra e grandiosa de Sobral Pinto proclamando: "Todo o poder emana do povo e em seu nome será exercido" ressoou para além das praças, e o direito foi reconquistado.

Antes, a briga no colégio eleitoral fez, por um atalho, a vontade do povo. A escolha de Tancredo produziu uma festa de sentimentos mistos, de sol e chuva, sob uma imensa bandeira nos gramados do Congresso. Mas o destino nos levou Tancredo. O Brasil engoliu a frustração e, por amor à lei, empossou o vice que jamais estivera do lado certo. Sarney tentou ser maior do que ele mesmo e, com erros e acertos, conduziu o país à primeira eleição dos novos tempos.

Naquela eleição, um imprevisto: o eleito não fez por merecer o poder a ele entregue. De novo as praças, dessa vez tomadas pelas nossas crianças com os rostos pintados de verde e amarelo, marcaram a mudança. A correção de rumos se fez dentro da democracia, e as instituições passaram bem por um perigoso teste. As duas eleições seguintes consagraram os valores da estabilidade monetária e de um presidente que fez mudanças importantes. Nesta quarta eleição direta dos novos tempos, as instituições funcionaram da forma mais perfeita. O governo soube se preservar das paixões eleitorais e começar a construção da ponte para o próximo governo. O Judiciário esteve vigilante aos excessos. A imprensa entrevistou e promoveu debates.

O cidadão entendeu o privilégio e a oportunidade de uma eleição: momento de desfazer o mal feito, corrigir o futuro.

A nossa foi, por tempo demais, uma democracia de atalhos e interrupções. Voto havia na República Velha, mas era encurralado. Tragédias visitaram a nossa história. Getúlio se matou e não foi esquecido. JK foi cassado pelo arbítrio e para sempre amado. Jânio jogou fora seus 5,6 milhões de votos. Jango voltou à pátria num caixão. Tancredo subiu a rampa num caixão. Dr. Ulysses, jamais eleito, um dia sumiu no mar.

Hoje, na frente das pesquisas, estão dois dignos combatentes da resistência. Um brilhante líder estudantil, ameaçado por duas ditaduras, que, depois de 14 anos de exílio, retomou o exercício de sua vocação política e, aos 60 anos, disputa o cargo com que sempre sonhou. Outro, um menino que viajou num pau-de-arara, sob o comando de uma brasileira corajosa, para, no estado mais rico da federação, construir com valentia uma brilhante biografia política e participar de páginas decisivas da reconstrução democrática.

Nas poucas e limitadas eleições da minha infância e adolescência, lembro de meu pai, pastor presbiteriano, e de minha mãe, professora pública, saindo de casa, cívicos e solenes, para exercer o direito do voto. Ele nunca revelava o voto. Temia, por ser líder espiritual, influenciar os fiéis. Em véspera de eleição, convocava seus muitos filhos — somos 12 — a orar pela pátria, jamais por algum candidato. Sustentava que fé e voto não deveriam se misturar; que o voto era direito de cada cidadão, que dele não deveria abdicar. Valores que guardo no coração.

Hoje é o primeiro dos turnos. O escolhido neste domingo, ou no dia 27, terá o poder que emana do povo e, nos próximos quatro anos, irá exercê-lo em nome do povo. Por ser da geração que teve a vida atravessada pelo arbítrio, nunca serei capaz de ver como banal o ato de votar. Para mim, sempre será festa, conquista, direito pelo qual valeu a pena correr todos os riscos.

Vitória do Brasil

27.10.2002

Hoje é um dia extraordinário em nossa História. Dia final de um intenso debate de ideias travado em vários campos. Brasileiros de todas as regiões e origens, com seus desníveis educacionais, com suas desigualdades, estarão igualados no direito do voto. Por alguns instantes, diante das urnas, somos todos igualmente poderosos, e esta é a essência da democracia representativa que o Brasil construiu.

Depois virá o futuro, e ele terá que ser construído com trabalho e coragem. O Brasil tem assombrosos desafios. Tudo se encaminha para que o desafio de agora seja o da alternância do poder. Um grupo que passou vinte anos em construção, com uma história de erros e avanços, desembarca no poder maior do país e terá que lidar com suas limitações e seus sonhos. Ao vencer a eleição, o Partido dos Trabalhadores terá que governar o que nunca governou. Não é suficiente ter governado 50 milhões de pessoas nas prefeituras e nos estados. Administrar o Brasil não é apenas escolher o destino de um número maior de pessoas. É lidar com política fiscal, monetária e cambial, tecnicalidades da operação de uma enorme dívida pública, reverso da poupança dos brasileiros. Nós poupamos em moeda nacional no sistema financeiro instalado no país e, com nossas economias, compramos pedacinhos de títulos públicos. Quem governa o Brasil tem que zelar por esse patrimônio e gerenciar essa dívida, que não é detida "pelos especuladores" — como o PT dizia nos palanques e nos desatinados plebiscitos — mas, sim, pelas empresas e pelos poupadores. O Banco do Brasil, nascido no Império, é o maior carregador da dívida pública. Se ela não fosse paga, ele seria o primeiro a tombar.

Quem governa o Brasil tem que fazer escolhas difíceis. Não se chega aos pobres defendendo os interesses de grupos organizados e corporações. Está aí o maior desafio. Um partido nascido nos sindicatos, que avançou com grupos organizados, que cresceu na defesa de interesses específicos, terá que governar para o interesse geral. Não basta acreditar que todo o país em volta da mesa é a garantia do sucesso. É bem mais desafiador que isso. Os interesses difusos não estarão em volta da mesa, estarão, como sempre, excluídos. Os interesses em volta da mesa podem ser conflitantes. Pacto é uma palavra bonita, mas sempre usada para confirmar a exclusão, marca pior da nossa História. Nenhum pacto contra a inflação funcionou. E vários foram tentados. Eles serviam apenas para dividir o butim entre poderosos e organizados. Os desorganizados pagavam a conta em uma moeda que se desfazia no caminho das compras.

Várias das retumbantes afirmações da campanha parecem verdadeiras nos palanques. Não correspondem, contudo, à realidade. O Brasil não está de joelhos diante da agiotagem internacional. Tem uma dívida externa pública pequena e pagável. Tem uma dívida externa corporativa grande, mas pagável se houver confiança na nossa vontade de honrar compromissos. A economia não foi destruída no governo Fernando Henrique: cresceu, sofisticou-se, ficou mais competitiva e mais produtiva. Empregos não foram destruídos. Há mais postos de trabalho hoje que no começo do governo, mas a falta de crescimento e a nova forma de produção impediram a criação dos empregos necessários a todos os brasileiros. É possível enfrentar esse desafio, mas não com fórmulas ultrapassadas utilizadas nos governos militares. Quem produziu o pleno emprego do começo dos anos 1970, não conseguiria reproduzir o milagre agora. Não o repetiu nem nos anos 1980, quando o mundo era mais simples.

Os males brasileiros da desigualdade não foram criados pelo neoliberalismo ou pela globalização. Foram nossa escolha em cinco séculos. É nossa a culpa. A desigualdade não cresceu. Houve uma forte redução da pobreza, mas a desigualdade diminuiu pouco. É preciso avaliar com honestidade os dados para construir caminhos mais eficientes no futuro. O lema tem que ser: nunca se conformar com o que somos. A desigualdade educacional diminuiu, pelo menos no início do ciclo. Independentemente de nível de renda e de etnia, aumentou a presença na escola. Este é o começo, mas não é o suficiente.

A política social teve avanços conceituais e operacionais. Não mais a cesta básica dada em troca do voto, mas o cartão magnético da renda mínima. Não mais a distribuição desordenada e errática, mas a rede de proteção estruturada com método e aferição de resultados. Esse avanço não foi construção de um partido, mas de vários. A Bolsa-Escola nasceu em Campinas, com o PSDB; ganhou força em Brasília, com o PT; avançou em Belo Horizonte, com o PSB-PT; e conquistou a União pelo trabalho de Ruth Cardoso. A divisão é entre as velhas políticas clientelistas e populistas e os novos e eficientes programas de promoção e proteção social. O novo se propagou pela força de técnicos, empreendedores sociais e políticos de partidos e convicções diferentes. O velho ainda resiste.

Os vencedores herdarão um país com problemas e êxitos. Um país, como disse Anthony Giddens, que não é periférico, mas uma grande economia. Os perdedores passarão ao desafiador o exercício da oposição. Há muito a fazer nesse campo para garantir vitórias no futuro e, sobretudo, defender o país dos riscos que virão. Quem estiver temeroso do caminho escolhido deve confiar nas instituições que o país construiu, as quais têm mecanismos para evitar excessos e conter radicalismos. Os que vencerem devem desfrutar a justa vitória, com consciência de que o Brasil é um país difícil de governar, e as soluções que parecem simples podem estar erradas. Que o vencedor tenha sorte, sabedoria e coragem.

Ser esquerda é...

8.12.2002

Há 25 anos, José Dirceu não contava nem para a própria mulher seu nome verdadeiro; Fernando Henrique precisava de autorização especial para ir aos Estados Unidos; José Serra era um exilado; e Lula um sindicalista na mira do delegado Romeu Tuma. Eram todos, e muitos outros, "de esquerda". Na Argentina, dias atrás, um cartaz com Lula, Chávez e Fidel dizia: "agora ou nunca." O que é ser de esquerda agora?

O moderado Paulo Delgado foi à Guatemala para a reunião com os partidos de esquerda no Foro São Paulo, grupo criado, há dez anos, pelos partidos de esquerda da região. Há um ano, esse Foro fez um documento apoiando um dos seus membros, as Farc, que têm conhecidas ligações com os traficantes de drogas. Nada liga o excelente parlamentar brasileiro ao grupo que abrigou Fernandinho Beira-Mar, exceto uma visão equivocada do que seja "esquerda". Anos atrás, o Itamaraty recusou a proposta de um dos homens fortes do PT, que ofereceu contatos para que o Brasil se aproximasse das Farc.

Os grupos clandestinos da década de 1970 são diferentes dos de hoje. Naquela época, a ditadura oprimia grande parte da América

Latina. Quem passou por aqueles grupos, ou os viu passar, tende a ver tudo isso com romantismo. E nada há de romântico em grupos que hoje se ligam a criminosos e traficantes. A clivagem não é entre esquerda e direita, mas entre partidos que respeitam a ordem democrática, que tanto nos custou construir, e grupos que consideram a democracia representativa um estorvo aos seus objetivos.

A denominação perdeu o antigo sentido. O futuro vice-presidente, José Alencar, com seu patrimônio de capitalista, alega ser de esquerda. Esta é mais uma das várias contradições que mostram como o conceito é defasado. A esquerda, em teoria, luta pela redução das desigualdades. A prática que se vê mostra que nem sempre é assim.

Algumas das velhas práticas e ideias de esquerda não podem ser mais consideradas de esquerda. O PT, quando se opôs à redução das desigualdades no sistema de previdência — no qual um aposentado do setor público recebe dez vezes mais do que um aposentado do setor privado —, não estava sendo de esquerda. Lula, quando diante dos líderes sindicais lembra que não são eles os excluídos da perversa ordem social brasileira, está sendo de esquerda. O PT, quando se opôs ao fundo que aumentava o salário do professor primário, quando defendeu privilégios dos fundos de pensão de estatais, quando abraçou o corporativismo, não estava sendo de esquerda. A defesa do estatismo foi, na maioria das vezes, a defesa dos privilégios dos funcionários das estatais.

No tempo do maniqueísmo, os bons estavam de um lado e tinham certezas absolutas. Os maus eram os outros, os usurpadores do poder e os defensores da manutenção do regime capitalista. Atualmente, os usurpadores do poder foram derrotados e o próprio Lula repetiu, na campanha, que o Brasil é um país capitalista e assim permanecerá. Até porque a alternativa morreu.

É de esquerda todo o esforço para reduzir a apropriação dos gastos sociais pelos não pobres. E, nesse quesito, o PT tem estado do lado errado em vários momentos. A política industrial muitas vezes é o pretexto para dar dinheiro aos ricos. A defesa genérica dos "direitos adquiridos" como se nenhum erro do passado pudesse ser corrigido. A rejeição de qualquer debate sobre financiamento das universidades públicas; um gasto predominantemente destinado a brancos e ricos, que tem sido concentrador de renda e, portanto, de esquerda não é. Impedir qualquer discussão sobre a legislação trabalhista que, de tão onerosa, deixa sem proteção 60% dos trabalhadores é de esquerda? O governo FH, quando reconheceu a culpa do Estado pela ditadura, quando assentou mais trabalhadores sem-terra que qualquer outro na história, quando reduziu fortemente a desigualdade educacional, estava sendo de esquerda ou de direita?

Há políticas e valores que não têm ideologia. Responsabilidade fiscal não tem ideologia. Houve um tempo em que se pensava que esse tipo de conversa era de direita. Hoje em dia se sabe que o descontrole das finanças está na raiz da inflação, e a inflação empobrece os pobres. A estabilidade monetária não tem ideologia. Um dos comandantes do PT, em época de eleição, disse-me certa vez que o combate à inflação era um projeto da elite; depois negou ter dito.

A busca da eficiência da economia não tem ideologia. Ela torna os preços mais baratos. O vice-presidente eleito, José Alencar, importou centenas de máquinas modernas, que passaram a fazer o que antes era feito pelo trabalho humano, com isso, a Coteminas desempregou, aumentou seus lucros e se tornou um grande grupo nacional, que investe e cria empregos em outras etapas da produção. Isso é de esquerda ou de direita? Os empresários rurais investiram em tecnologia e desempregaram no campo. Com isso, diminuíram o custo dos alimentos, o que aliviou o orçamento dos pobres. E isso? É de esquerda ou de direita? A França é a maior defensora das barreiras artificiais à produção agrícola de países eficientes como o Brasil. José Bové, líder xiita desse protecionismo que barra a produção eficiente, que faz parte do Fórum Social Global e que quer ser alternativa ao neoliberalismo, é de esquerda ou de direita?

É preciso rever velhos conceitos para implantar políticas e fazer escolhas verdadeiramente de esquerda.

O Inca é alerta

26.8.2003

Qualquer governo nomeia seus quadros de confiança para postos públicos. É normal a costura da base política através da distribuição de cargos aos partidos aliados. Mas a dimensão e os critérios dessa ocupação da máquina no atual governo assustam. O Inca, que em seis meses deixou de ser centro de excelência para ser palco de uma guerra de facções, é um alerta do resultado dessa política de ocupação.

No BNDES, a nova direção, ao assumir, afastou de uma só tacada 27 superintendentes. Em algumas áreas, foram afastados imediatamente três escalões, o que provocou a paralisia do banco, até porque os recém-chegados ou recém-nomeados não sabiam como eram os procedimentos burocráticos para fazer o banco andar. A nova direção se defende dizendo que concedeu poucos empréstimos porque há pouca demanda. Mas a queda da demanda é resultado da paralisia do órgão, e não o contrário. Com juros de mercado tão altos, o normal seria aparecerem mais — e não menos — pedidos de desembolso de um dinheiro que está com custo real próximo de zero.

Excelentes quadros do banco continuam encostados. Funcionários com trinta anos de experiência estão subutilizados, vitimados pelo veto ideológico, por terem tido posição de destaque no governo anterior. Não são profissionais com posições políticas, com carteirinha tucana. São quadros de carreira do banco, com boa qualificação, bom desempenho gerencial, que sofrem os efeitos de um patrulhamento que não se imaginava que pudesse existir mais. Além de tudo, é um desperdício de capital humano no qual o Estado investiu, mandando-o para cursos de qualificação, muitas vezes, no exterior. Os executivos da antiga administração foram dispensados, inclusive, de fazer a transição, a normal troca de experiências. Foram tratados como adversários pelo grupo que assumiu, num clima de sectarismo totalmente extemporâneo. Os mais jovens estão submetidos ao constrangimento de serem convocados para o cursinho de doutrinação. No fim de semana, a direção decidiu cortar o mal pela raiz e fechou o departamento econômico. Em vez dele, será criado um departamento operacional, que cuidará do cartão de crédito do banco, segundo o comunicado interno.

Na Petrobras, não ficaram de fora dessa varredura nem os integrantes do conselho de administração das empresas do grupo. Numa delas, um conselheiro com mandato de três anos — especialista na área, sem vinculação partidária, mas escolhido pela administração anterior — recebeu um telefonema da empresa informando que o presidente ficaria feliz em receber seu pedido de demissão. O erro do conselheiro foi ter cobrado do presidente mais celeridade no processo decisório.

Na estatal de petróleo, o equívoco de não aproveitamento do capital humano ocorre principalmente na área de exploração e produção. Em outros setores, a empresa se protegeu absorvendo e aproveitando quadros tirados da direção. O pior problema da Petrobras é o espaço vazio deixado pelo presidente da empresa, que tem pouco interesse e dedica pouco tempo às questões corporativas. Além disso, dependurou na presidência um número excessivo de assessores, nomeados também por razões políticas.

O loteamento dos cargos chegou a tal ponto que ministros não tiveram liberdade para montar suas equipes. Foram constrangidos a aceitar que até os cargos de confiança fossem divididos entre as facções. Isso explica, em parte, o estado de letargia que se espalhou por vários ministérios, principalmente os da área social. O Ministério da Fazenda foi protegido desse tipo de política de ocupação. O ministro Antonio Palocci nomeou quem achou que devia para os cargos, usando critérios de desempenho, ouvindo conselhos de pessoas de fora do partido e escolhendo na máquina muitos dos principais assessores diretos. E é exatamente por isso que a Fazenda não foi atingida pela paralisia administrativa que aprisiona outros ministérios.

Os cargos nos fundos de pensão das estatais também foram loteados pelos diversos grupos ideológicos. Os presidentes dos fundos não escolheram os diretores. O presidente da Funcef conheceu seus diretores na primeira reunião. A Petros ficou meses sem ter diretor de benefícios — a mais importante diretoria em se tratando de um fundo de pensão. O pior, no caso das fundações, é que elas controlam ou têm posições acionárias relevantes em inúmeras empresas do país. E essas empresas estão sendo contaminadas pelo mesmo vírus da escolha de executivos e conselheiros por critérios de loteamento político.

No Instituto Nacional do Câncer, o governo conseguiu com seus equívocos desmontar, em seis meses, um centro de excelência que viveu nas duas últimas administrações — Marcos Moraes e Jacob Kligerman — um processo contínuo de aperfeiçoamento e avanço, coroado com sucesso no combate ao câncer e prêmios internacionais. Mas o Inca não é um fato isolado. É um alerta, uma espécie de linfonodo sentinela avisando que o tumor está se espalhando pelo organismo. No Inca, o problema é mais dramático, porque ele trata de vida e morte. Suspender a quimioterapia, não fazer um transplante de medula, perder tempo numa disputa insensata é a maneira mais rápida de condenar pacientes submetidos aos riscos da mais ardilosa das doenças. Num banco público, numa estatal, num órgão burocrático, o mal pode não ter efeitos visíveis em curto prazo, mas o país inteiro está correndo riscos da mesma forma. Risco de retrocesso, de paralisia, de equívocos nas políticas públicas, que cobrarão seu preço mais dia, menos dia.

Pensar e falar

1.5.2004

O presidente Lula fala demais. De forma irrefletida. Diariamente, os jornais relatam suas impropriedades, seus escorregões e suas gafes. No jantar da bancada do PTB, ele fez algo mais perigoso: misturou uma dose de uísque com o improviso. Vangloriou-se dos seus contatos internacionais, desafiou o governo anterior para debate, falou que o país vive na pendura e disse que os líderes da América Latina vivem no século XIX. E tudo numa noite só.

Nestes dezesseis meses de governo, Lula tem dado poucas entrevistas e nenhuma coletiva formal no Planalto, como seus antecessores. Prefere fugir das perguntas incômodas e falar livremente o que lhe vem na cabeça. "Um dia acordei invocado e liguei para Bush", exibiu-se. Chefes de Estado pensam estrategicamente até os contatos supostamente informais. Cada palavra do presidente em contato com um líder de outro país tem que seguir um objetivo previamente traçado. Por isso, na próxima vez que acordar invocado, não deve ligar para ninguém antes de refletir sobre o que, por que, com que objetivo o presidente do Brasil quer falar com outro mandatário.

314 Miriam Leitão

Lula, nos improvisos, anuncia decisões não tomadas; dá como certas providências que não executa; confunde conceitos; e faz frases lamentáveis em todos os aspectos. Presidentes são líderes; quando falam, ajudam a fortalecer valores. Por isso, todo cuidado é pouco. Ao discursar no Nordeste, há dois meses, disse que "não é livro que ensina a governar". Num país que estudou pouco, lê pouco, na região com os menores índices de escolaridade do Brasil, a frase é perigosa. Pode ser entendida pelos jovens como uma autorização para abandonar estudo e leitura. Das duas armas precisamos para enfrentar os desafios do século XXI. Lula interrompeu os estudos no quinto ano do fundamental pelas dificuldades que vivia na época. Entende-se. Depois, não estudou porque não quis. Isso é mais difícil de entender. Tem todos os motivos para orgulhar-se de sua trajetória, mas hoje o mercado exige cada vez mais escolaridade dos jovens. Na Bienal do Livro, o paralelo que fez entre a "preguiça disgramada" de andar na esteira e ler um livro foi esdrúxulo. Cercado de livros e de jovens, Lula, antes de falar, deveria ter pensado sobre os valores que ele, como líder, deve defender.

O arquivo de suas palavras já registra uma galeria de frases erradas, ditas no lugar errado. "Quando Napoleão foi à China", disse ele, referindo-se a um fato que a História não registra. Ao falar do acidente em Alcântara, em que morreram 22 pessoas, foi indelicado: "Há males que vêm para bem." Ao falar no Clube do Exército, para uma plateia de militares, atirou: "Não adianta ter um bando de generais e um bando de soldados." A palavra "bando" é inadequada. Numa homenagem às mulheres: "Minha mãe era uma mulher que nasceu analfabeta." Se soubesse ler ao nascer, seria um fenômeno para a ciência. Em pelo menos duas ocasiões, ofendeu países que estava visitando: na Namíbia, disse que a capital era tão limpa que nem parecia africana; na Índia, sobre o Taj Mahal: "Um país que constrói um monumento daquela magnitude tem tudo para ser mais desenvolvido do que é atualmente." Qualquer pessoa pode errar nos improvisos, mas é difícil encontrar alguém que, errando tanto, estando tão exposto, continue com o mesmo arriscado hábito.

"Eu quero dizer a vocês com a sinceridade que um homem pode falar a outro homem." Isso de falar de homem para homem é velho demais e não faz sucesso com as mulheres. Suprimi-las implicitamente no discurso, menos ainda. "Na Amazônia, vivem 20 milhões de cidadãos que têm mulheres e filhos." Uma dúvida conceitual: as mulheres são apenas agregadas dos cidadãos? Uma dúvida estatística: o total da população da Região Norte, incluindo homens e mulheres, é de 13,5 milhões, na estimativa de 2002.

Há trechos dos seus discursos que não fazem sentido algum. São palavras simplesmente sem nexo. Em outros momentos, ele desdiz num dia o que disse no anterior. No dia 3 de abril, disse: "Fiz mais em quinze meses do que muita gente em 500 anos." Quatro dias depois: "Tem gente que governou este país nos últimos trinta anos, e a grande maioria ainda está no poder. E agora cobram de nós, como se pudéssemos fazer em 500 dias o que eles não fizeram em 500 anos."

Contradições e platitudes desgastam a imagem do governante. Gafes costumam ofender, e isso, na diplomacia principalmente, deve ser evitado. Precipitações constrangem o próprio governo. Na última terça-feira, cometeu o erro duas vezes: disse que vai dobrar o número de recrutas das Forças Armadas, sem explicar de onde virá o dinheiro; depois, avisou no ABC que anunciaria durante a semana boas novidades sobre a correção da tabela do Imposto de Renda, o que ainda não fez.

O presidente da República não pode ser ventríloquo dos assessores, nem deve perder a espontaneidade com que conquistou o país. O ideal é que, em ocasiões mais formais, leia. Nas informais, fale com naturalidade. Mas deve pensar previamente, até nos improvisos, que mensagem quer passar para cada público, em cada ocasião e naquela

316 Miriam Leitão

circunstância específica. Deve comandar as próprias palavras e não ser comandado por elas.

Mas tudo isso o presidente sabe. No dia 7 de maio do ano passado, numa reunião no Nordeste, ele discursou: "Não é boa política falar tanto tempo quando as palavras têm cada vez mais valor, na seriedade que a política está a exigir de nós. Político bom é o que pensa e depois fala." Nem naquele dia ele conseguiu conter sua loquacidade compulsiva. Falou de improviso mais 50 minutos.

O desencanto

19.6.2005

Um jovem simpatizante petista, de menos de 30 anos, olha desolado para a televisão que acabou de transmitir seis horas de pura sujeira e lamenta baixinho: "Que pena!" Na expressão, o resumo do sentimento de milhões de outros jovens que pintaram a cara no impeachment de Collor, vestiram vermelho em todas as eleições e garantiram aos discordantes que havia um partido diferente de tudo isso que estava aí.

Havia na última eleição duas palavras em disputa pelos marqueteiros: medo e esperança. Agora é o medo da desesperança. O eleitorado petista e seus simpatizantes vivem tempos dolorosos com os recentes escândalos do mensalão. Nada é parecido. O eleitor de Collor surfou numa onda fugaz. Não tinha ideologia, nem sonhos. Aquele homem de fantasia, batendo na mesa e levantando os punhos, criatura do oportunismo publicitário, capturou mentes menos compromissadas. Seus eleitores sumiram no ar quando PC Farias falou no Congresso: "Estamos todos sendo hipócritas aqui." No auge do impeachment, não se conseguia achar um eleitor de Collor; 32 milhões de eleitores sumiram mais rapidamente que o numeroso

318 Miriam Leitão

PRN. Na última semana, o Congresso ouviu uma variante da mesma frase, mas o quadro é totalmente outro.

Naquela época, a decepção dos eleitores envergonhados não teve maiores consequências. Todas as forças que, durante vinte anos, estiveram na travessia democrática eram adversárias de Collor. A decepção dos seus eleitores era fator tão superficial quanto a adesão a ele.

Houve outros momentos de crise, abalos e decepções desde então. A maioria ligada ao vaivém econômico. Na campanha de 1998, Fernando Henrique prometeu defender a moeda; 13 dias depois de empossado veio a banda diagonal endógena, dois dias depois a disparada da desvalorização. Antes do fim daquele mês de janeiro, a população, traumatizada, pensava até em calote. Prometendo a estabilidade e trazendo instabilidade, Fernando Henrique conheceu então o seu fundo do poço em termos de popularidade. Mas decepções econômicas são mais fáceis de curar. Até porque a flutuação do câmbio firmou-se depois como a política cambial defendida para além daquele mandato.

O desmonte de um sonho político é mais assustador. Esse é o pior efeito dos eventos que nos assombram nos últimos dias. Malas de dinheiro que teriam circulado entre políticos, o mesmo Banco Rural, secretárias que viram e desviram, publicitários e sua exorbitante interpretação do que sejam serviços publicitários, financiamento sem nota e registro, linguajar de máfia, o mesmo sujo mundo que os jovens pensavam existir apenas no universo dos "outros".

O que é valioso no PT é o sentimento que inspirou em milhões de jovens brasileiros. Para quem já viveu e se frustrou com outros sonhos de militância, o marketing de um partido puro jamais convenceu. Ele sempre chamou de interesses do povo o que eram, na verdade, os interesses organizados de setores da elite. Ele sempre apresentou como líderes dos trabalhadores quem já não trabalhava, pendurando a conta no Estado em aposentadoria precoce ou licença eterna. Seja como for, conclamavam todos a varrer o velho na política e financiar a vida partidária sob outras bases: vendas de broches e adesivos, doações da militância, recursos de fundos partidários e muito trabalho voluntário.

Que partido não invejou essa militância? Não os velhos profissionais da militância com seus clichês vazios, mas os jovens que se apaixonavam a cada nova eleição, que tinham uma bandeira vermelha enrolada em algum canto do quarto para desfraldar em cada passeata? Que nunca se esqueciam de pôr o broche na lapela.

O partido que chegou ao poder inchou sua militância com recém-chegados convocados às pressas para dar maioria ao campo majoritário. O partido que chegou ao poder protege seu tesoureiro com batedores que constrangem transeuntes numa cidade de trânsito caótico, permite que dirigentes usem o Palácio do Planalto com a sem-cerimônia dos que não sabem a fronteira entre o público e o privado e que preferem uma CPI dócil ao processo profilático da apuração.

A claque de sexta-feira, na reunião da facção majoritária, é coisa que qualquer máquina partidária consegue. Difícil será refazer o encantamento dos milhões de simpatizantes e voluntários.

O que o momento atual traz é o risco do desencanto e da desesperança com a política em si. Os mais velhos, que já viram quanto custa ficar sem Congresso, vão superar o constrangimento que os últimos dias provocaram; os mais jovens, que garantirão o futuro da democracia, podem achar que não vale o preço que cobra. Ou então achar que é assim mesmo que se faz política. O perigo institucional não é o que o ex-ministro José Dirceu está apontando quando fala em interrupção do processo político democrático. O perigo é o que pode estar nascendo da tristeza de tantos nos últimos dias. Os líderes mais bélicos falam em dar combate, lavar a honra, insinuam conspiração. O fundamental é esclarecer cada ponto da dúvida. Ela só acaba quando as respostas vierem, e as mais convincentes poderão nascer numa CPI que permita o contraditório. Essa briga pode ter profundas sequelas na vida política do país. Mais do que alguns políticos brasileiros demonstraram perceber. Ao fim de duas semanas de briga, há cerca de cem deputados sob suspeição e o partido que se dizia dono da ética acusado de tenebrosas transações por um político que, há menos de um mês, poderia receber um cheque em branco assinado pelo presidente da República.

Inaceitável

24.3.2006

Políticos e jornalistas perguntaram ao ministro da Fazenda, Antonio Palocci, se ele processaria o seu ex-assessor Rogério Buratti. Sua resposta foi que jamais processaria alguém enquanto fosse ministro, porque não usaria o poder do cargo que ocupa contra um cidadão ou um jornalista. No caso Francenildo, o governo Lula faz muito pior: está usando todo o poder do Estado contra o cidadão. Isso é inadmissível na democracia, mas previsível no governo Lula.

O que está se passando com o caseiro que acusa o ministro Palocci de mentir quando diz que não esteve na casa do lobby é o uso grosseiro, abusivo e inconstitucional do aparelho do Estado pelo governo para servir a seus propósitos de obstruir a apuração dos fatos.

O governo emite sinais de que está usando a Caixa, o Coaf e a Polícia Federal para acuar a testemunha. O Coaf investiga as grandes movimentações financeiras. É informado automaticamente apenas de saques acima de R$ 100 mil. Os valores da conta de Francenildo estão abaixo disso.

Encurralado, o governo primeiro pôs em prática a manobra protelatória, mentindo sobre a agilidade da Caixa Econômica Federal de

322 Miriam Leitão

encontrar os dados que permitirão o rastreamento do crime. Os bancos brasileiros fizeram grandes investimentos em informática. Todos os bancos, mesmo os estatais, que foram mais lentos nesse processo. Só com pesados investimentos em tecnologia de informação um banco sobrevive no sofisticado mercado financeiro atual. Portanto a hipótese levantada inicialmente, hoje totalmente desmascarada, de que precisava de tempo para buscar a informação é falsa. Visava a dar tempo à Caixa, cujo presidente, Jorge Mattoso, arrumava tranquilamente as malas, certo da impunidade, para ir ao Japão. Quando o tempo fechou em Brasília, ele decidiu não decolar.

O segundo passo da tentativa de escapar ileso do crime cometido é o governo entregar uma "cabeça" aos políticos e à opinião pública. Não ajuda muito. O caso revela a sem-cerimônia com que o governo Lula se apossou do Estado, como se fosse seu protetorado, sua capitania. O governo do PT tem mostrado uma crônica incapacidade de enxergar a fronteira entre público e privado; entre Estado e governo.

O filho do presidente convida os amigos para férias por conta do erário. Os amigos viajam em avião da FAB e usam o Palácio Alvorada como resort. Quando o governo foi questionado pela imprensa, o presidente determinou que ninguém falasse sobre o assunto, nem mesmo a FAB, e reagiu indignado como se sua privacidade estivesse sendo invadida.

Os limites da privacidade de uma pessoa que ocupa um cargo público são diferentes dos de uma que não está a serviço do governo. Interessa saber não os segredos pessoais, mas até que ponto o interesse público foi atingido. O ministro Palocci não pode reclamar de privacidade para proteger a informação sobre se ele foi ou não à casa do lobby montada por seus ex-assessores e amigos. Como ministro da Fazenda, com os poderes que tem, ele não pode ir a uma casa suspeita como aquela; qualquer que tenha sido a sua motivação. Não há como separar o público e o privado no caso. Simplesmente um ministro não pode frequentar local onde secretamente se faz lobby.

Quando aparelhou todos os órgãos públicos, indicando pessoas sem qualquer capacidade para grande parte dos cargos da máquina pública; quando permitiu que dirigentes do PT usassem as instalações do Palácio do Planalto como se fossem propriedade petista; quando transformou a autossuficiência de petróleo, conquistada por cinco séculos de esforço nacional, em campanha da atual gestão e em ano eleitoral, o governo Lula estava mostrando que não sabe diferenciar Estado de governo.

O governo Lula foi um retrocesso em inúmeros processos de aperfeiçoamento que o país vinha conquistando nos últimos tempos. O uso das agências como cabide de emprego de políticos sem mandato representou um enorme prejuízo em termos de avanço regulatório. No caso do petróleo, em que uma empresa é praticamente detentora de monopólio, a independência da ANP era fundamental para que a regulação fosse cumprida. Hoje, que poder teria a agência para impor qualquer limitação à poderosa estatal?

O caso Francenildo é um grosseiro desrespeito às fronteiras institucionais. Mas, quando era oposição, o PT se aproveitava de informações que certos militantes dentro dos bancos passavam para o partido.

Certa vez, numa coluna que jamais esqueci, o nosso mestre Castelinho usou a expressão "imprecisos limites éticos" para se referir à equipe econômica do governo Collor, naquela época, sob denúncias de uso do dinheiro de PC Farias. Essa mesma imprecisão se alastrou no atual governo, contaminou a base partidária e deteriora as instituições brasileiras como a máxima do "fiz, mas quem não faz?" que parece imperar no governo.

Os deputados mensaleiros estão escapando ilesos, bastando, para isso, dizer que o dinheiro foi usado para o pagamento de contas de campanha. Isso é uma descarada forma de legalizar o caixa dois, aquilo que Lula afirma ser feito sistematicamente no país. Um político que recebe dinheiro em espécie, sem origem conhecida, de uma empresa de publicidade que presta serviços ao governo, e, além disso, não declara o valor recebido à Justiça Eleitoral, é perdoado se usou o dinheiro para pagar dívidas de campanha. Isso cria então a lavanderia oficial do dinheiro sujo.

O que está acontecendo com o caseiro Francenildo é uma perturbação inaceitável do estado de direito, um desrespeito aos direitos individuais. Não é mero evento da campanha eleitoral, como os petistas afirmam. É o governo usando o Estado para ameaçar um cidadão. A democracia não tolera um fato assim.

Vingança do invisível

2.4.2006

Um psicólogo foi trabalhar como gari na universidade onde estudava. Era parte da tese defendida na USP. Um dia, por força do trabalho de gari, teve que atravessar as dependências do Instituto de Psicologia: cruzou com professores e alunos e ninguém o viu. Após nove anos de experiência, Fernando Braga da Costa escreveu o livro *Homens invisíveis: relatos de uma humilhação*. Num país assim, chega a ser irônico que invisíveis derrubem presidente e ministro.

O motorista Eriberto França foi o personagem central da queda do presidente Fernando Collor; o caseiro Francenildo Costa foi o personagem central da queda do ministro Antonio Palocci, o mais forte ministro do governo Lula. O que há de comum entre Eriberto e Francenildo é que, certamente, não foram vistos até virarem celebridades. Aí passaram a ser hipervistos. Hoje, Eriberto é funcionário público; Francenildo está sendo adulado por uma parte da elite, por oportunismo eleitoral. Aparece assustado e pouco confortável no papel de herói de uma elite que, em outras circunstâncias, não o veria. PSDB e PFL mimam e exploram a imagem do ex-invisível da mesma forma que o PT usou e abusou de Eriberto França em 1992.

Os ex-invisíveis dão lições impressionantes quando ainda podem falar com simplicidade. Eriberto foi a peça central de um quebra-cabeça. O ex-presidente Collor sustentava que não recebia dinheiro de PC Farias. Eriberto foi o elo perdido. PC Farias depositava dinheiro na conta de fantasmas e, dessas contas, eram sacados por Eriberto, por ordem da secretária de Collor, os valores usados para pagar todas as despesas da Casa da Dinda e os gastos pessoais do presidente. Quando se dispôs a enfrentar o empregador e presidente, um deputado lhe perguntou:

— Por que você está fazendo isso? É só por patriotismo?

— E o senhor acha pouco? — perguntou o motorista.

O deputado que desconfiava da motivação de Eriberto era, por ironia do nosso destino, Roberto Jefferson. Dele não se pode desconfiar que tenha feito o que fez por patriotismo.

O PT transformou Eriberto em herói. Ele viajou pelo Brasil falando sobre seus feitos. Virou superstar. Depois virou motorista do Ministério dos Transportes. Em agosto de 2003, o governo Lula demitiu 200 pessoas e na lista estava Eriberto França:

— Não consigo acreditar que Lula fez isso comigo — disse Eriberto.

A imprensa explorou o fato. Ele saiu, de novo e por alguns segundos, da invisibilidade. O governo voltou a contratá-lo. Está lá quietinho e não quer mais falar nada.

A história de uso e descarte pode se repetir agora com Francenildo, o caseiro que promete confirmar até a morte que viu o ex-ministro Antonio Palocci na casa do lobby. Já seria uma celebridade de ocasião por dizer isso, mas foi ainda vítima de um crime e, assim, acabou virando a peça que faltava para derrubar a peça-chave do governo Lula.

O livro do psicólogo Fernando Braga da Costa traz lições mais permanentes do que aquelas que os nossos escândalos conseguem mostrar. No livro, é possível uma reflexão mais profunda sobre um dos defeitos do Brasil: o mal disfarçado preconceito contra os pobres. Aliás, o país até assume preconceito social, desde que seja para negar o racial. Quem nunca ouviu a frase: no Brasil existe "só" discriminação social? É como se isso abrandasse a ignomínia.

Durante nove anos, Fernando se vestiu de gari uma vez por semana, viveu sua rotina, seu trabalho estafante, mas, principalmente, sentiu na pele o desprezo dos visíveis na nossa injusta escala social.

"No intervalo entre as aulas no Instituto de Psicologia, foi preciso que eu passasse por dentro do prédio daquela faculdade. Imaginei então que, vestindo aquele uniforme ali incomum — calça, camisa e boné vermelhos —, fosse chamar a atenção de toda a gente: colegas de classe, professores, curiosos. Entramos pela porta principal, Antonio (um dos garis) e eu. Percorremos o piso térreo, as escadas, o primeiro andar. Não fui reconhecido. E as pessoas pelas quais passávamos não reagiam à nossa presença. Talvez uma ou outra tenha se desviado de nós, como desviamos de obstáculos, objetos. Nenhuma saudação corriqueira, um olhar, sequer um aceno de cabeça. Foi surpreendente. Eu era um uniforme que perambulava: estava invisível. Antonio estava invisível. Saindo do prédio, estava inquieto; era perturbadora a anestesia dos outros, a percepção social neutralizada." Em outras ocasiões, ele até fez gesto corporal para cumprimentar colegas e professores. Uma vez, junto com outro gari, quase foi atropelado por um carro que passou quando eles atravessavam uma rua interna da universidade. Não foi visto.

O ministro não viu o caseiro, o presidente não viu o motorista, os brasileiros das classes sociais mais altas não veem, não falam, sequer cumprimentam os brasileiros que fazem serviços considerados de menor importância social. O publicitário nem percebia o que acontecia com uma de suas secretárias, que, para sua desgraça, anotava tudo na sua ameaçadora agenda. O presidente do Sebrae, Paulo

Okamotto, fez o oposto: acusou a secretária de não tê-lo visto. A culpa é da secretária.

A quebra do sigilo bancário foi uma rotina durante a época do PT na oposição. Era feita por meio dos militantes espalhados dentro dos bancos. Foi não um episódio, mas uma prática. Tem que ser tratada dentro dos abusos inaceitáveis aos direitos individuais.

Mas há outra parte da história recente, revelada em Francenildo, Eriberto e outros, que merece reflexão. Parece ser a vingança dos invisíveis.

O tempo do avesso

26.10.2006

O Brasil se acostumou com maluquices e já não estranha mais nada. Num evento no Planalto, o presidente Lula, atendendo a uma reivindicação dos sem-terra e da Contag, disse: "Valeu a pena enfrentar a polícia." Ele é presidente de todos os brasileiros, comanda o governo, as Forças Armadas, o aparato policial. Se acha que o pleito é justo, deve comandar o atendimento à reivindicação, e não mandar os cidadãos ao confronto com a polícia.

Dias depois, sugeriu aos trabalhadores de serviços essenciais que fizessem uma greve diferente: "Um trabalhador que trabalha no metrô não precisa parar; ele pode abrir as catracas para o povo andar de graça." Tudo o que um presidente pode sugerir, em qualquer situação em que há desacordo entre os cidadãos do país que preside, é que as partes negociem até se chegar a uma solução, dentro da lei, para as desavenças.

O Brasil já nem nota que os fatos estranhos são estranhos. Acostumou-se. Quando a Bolívia avisou que não aumentaria o prazo de negociação com a Petrobras, insinuando que a empresa brasileira fraudou preços para ter lucros extraordinários, a primeira reação foi de Marco Aurélio Garcia. A impropriedade aí é que Garcia é hoje chefe do comitê de campanha do presidente à reeleição; não deveria estar no governo, nem falando em nome do governo. Mas o fez porque — outra esquisitice — o ministro das Relações Exteriores, Celso Amorim, anda pulando de palanque em palanque, ocupadíssimo com as questões internas. Antes disso, outra bizarrice que foi banalizada: por quatro anos o Brasil teve dois chanceleres.

Há também uma lista de fatos na categoria "parece estranho, mas não é". Nessa lista, está o apoio de Blairo Maggi à candidatura do presidente. O agronegócio sofreu muito nos últimos anos, tanto que jogou o preço da crise no governo, votando na oposição. O Centro-Oeste, onde Maggi tem seu reduto, deu maioria de votos a Geraldo Alckmin. Maggi é um grande proprietário de terras, grande produtor de soja, e é a favor do governo. Esquisito? Nem tanto. O último pacote agrícola incluiu a renegociação da dívida dos pequenos e médios produtores com as grandes empresas. Atualmente grandes *tradings* e produtoras de grãos financiam produtores menores. Quando a crise piorou, eles pararam de pagar aos seus credores. O governo refinanciou essa dívida, o que beneficiou grandes empresas como a Cargill, a Bunge e... a Maggi.

No Brasil, existe até esquisitice com aviso prévio. Dias atrás, José Rainha, um dos líderes dos sem-terra, que anda às voltas com a Justiça, avisou que a trégua dada pelos sem-terra acaba no dia 29. Mais precisamente: "Vamos sair da trincheira no dia 29 às 17 horas." O país ficou sabendo que o movimento está fingindo bom comportamento para não assustar os eleitores e não prejudicar o presidente na busca da reeleição. Eles, que fizeram quase mil ocupações durante o mandato, deram uma "trégua", não se sabe a quem, mas com hora para acabar. É um avanço: agora, o país está sendo enganado com aviso prévio.

Foram tantas as versões do presidente para os mesmos fatos que o brasileiro se perdeu. Se houver uma prova de múltipla escolha sobre o que disse Lula sobre um determinado escândalo, a melhor resposta será "todas as alternativas anteriores". Entendi isso na conversa com o presidente. A mim, Lula disse que não havia perguntado a Ricardo Berzoini sobre o dossiê encontrado nas mãos de integrantes do comitê de campanha petista porque não era "delegado de polícia". Disse mais: "Não perguntei, nem perguntarei." Dias depois, à mesma pergunta na TV Cultura, respondeu que chamou Berzoini, numa quarta-feira, pediu explicação e, como não houve explicação satisfatória, ele o afastou do comitê de campanha. Em cada um dos escândalos, Lula deu respostas múltiplas. Na entrevista do *Globo* com ele, relacionei cinco explicações diferentes para o mensalão (não sabia, foi traído, isso é feito sistematicamente no país, conspiração das elites, culpa da imprensa) e perguntei em qual Lula eu deveria acreditar. Ele disse: "Todos." Está vendo? Se tiver dúvida, sempre marque "todas as alternativas anteriores". Não tem erro.

O país faz um grande esforço para acompanhar os depoimentos dos envolvidos nos escândalos: declarações são publicadas, conferidas, acareações são feitas, contradições ressaltadas, depoimentos tomados. Tudo desperdício, porque o governador eleito da Bahia, Jaques Wagner, avisou que "os réus petistas têm o direito de mentir". Isso economiza tempo: não é necessário nem saber o que explicaram, basta não acreditar.

Nada normal também é a forma explícita com que o governo inteiro engajou-se na campanha eleitoral. Começou pelos ministros políticos, contaminou a área econômica, espalhou-se pelos outros escalões. Não está se falando nem de aberrações, como a do diretor de gestão de risco do Banco do Brasil, Expedito Veloso, envolvido no caso da compra do dossiê num hotel em São Paulo, mas, sim, de coisas mais simples, como a militância escancarada em pleno horário de trabalho nas dependências públicas.

332 Miriam Leitão

Fatos como os relatados podem ser considerados coisas exóticas, palavras estapafúrdias, ou podem ser vistos como são: desvios de comportamento que ameaçam a consolidação da cultura democrática no país.

Tudo, menos nada

22.8.2007

Pode acontecer tudo no Supremo Tribunal Federal a partir de hoje, quando a Corte vai decidir se abre ou não processo criminal contra os envolvidos no mensalão. Mas não pode acontecer nada. São muitos os indícios, as provas, os testemunhos e as confissões de que dinheiro ilegal foi usado na campanha do presidente Lula e de que atos criminosos foram executados por políticos da base e integrantes do governo.

Já se sabe que houve dinheiro de origem desconhecida, não declarado, no PT, na base governamental e no pagamento de contas de campanha no primeiro mandato do presidente Lula. Já se sabe que o então tesoureiro do PT, Delúbio Soares, confessou ter administrado um caixa dois para cobrir gastos de campanha que também não foram comprovados. Já se sabe que parte do dinheiro veio do publicitário Marcos Valério, que, depois da eleição, ganhou contratos de prestação de serviços com órgãos do governo e estatais; entre eles, Correios e Banco do Brasil.

O publicitário da primeira campanha, Duda Mendonça, confessou espontaneamente que recebeu de Marcos Valério R$ 10 milhões do que lhe era devido por ter feito a campanha presidencial de 2002. Recebeu parte em dinheiro vivo, parte no exterior, em remessas ilegais. Também já se sabe que quantias variadas de dinheiro foram sacadas na boca do caixa do Banco Rural, por deputados da base, de contas alimentadas por dinheiro das empresas de Marcos Valério. Em algumas ocasiões, segundo admitiu a diretora financeira das empresas de Valério, o pagamento aos políticos era feito em quartos de hotéis. Nenhum tostão desses milhões foi declarado por nenhum dos beneficiados. Segundo a mulher de Marcos Valério, Renilda, sócia dele nas empresas publicitárias, o então ministro-chefe da Casa Civil de tudo sabia.

Já se sabe que os deputados que recebiam dinheiro dessa forma suspeita eram do PT, PTB, PL (hoje PR), PP e PMDB. Dois desses partidos, PTB e PL, foram os que mais receberam deputados que vieram da oposição. Na atual legislatura, o mesmo padrão de comportamento se repete: o PR, ex-PL, foi o que mais inchou com as adesões oportunistas para ampliar a base do segundo governo Lula.

Foi da base que saiu a denúncia. O ex-deputado Roberto Jefferson acusou o governo de pagar propina em bases mensais, o mensalão, para os deputados da base parlamentar, garantiu que disso informou o presidente da República e afirmou que ele mesmo, Jefferson, recebera R$ 4 milhões do caixa dois. O então deputado acusou o chefe da Casa Civil, José Dirceu, de comandar o esquema. Tudo o que foi dito de convincente em defesa do governo é que o termo "mensalão" era impróprio, porque não era pago em bases mensais, mas há várias comprovações de que recursos foram distribuídos de maneira farta, em valores diferenciados, para muitos deputados.

Juntos, Marcos Valério e Delúbio Soares deram entrevistas admitindo dinheiro "não contabilizado de campanha" irrigando esses repasses para os deputados. Depois disseram que a origem do dinheiro eram empréstimos tomados junto ao BMG. Até hoje, os tais empréstimos não foram pagos, confirmando a suspeita do vice-presidente da República, José Alencar, que disse não acreditar na existência daqueles empréstimos, baseado no que sabia em seus cinquenta anos de vida empresarial. Todos os indícios são de que se tratava de empréstimos de fachada.

O secretário executivo do PT, Silvio Pereira, mesmo não sendo funcionário do governo, fazia reuniões no Palácio do Planalto para distribuição de cargos públicos. Ele foi apanhado também por ter recebido um presente indevido, um Land Rover, de um fornecedor da Petrobras. O presente só foi devolvido depois da denúncia na imprensa. Em entrevista um ano depois de estourar o caso, Silvinho contou fatos estarrecedores que ajudam a esclarecer o que ficou escondido. Disse coisas como: "O plano era faturar R$ 1 bilhão." Uma das formas era tentar suspender a intervenção no Banco Mercantil de Pernambuco e do Banco Econômico, mas o Banco Central não aceitou. Quando estourou o escândalo, Silvinho contou que teve um encontro com Delúbio e Marcos Valério, no qual Valério disse que tinha três saídas: "Ou entregar tudo e derrubar a República, ficar quieto e acabar como o PC Farias ou o meio-termo." Outra informação: "O Delúbio começou a usar o Marcos Valério para pagar contas e depois perdeu o controle." Disse também que a origem do dinheiro era "um *pool* de empresas interessadas em ganhar contrato com o governo". Tudo isso entre outras inúmeras afirmações, todas espantosas.

Já se sabe que José Genoino, presidente do partido quando tudo isso aconteceu, assinou os tais empréstimos. Um assessor do deputado José Nobre Guimarães, seu irmão, foi apanhado com dólares na cueca, no mais constrangedor episódio de todo esse escândalo. Enfim, muito se soube através das entrevistas, principalmente as do deputado Roberto Jefferson, e dos longos depoimentos nas CPIs. Houve testemunhos convincentes, fatos inegáveis, confissões no maior escândalo político da História deste país.

Nos próximos dias, tudo isso será repassado pelo Supremo para decidir então se aceita a denúncia pedida pelo Ministério Público contra o que o procurador-geral da República chamou de "organização criminosa".

Marco supremo

28.8.2007

O momento é histórico não pelo resultado final da aceitação da denúncia do mensalão, mas pelo trabalho minucioso e técnico que o STF fez. É histórico porque a maioria dos ministros foi escolhida pelo atual governo, inclusive o relator, e não tem havido sinal de que o debate ou os votos estejam contaminados por quaisquer inclinações político-partidárias que os ministros, eventualmente, tenham.

Tudo parece mais organizado no voto do relator Joaquim Barbosa, mas esse caso é um dos mais complexos e intrincados dos tantos que vêm estourando na nossa vida pública. Há muita gente envolvida, de partidos diferentes, várias instituições financeiras, empresas de publicidade prestando serviços inteiramente alheios aos usuais, muito dinheiro sendo transferido de um lado para o outro de maneira totalmente irregular e à margem do sistema bancário. Há promiscuidade entre o público e o privado e uso do Estado como se fosse propriedade partidária. Um fato emblemático desse uso é que uma pessoa que nunca foi nomeada para coisa alguma no governo, Silvinho Pereira, distribuía cargos públicos. Ele e Delúbio Soares chegaram a fazer reuniões no Palácio do Planalto. Nesse caso, há confissão

338 Miriam Leitão

do publicitário da campanha presidencial de que recebeu dinheiro sem comprovação e em remessa irregular para o exterior. Há ainda muita mentira, contradição e deliberada dissimulação em cada um dos vários eventos em que o caso se desdobra. Há, inclusive, indícios de que "tudo isso não prescindia da ciência e do acordo" do então ministro-chefe da Casa Civil. Pôr ordem nesse caos foi resultado de trabalho exaustivo.

O momento é histórico porque o julgamento do STF atinge diretamente a cúpula do partido e da estrutura de governo do primeiro mandato do presidente Lula. O presidente pode dizer que seu governo foi absolvido pelas urnas; que nem seu governo, nem o PT estão envolvidos, mas, sim, "algumas" pessoas do partido. Ele pode, inclusive, repetir o que disse em entrevista à TV: "Eu tenho certeza de que não teve mensalão. Isso me cheira a folclore no Congresso." Mas a verdade cristalina é que os que vão se sentar na cadeira dos réus, a partir dessa decisão do Supremo, tiveram muito poder em seu governo, foram ministros, trabalharam em sua campanha, comandaram o partido, fizeram parte da sua base parlamentar ou prestaram serviços a bancos e órgãos públicos durante seu mandato. A primeira das explicações dadas pelo presidente foi de que o PT tinha feito o que era feito "sistematicamente neste país". O que o Supremo está dizendo é que, em tudo o que foi feito, há sistematicamente sérios indícios de crime.

Essa é apenas a fase de analisar os indícios, como repetem os ministros, não é ainda o processo penal. Mesmo assim, o que a aceitação da denúncia mostra é que há uma chance de se estabelecer um ponto a partir do qual haja mais controle sobre a ação das pessoas públicas no país.

Se nada fosse feito, se a denúncia não fosse aceita, aí, sim, viraria prática costumeira toda aquela lambança que veio a público. O que assusta é que alguns fatos presentes no escândalo do mensalão continuaram acontecendo. No caso da compra do dossiê no Hotel Ibis, R$ 1,7 milhão em espécie, sem comprovação de origem, foi encontrado nas mãos de membros do comitê de campanha da reeleição presidencial. E até agora o Ministério Público nem sequer denunciou aqueles que o presidente definiu, com leveza, de "meninos aloprados".

Há, de novo, coincidências na cooptação para a base política do governo. Na última legislatura, por exemplo, o PL recebeu 21 deputados. Ele foi um dos campeões do mensalão. Depois do escândalo, o partido trocou de nome para PR e, na atual legislatura, foi o partido que mais recebeu deputados vindos da oposição: elegeu 23 e hoje tem 39.

Mais que tentar encontrar um elo entre a votação e o dinheiro que comprovadamente foi transferido para os partidos que aderiram, antes ou depois das eleições, ao governo Lula, basta considerar a adesão em si. Os que receberam dinheiro alegaram sempre que foi para pagar "despesas de campanha", e isso virou uma explicação universal que, aparentemente, transformava todo ilícito em aceitável. O que o STF está dizendo é que não há qualquer prestação de contas, que os partidos não se deram ao trabalho de comprovar nada do que diziam ser pagamento de despesas de campanha.

O Supremo está também corrigindo a pizzaria que houve na Câmara, onde foram cassados apenas três: Roberto Jefferson, Pedro Corrêa e José Dirceu. Os outros ou escaparam com o recurso de renunciar para não ser julgado ou simplesmente foram absolvidos. A absolvição de João Magno foi comemorada com aquela acintosa dança da deputada Ângela Guadagnin. Mas agora ele será réu e ela, ex-deputada.

Os processos serão longos, e vários dos réus podem ser inocentados no decorrer do julgamento, mas seria um retrocesso se as ações fossem tão demoradas que eles escapassem por prescrição. O Brasil

340   Miriam Leitão

precisa construir diques contra a inundação dos atos ilícitos que domina a política brasileira; do contrário, serão as próprias instituições que estarão em risco. O que aconteceu nos últimos dias no STF foi um momento de resistência à nefasta tendência da leniência com os crimes de políticos e poderosos.

Terra alheia

3.12.2006

Estranho a política, vendo-a de longe. Nela, nunca se pode levar nada pelo valor de face e as contas nunca fecham. Veja-se o caso da sucessão na Câmara dos Deputados. O presidente Lula quer que seja reeleito Aldo Rebelo. Nada contra tão valoroso combatente da língua portuguesa e do folclore nacional, tão leal substituto presidencial, mas Aldo não é o mesmo cujo partido não deveria mais ter funcionamento parlamentar?

A lei da cláusula de barreira diz que o partido que não atingiu aquele mínimo de representantes não pode ter "funcionamento parlamentar". Não sei o que seja o "funcionamento parlamentar", mas creio que tal atributo é necessário a quem preside uma das casas do Parlamento. Talvez por ver a política com olhos econômicos, tenha concluído que a cláusula de barreira iria ser um incentivo aos M&As na política. M&As, para quem é estranho à terra econômica, é a sigla que denomina os processos de fusão e aquisição de empresas. Aquisição na política virou rotina, se é que entendi os valores do mensalão, mas fusão é mais incomum. Um partido que não teve número de votos suficientes pode superar a barreira. Desde que se una a ou-

342 Miriam Leitão

tro; ou outros. Por isso, calculei, as fusões passariam a ser mais frequentes. A cláusula foi criada com antecedência de onze anos, logo, imaginei, todos fariam as projeções, os planejamentos estratégicos, negociariam as fusões e teríamos, em 2007, menos partidos e mais facilidades do governo.

Foi com surpresa estrangeira que constatei que o incentivo e a antecedência não surtiram efeito. Alguns partidos foram procurar parcerias. Outros, como o do presidente da Câmara, demonstraram preferir a pureza ideológica albanesa a qualquer convergência funcional. Tudo tem um preço. A opção aldista deveria ter como custo menos possibilidades, certo? Errado, porque hoje o próprio presidente da República quer mantê-lo na melhor cadeira da Câmara.

Quase todos os políticos brasileiros já disseram, pelo menos uma vez, a frase: "O Brasil precisa de uma reforma política." A frase também circula majoritária pelas bocas e mentes de empresários, economistas e leigos. Como a cláusula de barreira é o primeiro passo para a diminuição do número de partidos, que é o primeiro desejo dos reformadores políticos, imaginava que seria cumprida. Mas não. Há uma tendência no país: certas leis não são cumpridas, nem revogadas; são apenas abandonadas. Se essa cláusula não superar a barreira do hábito nacional, terá esse destino.

A economia tem mania de dois valores: o nominal e o real; o valor de face e o trazido a valor presente. Pensar assim vira hábito. Mentes econômicas têm uma certa dificuldade de entender a formação das coalizões de governo no Brasil. A política sustenta que está se formando uma coalizão programática em torno do segundo governo Lula, que vai unir políticos notórios e assíduos em alianças passadas. Unem-se pelas ideias e por um projeto comum, registram certos avalistas políticos. Na linha de frente: Roriz, Benevides, Quércia, Sarney e Calheiros. Há outros, do mesmo patamar dos geddéis. A mente econômica traz a valor presente, confere o nominal, desconta do valor de face o deságio embutido na taxa de risco e... a conta não fecha.

Azar da economia. Deve ser imperícia ou dificuldade de transposição das ideias e métricas. Limitação que impede a aceitação do cálculo de que 90% — Jarbas Vasconcelos fora — do PMDB apoiarão o novo governo, suas ideias e seus projetos. Cargos, apenas como consequência. O histórico partidário — ou, para ficar no idioma favorito de certos economistas, o *track record* — dificulta a comprovação da hipótese. Todos os índices de votação do PMDB em projetos dos governos que apoiou, todas as taxas de união partidárias do passado levam a crer que os 90% estão superfaturados. Mas números na política devem ter outra consistência.

Existem variáveis políticas com as quais nem sonha a vã equação econômica. Por exemplo — e mudando de continente para tentar encontrar uma espécie de LGP, Lei Geral da Política —, o presidente Lula disse ao encontrar o ditador líbio: "Todos sabem que a Líbia está vivendo um processo de democratização." Novidade esse auspicioso evento da política líbia. Calculava que um político que está há 37 anos num cargo para o qual não foi escolhido livremente pelos eleitores não está comandando processo redemocratizante algum. Pode estar, no máximo, mudando alguma coisa para tudo ficar na mesma. Engano, pelo visto.

Para os que se acostumam com os termos de uma ata do Copom, fica difícil entender a parcimônia de um Gedimar Passos. Diante da insistência do deputado Fernando Gabeira, que queria saber como ele explicava a presença em seu quarto de duas bolsas cheias de dinheiro vivo, Gedimar respondeu:

— É a circunstância da situação.

Isso explica tudo. Deve ser o que o credenciou para o grupo de Inteligência da campanha presidencial. A resposta de agudo sentido resulta de uma inteligência superior. Mentes terrenas concluiriam que o deputado Gabeira queria apenas saber de onde vinha o dinheiro. Gedimar estava descobrindo a resposta para todas as perguntas inexplicáveis; uma espécie de chave-mestra. Quanto tempo a humanidade teria poupado se já soubesse que tudo o que não se explica explicado está pela circunstância da situação. Quanta economia!

A política tudo sabe. Pena que seu sentido seja, às vezes, tão alheio à lógica comum.

Terreno fino

30.3.2008

O terreno fino entre a política e a economia é pouco entendido e é onde muito acontece. A alta popularidade do presidente Lula hoje é, muitas vezes, interpretada como resultado de um carisma pessoal que o torna imbatível. Nesse terreno fino, operam-se milagres, como um político assumir como seu o que antes detestou e condenou. "Nós temos o Proer", é a última de uma série de apropriações do presidente Lula.

Lula se vê, assim, como invencível e, por isso, desafia os opositores: "Tirem o cavalinho da chuva." O que o torna forte como todos imaginam é um período de volta do crescimento num contexto de prolongada inflação baixa. Houve, nos dois últimos anos, o mesmo que aconteceu com o ex-presidente Fernando Henrique Cardoso logo após o Plano Real: a inflação baixa aumentou a capacidade de compra, muita gente deixou de ser pobre e entrou na classe C, pelo efeito da queda brusca da inflação, que antes corroía a renda. O consumo deu saltos. Isso é história e, como todos se lembram, deu uma segunda vitória a Fernando Henrique, apesar de todos os tremores econômicos vividos em 1997 e 1998. As restrições ao consumo, na-

346 Miriam Leitão

quela turbulenta desvalorização, fizeram mergulhar os índices de aprovação presidencial logo no começo do segundo mandato e animaram a oposição a lançar o "Fora FHC".

Os últimos dois anos foram uma repetição daquela onda de consumo de 1994-1996. Agora, alavancada pela inflação baixa por muito tempo, pela ampliação dos programas de transferência de renda, como o Bolsa Família, e pelo crescimento do crédito. O aumento do volume dos empréstimos estava marcado para acontecer. Era etapa do processo de normalização da economia. O Brasil vivia, por conta da sua longa moléstia inflacionária, uma atrofia no mercado de crédito. Essa expansão estava prevista para ocorrer quando os juros caíssem dos níveis extraordinariamente altos para apenas altos, como são atualmente. O fenômeno foi ajudado pelo crédito consignado.

As estatísticas de queda do percentual de pobres e extremamente pobres concordam inteiramente com as de consumo: elas registram dois saltos, o primeiro logo após o Real; o outro, no governo Lula, de 2004 a 2007.

Assumir a paternidade dos sucessos está na lógica da política. É natural que o sucesso tenha pais, e que quem colha se declare o dono da colheita. Portanto Lula afirma sem pejo e esquecido do que fez e disse no passado: "Nós temos o Real"; "Nós temos a Lei de Responsabilidade Fiscal"; "Nós temos saldo comercial"; "Nós temos o Proer" e também "Nós temos um mercado de consumo de massas". *Yes*, nós temos! Que se deixem os políticos com suas meias verdades, com suas contradições esquecidas, com suas explicações reducionistas.

Na economia, o terreno é mais sólido. É feito de fatos, números, estatísticas, equações. Os fatos indicam que houve um longo processo, que não pertence a político algum, mas, sim, ao país, de conquistas das reformas que nos trouxeram até aqui. A abertura comercial de 1990 foi elemento fundamental do plano que deu certo em 1994, que levou ao *boom* de consumo de 1994 a 1996, mas, ao mesmo tempo, expôs fragilidades bancárias. Se elas não tivessem sido enfrentadas com perícia e arte, o país poderia ter tido um colapso do sistema bancário que não apenas poria tudo a perder como jogaria o Brasil numa crise de dimensões incalculáveis. O Proer foi arquitetado exatamente com três critérios: era para salvar o dinheiro do correntista e investidor; não salvar o acionista do banco; e punir o controlador das instituições. Sim, nós tivemos o Proer. Mal entendido, acusado de algo condenável, que vale aos dirigentes do Banco Central da época as aflições e os gastos de vários processos judiciais. Naquele tempo, três dos maiores bancos privados quebraram: Econômico, Nacional e Bamerindus. Um enorme rombo no Banespa e outro no Banco do Brasil completavam um quadro dramático.

Sem a atuação daquele Banco Central, a história de hoje seria bem diferente. Os perigos econômicos foram evitados também no governo Lula. O perigo da extrema crise de confiança nos seus propósitos econômicos, desfeito pelo então ministro Antonio Palocci e por sua equipe de estrangeiros ao PT, como Joaquim Levy, Marcos Lisboa e outros. Naquela época, o que o PT dizia era que "nós temos alternativa, nós temos Plano B". A sabedoria do presidente Lula foi não ouvi-los.

A capacidade de comprar leva o eleitor a apoiar os presidentes. Corrija-se, assim, a famosa frase de James Carville, publicitário de Bill Clinton. Ele cunhou o lema "É a economia, estúpido", para explicar a George Bush, primeiro, onde estava o problema do governo dele. Diga-se no Brasil "É o consumo!" para explicar os momentos de alta popularidade presidencial. Seja em que período for.

Se houver restrições ao crédito, se houver elevação da taxa de juros, se houver alta da inflação, isso pode ser afetado. Mas seria preciso um colapso das expectativas, como houve após a desvalorização do real em 1999, para mudar radicalmente. No terreno fino que fica entre a economia e a política, não se aconselha cantar vitórias de véspera. O político Lula parecia condenado ao fracasso depois de três derrotas em disputas presidenciais. Era falso. Parece agora não apenas invencível, como dotado de um carisma pessoal e transferível para quem ele escolher. É incerto. Hoje, trinta meses antes da eleição presidencial, com tanta incerteza econômica vinda de fora, os cavalinhos não estão nem na chuva, nem no pódio. Estão nas baias, à espera do muito que pode se definir na relação entre a economia e a política; naquele fino terreno onde tanto se decide.

Bolsas e famílias

31.1.2009

Quando o governo ampliou o Bolsa Família, entendeu-se como gastança federal. Quando o BNDES comprou ações da Aracruz e da Votorantim, entendeu-se como medida contra a crise. Com a primeira decisão, o governo vai gastar meio bilhão de reais e beneficiar 1,3 milhão de famílias pobres; com a segunda, está gastando 2 bilhões e meio de reais para beneficiar quatro famílias ricas.

No primeiro caso, o governo está incluindo no programa quem tem renda familiar mensal de R$ 137 *per capita*. No segundo caso, é impossível calcular a renda familiar dos beneficiados. O grupo Votorantim, da família Ermírio de Moraes, e a Aracruz, das famílias Lorentzen, Almeida Braga, Moreira Salles e Safra, fizeram maus negócios na aposta no mercado futuro de câmbio. Perderam muito dinheiro. O BNDES financiou a compra da Aracruz pela Votorantim, e ele mesmo comprou um bloco de ações, pagando acima da cotação de mercado. No dia seguinte, o valor das ações caiu mais e os avaliadores de risco deram às ações perspectiva negativa. Sinal de que era um mau negócio e que a junção das duas empresas havia criado outra muito endividada, à qual o BNDES se juntou como um dos donos.

Os grupos em questão têm muitos ativos que podem vender, e, com isso, sair da enrascada em que entraram. Tanto é que a Votorantim, ontem mesmo, vendeu para o grupo Camargo Corrêa, por R$ 2,6 bilhões, a participação que tinha na CPFL, num negócio que será quitado por capital próprio e captação da Camargo junto ao mercado privado. Outros negócios ocorrerão neste momento de crise. A Votorantim saiu da CPFL porque não quer focar em energia; a Camargo comprou porque quer focar em energia. Se o BNDES for menos paternalista, se o governo parar de usar o Banco do Brasil e a Caixa para ajudar empresas, o mundo empresarial fará sozinho boas reestruturações de negócios neste momento de crise. O BNDES entrou na Votorantim-Aracruz porque temia que a Aracruz fosse comprada por uma empresa estrangeira. Qual o problema se fosse?

No Brasil, há quem se escandalize cada vez que aumenta o gasto com os pobres, e não faz conta alguma do que o Estado gasta com subsídios aos ricos. Os empréstimos do BNDES são com taxas de juros mais baixas do que as pagas pelo Tesouro para se financiar. Há um gasto do Tesouro implícito.

O Bolsa Família não é entendido nem por quem o faz. Tem sido temido pela oposição, que vê nele a razão da popularidade do presidente Lula. Tem sido defendido pelos petistas, pela mesma crença. É criticado por quem acha que esse dinheiro está sendo subtraído da educação. É atacado por falsos fiscalistas, que não veem os grossos volumes de dinheiro que saem pelos muitos ralos que subsidiam os ricos no Brasil. É desmoralizado por quem, no governo, acha que a exigência de contrapartida e a fiscalização podem ser negligenciadas. Foi criticado pelo ministro Mangabeira Unger, com argumentos espantosos, preconceituosos e elitistas. O ministro revelou que pensa que os pobres preferem ser pobres, teriam a cultura do "pobrismo", e que o programa deveria se concentrar nos "batalhadores", aqueles que estão às portas da classe média. "O ponto nevrálgico é escolher corretamente o alvo. Muitas vezes tenta-se abordar o núcleo duro da pobreza com programas capacitadores, e aí não funciona. Populações mais miseráveis são cercadas por um conjunto de inibições, até de ordem cultural, que dificulta o êxito desses programas", disse Mangabeira Unger em entrevista ao repórter Bernardo Mello Franco, no *Globo*. Depois o ministro disse que foi mal interpretado.

Na visão do nosso ministro do "sei-lá-o-quê", como o define Elio Gaspari, o governo deveria direcionar os recursos do Bolsa Família aos quase classe média, os "pobres viáveis". Faltou completar o raciocínio e dizer o que deve ser feito com os pobres e miseráveis brasileiros.

Os pobres deveriam ter preferência no dinheiro público. Nunca tiveram, nem mesmo agora. Uma rede de proteção social é ação civilizatória. Mas os avanços dos estudos das políticas sociais já provaram que melhor é construí-la não como um fim em si, mas como um meio de pavimentar o caminho para a mobilidade social através da educação.

Não há conflito entre recursos para o Bolsa Família e recursos para a educação. Recentemente, conversei com uma professora de alfabetização do ensino público do Espírito Santo. Ela dá aulas na parte mais pobre de Vitória, e lá 70% das crianças estão no Bolsa Família. O programa tem foco.

O erro do lulismo é que, mesmo com o mérito de ter ampliado o antigo Bolsa Escola para o Bolsa Família, no fundo, vê o programa como arma eleitoreira. A maneira correta de fazer essa transferência do dinheiro dos impostos aos mais pobres seria a mais impessoal possível, não como um favor paternalista de uma espécie de "pai dos pobres", mas como direito do cidadão. Milhões desses pobres jamais serão absorvidos no mercado de trabalho. Não por culpa deles, ministro Mangabeira, mas pelos erros do país que os relegou ao analfabetismo e à privação crônica. Os filhos deles, no entanto, têm muita chance. Se persistirmos.

Democracia partida

*A ditadura que persiste
hoje em morros do Rio.*

Mundos paralelos

5.5.2002

O Morro dos Macacos é uma favela dominada pelo Terceiro Comando. É cercada por áreas controladas pelo Comando Vermelho, por isso, vive em guerra. Pinel é o hospital psiquiátrico mais conhecido do Rio. Lemos Brito, uma prisão com 600 detentos. Camp Mangueira, um centro de menores aprendizes da favela. Rodrigo Baggio circula por todos esses lugares como velho conhecido.

— CDI! CDI! — grita uma criança ao ver Rodrigo chegar ao Morro dos Macacos. É a sigla do Comitê de Democratização de Informática, fundado por ele.

O CDI tem tudo de uma empresa moderna: é focado, tem bons produtos, tecnologia própria, estrutura leve, é descentralizado, seu projeto de franquia foi desenvolvido pela Cherto, pioneira do *franchising* da América Latina, cresceu muito, está se globalizando e tem excelentes resultados: desde 1995 já passaram pelas suas 479 escolas 200.900 alunos. Destes, 930 são hoje professores de informática nas próprias escolas, ou seja, encontraram lá o emprego.

As técnicas de gerenciamento do moderno capitalismo são ferramentas do projeto que tem um objetivo: diminuir a distância digital entre os cidadãos.

356 Miriam Leitão

A história dele é conhecida: era consultor de informática e, nas horas vagas, criou uma escola no Morro Santa Marta. A escola fez sucesso, ele decidiu criar mais duas ou três. Elas se multiplicaram. Hoje se dedica exclusivamente à rede, que virou a maior e mais bem-sucedida ONG de inclusão digital do mundo. Grandes empresas contribuem, o BNDES doou recursos, acadêmicos desenvolveram metodologia de ensino, voluntários brotaram de todos os lados. Este ano, instalou a primeira unidade em Soweto, África do Sul, numa sala usada por Nelson Mandela, na época da clandestinidade. Começará na Guatemala e em Honduras. Mas está já no Uruguai, no Chile, na Colômbia, no México, no Japão e em Angola. O CDI instala escolas, dá o empurrão inicial e depois elas viram autossustentáveis. No último Fórum Mundial, Rodrigo foi chamado para fazer a palestra de encerramento. Lá, diante dos maiores capitalistas do mundo, os grandes bancos, o FMI, o Banco Mundial, contou histórias, como a de Max, um favelado brasileiro de 17 anos que, numa escola do CDI, entrou no mundo digital, é webdesigner, foi escolhido pela Unesco para representar o Brasil num encontro na Disney e já participou de reunião com Ruth Cardoso:

— Ele conseguiu fama e prestígio, o que na comunidade dele só os traficantes conseguem. Virou um modelo alternativo para ser seguido pelos outros jovens — disse na ocasião.

Rodrigo muda a vida das pessoas, mas acredita apenas em obras coletivas. Acha que seu truque é achar, em qualquer lugar, o melhor parceiro.

No Morro dos Macacos, é dona Ana Marcondes, uma mulher de fala doce e coragem espantosa. Começou seu trabalho social num pequeno barraco que é hoje um prédio de três andares cheio de salas onde crianças e adolescentes aprendem ofícios e fogem do tráfico. Lá funciona uma escola do CDI.

As histórias que ouvimos e os personagens que conhecemos são indescritíveis. Djavan, com pai e irmão já mortos por envolvimento com traficantes, é um jovem que dona Ana está tirando das drogas, enchendo sua vida de atividades. Leandro foi aluno, hoje é professor; líder e modelo dos estudantes. Jadir Rodrigues é um paciente ambulatorial do Pinel que virou professor de informática. Quer voltar ao mercado de trabalho. Outros já conseguiram. Dona Adília, de 70 anos, da Mangueira, comunica-se com os netos e bisnetos que moram longe através da internet. *Sonho livre* é o título do livro escrito por Edson Sodré Teixeira, um preso do Lemos Brito condenado a 56 anos de prisão por sequestro seguido de morte. Quando foi apanhado no esgoto tentando fugir, disse a Waldecir Joaquim dos Santos, diretor do presídio:

— Não há o que o senhor faça que aumente minha punição.

A informática e as aulas de arte o transformaram.

— Acabo de aprender um novo programa de editoração, e a edição do meu próximo livro ficará mais bonita — diz ele.

Os presos que viraram instrutores de informática decidiram dar aulas para os filhos dos presidiários durante a visita. As crianças aprenderam lá, falaram disso em suas comunidades e, do presídio, duas escolas já foram criadas: em Tribobó e Engenho da Rainha. Maxoel Mendonça, aos 36 anos, está terminando sua pena de dez anos e sairá de lá para dar aulas nessas escolas.

A rede de voluntários, funcionários e simpatizantes do CDI tem pessoas que fazem bem à alma de quem as conhece. Waldecir vê em cada preso o ser humano, não o criminoso. Ferreira, do Camp Mangueira, já formou 4 mil meninos e meninas e tem uma sala de internet onde mil pessoas navegam por mês. Mônica e Denise, do Pinel, acreditam no direito à liberdade e na inteligência dos doentes mentais. Pessoas que o nosso Marcio Moreira Alves chama de brava gente.

Fiz esse circuito por sete horas. Ao final do dia, voltei à coluna e encontrei um mercado financeiro histérico por mais um relatório negativo de banco sobre o país: risco em alta, dólar subindo, bolsa em queda. Tudo me pareceu distante, estranho. Como se, num filme de ficção científica, tivesse transitado num mesmo dia por dois mundos paralelos.

Além da nossa dor

11.6.2002

Que espantosa bravura é necessária para subir um morro do Rio com uma câmera escondida para gravar flagrantes do tráfico de drogas? A bravura de Tim Lopes! Houve um tempo terrível em que um dos nossos, Vladimir Herzog, foi julgado, torturado e morto pelos ditadores. Agora, Tim é julgado, torturado e morto pelos novos ditadores. Há muito, além da nossa dor, a entender nesse episódio.

Precisamos voltar a ouvir o que Tim nos dizia com seu trabalho. Que há uma parte da nossa população que vive sob o jugo dos senhores das drogas, da vida e da morte. Que a democracia que conquistamos para a maioria da população não vale para a população que é prisioneira do arbítrio do tráfico. Imagine um pai de família, morador de uma favela, que sonhe apenas em transformar seus filhos em homens e mulheres de bem. Ele terá que lutar contra a pobreza, contra a ausência do Estado, contra o racismo, se for negro, mas, principalmente, terá a batalha de arrancar seus filhos do recrutamento do tráfico: os meninos, para iniciarem na atividade como "aviões", as meninas, para a prostituição.

Sim, é um atentado à imprensa, um atentado à liberdade; é uma forma de intimidação do nosso jornalismo investigativo. Mas há mais conclusões a se tirar dessa tragédia e o melhor é refletir sobre elas. O Estado perdeu o controle sobre parte do território brasileiro. Essa é a informação mais importante, que já sabíamos, e que se tornou agora escandalosamente explícita. Lá, a lei, a ordem, o distribuidor dos serviços básicos à população, o criador de empregos, a autoridade constituída são outros. Não é só a velha luta da polícia contra o bandido. É mais complexo. Não se constrói rede tão poderosa sem conexões com a polícia e com outros poderosos do mundo de cá.

A lei do mundo de lá não conhece a democracia que comemoramos aqui. Em conversa recente com uma moradora de comunidade que criou uma entidade para atrair jovens pobres e prepará-los para melhores destinos, perguntei que relação ela mantinha com os traficantes.

— Nenhuma. Eles lá e eu cá. No dia em que aceitar deles um copo de guaraná, terei que guardar aqui na minha instituição armas e drogas, e aí meu trabalho estará acabado.

Que espantosa bravura é preciso ter para, estando dentro de uma área sob o controle dos traficantes, tentar arrancar meninas e meninos das mãos dos bandidos, reduzindo o estoque de mão de obra disponível para a continuação do mercado ilícito? A bravura dessa e de outras pessoas incrustadas nas favelas. Há muitas delas, é preciso achá-las. Elas são a porta da entrada da sociedade e do Estado brasileiro para levar serviço social eficiente e aumentar as chances das famílias de criarem seus filhos para o bem. Há muito mais que o Estado tem que fazer, da repressão aos bandidos ao resgate das populações aprisionadas pelo crime, por meio de políticas sociais e de segurança.

Esse não é um problema apenas do Rio. O tráfico em São Paulo é também forte; talvez até mais. No Rio, é mais difícil pegá-lo porque se esconde nos morros. Parece pior por uma questão logística, mas o problema se espalha pelo país.

Nas favelas, o tráfico é a principal atividade econômica, a principal fonte de renda, um dos maiores geradores de emprego, e, em muitas áreas, a única assistência social. E é, sobretudo, o único poder constituído, pois o Estado tem sido impotente. O Exército, convocado certa vez, mostrou que é eficiente para esperar uma guerra que não vem, mas não sabe combater a guerra que temos.

O culpado não é um, mas todos os poderes. O assunto diz respeito não a uma parte, mas a toda a sociedade. É a autoridade da nação, organizada em Estado, que está em jogo nas favelas dominadas pelo tráfico. Atividade que tem nos ricos e na classe média sua fonte de receita e sua razão de existir. Ela corrompe e oprime os nossos pobres para oferecer a mercadoria consumida pelos nossos ricos.

Desculpem-me se hoje não falo do risco-Brasil, nem do rebaixamento do país pelas agências classificadoras. É que o assunto que nos ocupa a emoção, em todas as editorias, é o verdadeiro risco do Brasil: o de se confirmar a perda de parte do território para outras autoridades não eleitas. É o risco do verdadeiro rebaixamento do Brasil a uma nação institucionalmente subdesenvolvida.

Houve um tempo horrível em que o terror do Estado executou um dos nossos. Nossa dor não foi só nossa e, naquele ano de 1975, a partir da morte de Herzog, começou a lenta caminhada para a democracia. A dor pela perda de Tim não será só nossa. Como um símbolo, ele pode ser o começo de uma nova caminhada no aperfeiçoamento da democracia. Que ela exista também para os pobres, usados como escudo pelos novos ditadores. Tim veio da pobreza para a classe média vencendo barreiras intransponíveis para tantos outros negros e pobres. Escolheu ser um mensageiro que buscava nas áreas de sombra a informação que não temos. E a maior informação que ele trouxe com a sua morte é que há um novo terror a ser combatido. Por todos. Herzog uniu todas as forças de bem do país numa mesma direção; por isso vencemos. Tim há de ser o novo elo para uma nova e inadiável luta de libertação.

Derrubar fronteiras

24.12.2004

A maioria dos integrantes do AfroReggae foi vítima de violência policial. Paulo Negueba, percussionista, teve o tornozelo destroçado por tiros em 2002. Altair Martins, o tímpano perfurado. José Junior cresceu num lugar onde todos odiavam a polícia. Em 2004, eles iniciaram mais um impressionante programa para derrubar as barreiras do ódio recíproco: em Belo Horizonte, deram aulas de teatro, percussão, circo, dança e até grafite a policiais.

O programa Juventude e Polícia teve resultados bons e desconcertantes. Para ambos os lados. Cada um teve que entender a lógica do outro, convivendo durante quatro meses. Nas primeiras aulas, os policiais foram fardados e armados; na festa final, maquiados e com peruca, fizeram eles mesmos um show: cantaram, dançaram, grafitaram. Tem caso de policial que virou músico ou aprendeu a dar salto mortal e quer ser ator. Aprenderam a abordar jovens em situação de risco. A ideia era essa. O trabalho de provar que "jovem, negro, pobre e favelado não é o mesmo que bandido", como eles definem o programa, é apenas um dos vários sinais de que hoje o AfroReggae é muito mais do que se propôs a ser. Foi jornalzinho alternativo, virou centro cultural e depois banda de sucesso; treinou jovens em três centros sociais, que já criaram 14 bandas e grupos de dança e teatro; é programa social que tira jovens do tráfico, mas foi além: virou um mediador de conflitos nas conturbadas zonas de guerra do Rio de Janeiro.

— Há 21 anos, há guerra entre Vigário Geral e Parada de Lucas. Lá há uma fronteira tão precisa que, se um gato atravessar, é morto. Há postes que estão finos de tanto tiro. É uma Faixa de Gaza. Há uma geração inteira que não sabe o que é viver sem guerra — conta José Junior, coordenador do AfroReggae.

Este ano, durante 18 dias, a guerra foi suspensa para a preparação de um grande evento cultural na zona fronteiriça. Eles atuam tanto em Vigário Geral como em Parada de Lucas e José Junior refere-se à região como Vigário-Lucas, unindo, no termo, cidadãos forçados à divisão, como se fossem de países inimigos.

Os últimos anos só confirmaram a definitiva expressão de Zuenir Ventura: o Rio é uma cidade partida e não apenas na geográfica diferença entre zona rica e favela, mas entre partes da periferia que estão sob a opressão de comandos diferentes.

— O tráfico não é o poder paralelo. No Rio, o Estado é que é o poder paralelo, cada vez mais tendo que pedir licença para entrar em algumas áreas da cidade — descreve José Junior.

A vocação de atuar nas zonas de guerra começou desde que se instalaram em Vigário Geral depois da chacina, há onze anos.

— O AfroReggae surgiu do caos. Não tínhamos formação nenhuma, nem amigos éramos. Todo mundo que estava ali era fracassado: um desempregado, um camelô, um funcionário público. Depois vieram outros, um ex-brigão, ex-traficantes. Esse foi o lance do AfroReggae: uma mistura de fracasso com utopia — diz Junior, ele mesmo um sobrevivente dos nossos fracassos sociais: muitos dos seus amigos de infância e adolescência morreram de aids, violência policial ou envolvimento com o tráfico.

Os primeiros trabalhos marcaram a vocação. Em 1993 e 1994, o Núcleo Comunitário de Cultura, em Vigário Geral, tinha oficinas de reciclagem de lixo e de dança afro. Não havia local para as aulas, que eram dadas na rua:

— O AfroReggae é um grupo de rua, a gente gosta de rua. A polícia entrava dando tiro, e a gente saía correndo com o tambor na cabeça. Depois de um tempo, os policiais deixaram de atirar onde nós estávamos ensaiando — lembra José Júnior.

Acabar com as fronteiras do Rio, as várias fronteiras de uma cidade totalmente partida, tem sido a utopia. O Conexões Urbanas é isto: um show feito com a prefeitura nas favelas em guerra. Cada show é visto por cerca de 10 mil a 40 mil pessoas.

Eles são ponto de conexão de vários programas. Com o CDI, montam escolas de informática; com o Sesc, vão às empresas. Têm vários projetos com a Fundação Ford, trabalham com embaixadas, têm associação com o Cesec, da Fundação Cândido Mendes, no projeto de aproximação entre jovens e polícia feito em BH. Projeto que não pôde ser feito no Rio, na época dos governadores Garotinho. Para os vários parceiros, executam um trabalho necessário devido à falência do Estado: a mediação de conflitos.

O AfroReggae tem muitas conexões internacionais, do Cirque du Soleil a um grupo de 800 japoneses que, uma vez por ano, vêm ao Rio ter aulas de capoeira, tambor e dança. Já tocaram em mais de dez países. Cantaram para 100 mil pessoas na Piazza del Popolo, em Roma. Tocaram no Carnegie Hall, em Nova York.

No show do AfroReggae para comemorar seus 12 anos, haverá no palco tanto músicos da Orquestra Sinfônica quanto policiais mineiros. Que ninguém se espante com a distância musical entre eles. Esses meninos constroem pontes. Que o exemplo deles, caros leitora e leitor, lembre-nos, nesta noite, que do fracasso pode, sim, nascer a utopia.

Feliz Natal.

Meu Rio

9.10.2005

A primeira vez que vim ao Rio tinha 20 anos, havia acabado de sair de uns meses na prisão num quartel do Exército, em Vitória. Estava grávida e vinha visitar o pai do meu filho, preso na Vila Militar. A segunda vez foi para o "sumário de culpa", uma etapa do Inquérito Policial Militar a que eu respondia. As primeiras vezes que vim ao Rio foram sempre nessas circunstâncias.

Guardo dessas primeiras visitas uma sensação de contradição: a estonteante beleza do Rio não combinava com a opressão daquele tempo. O aberto do mar, o verde amplo, o levemente ondulado do aterro me lembravam liberdade. Era o cenário certo para o enredo errado. O Rio era lindo, mais do que havia imaginado antes de conhecê-lo. Na última daquelas visitas, vim para o julgamento.

Fui ver a advogada Dyrce Drach naquela manhã de domingo para uma última conversa antes do julgamento. Ela deu instruções objetivas sobre riscos e chances no tribunal militar, e um carinho contido, na sala da sua casa aconchegante no Cosme Velho. Andei pelo bairro, na volta, fabricando o sonho de morar numa casa no Rio. Realizei o sonho muitos anos depois.

O espanto diante da beleza explícita do Rio me aconteceu sempre, a cada visita, mesmo depois desses estranhos encontros iniciais. Morei em São Paulo no começo dos anos 1980. Não quero cuspir no prato em que comi — e, aliás, como comi bem! —, mas São Paulo não é exatamente bonita. Tem seus momentos. Tem cantos conquistados por quem tem persistência e sensibilidade. Mas, naquela época, me acostumei com São Paulo e comecei a achá-la até bonita, de certo ponto de vista. Porém, quando vinha ao Rio, tinha, de novo, o impacto inicial de surpresa e encantamento com a beleza extrema.

Antes de tudo isso, na minha infância, o Rio era o sonho distante e, ao mesmo tempo, presente. Em Caratinga, em Minas, tinha os olhos voltados para o Rio. Quando a televisão chegou pela primeira vez à minha casa, eu via não a TV Alterosa de Minas, mas a TV Tupi do Rio. Quando a enchente encheu o Rio, acompanhei tudo, aflita, pela recém-nascida TV Globo. Quando me viciei em leitura de jornais, aos 15 anos, não era o *Estado de Minas* que lia, mas *O Globo*, que chegava lá mais cedo. Quando algum conhecido vinha ao Rio, encomendava o *Jornal do Brasil*. Meus olhos sempre no Rio, mesmo que tenha sido assim, tarde e triste, o primeiro encontro.

Mas não foi tarde demais. Quando tive uma oferta para vir, por três meses, para fazer um trabalho temporário, desembarquei com o coração de mudança. Estou aqui há 20 anos. O Rio é desses amores da vida inteira. Não quero deixá-lo, sinto sempre o frescor dos primeiros encontros. Não deixo de amá-lo, nem ao ver os sinais visíveis do avanço dos problemas insolúveis.

Quando me instalei aqui com filhos e pertences, em meados dos anos 1980, os fins de semana da família eram pura alegria. Um dia, visitar o Jardim Botânico; no outro, a Floresta da Tijuca; nos dias ensolarados, praia, que ninguém é de ferro. A descoberta que fazia naquelas incursões mais profundas na paisagem era a incrível resistência da natureza no Rio. Entendi que o verde do Rio é teimoso. Agredido por 500 anos, ele sobrevivia exuberante. Cenas de flora e fauna, extintas em outros espaços urbanos, resistiam no Rio.

Hoje eu o sinto cansado de resistir. A cidade parece, às vezes, oprimida. Não por aquela opressão externa dos anos 1970. Parece vir de dentro.

Líderes políticos da cidade ou do estado — as coisas se misturam muito aqui, e com frequência — são péssimos; com raras exceções. Ou são populistas, ou são bizarros, ou administradores incompetentes, ou todas as alternativas anteriores. A cidade, às vezes, deixa-se hipnotizar por intensos debates sobre falsos problemas: cachorro bravo deve ou não andar com focinheira, os consumidores de shopping devem ou não pagar o estacionamento. Temas lunáticos numa cidade onde a violência cresce, onde parte do território está sob controle de bandidos, onde tudo pode acontecer, inclusive um tiro desorientado atravessar o caixão num cemitério, ratificando a morte. É óbvio que a classe média deve pagar pelo estacionamento dos shoppings e que os transeuntes devem ser protegidos dos cães ferozes, mas levam-se meses discutindo o assunto, como se todo o resto já estivesse resolvido e, portanto, só restassem as platitudes.

Há temas complexos que devem reter nossa atenção, como o das favelas. Não há solução simples. Elas devem ser contidas, porque estão destruindo o que resta da exuberante mata que protegia, refrescava e embelezava o Rio, desde sempre. Não porque estragam a vista da Zona Sul, mas porque regras e limites precisam ser respeitados numa cidade que a desordem está tragando. O que há de pior nas favelas é estarem seus moradores, cidadãos de bem, submetidos a uma minoria tirânica ou à truculência policial. Não há alternativa de moradia popular e bom sistema de transporte, por isso é difícil contê-las. Elas cresceram tanto — e ainda crescem — porque regras e leis foram desrespeitadas; as mesmas regras e leis desrespeitadas por condomínios de luxo ou boas casas que ocuparam terrenos públicos e avançaram impunemente sobre o verde.

José Júnior, que nasceu em Bonsucesso, cresceu no Centro e é coordenador do AfroReggae, grupo que nasceu em Vigário Geral, tem uma frase que me acalma. "Não acredito em caso perdido." É por isso que continuo achando que o nosso Rio, um dia, vai melhorar.

Aviso da tragédia

18.2.2006

Uma amiga que mora na Rocinha deu o relato. Fatos banais, sempre espantosos. "Estou em casa presa com a família o dia inteiro. Com minha mãe, tia e netos. Minha filha está na casa do pai. As mortes aconteceram perto da minha casa; três corpos que foram retirados agora são de trabalhadores. Um deles foi baleado às nove da noite e ficou gritando até uma da manhã, quando morreu. Ninguém teve coragem ou pôde socorrê-lo. Fomos avisados pelos traficantes que tem toque de recolher."

O Rio é cada vez menos partido. Existem as Faixas de Gaza que separam comunidades vizinhas, como Parada de Lucas e Vigário Geral. Mas há outras por aí. Outro dia, um adolescente morador do Vidigal olhou de longe a Rocinha e disse:

— Minha prima mora lá, mas eu não posso ir visitá-la. Tem três anos que eu não vou lá.

Todo mundo fala essas coisas no Rio com a maior naturalidade. Depois, à noite, liga a TV e fica chocado com as imagens de Bagdá, ou da verdadeira Faixa de Gaza.

O Rio tem várias partições determinadas pela geografia do tráfico, mas está ficando menos partido porque a ideia de uma bolha onde se abrigam os ricos foi desfeita. Estamos todos na mesma vasta tragédia social. Parece um daqueles pesadelos dos quais a gente tenta se livrar, mas o corpo não acorda, não se liberta.

Sei que, a cada tragédia, algumas pessoas protestam para, depois, serem engolfadas pelo longo silêncio do cotidiano. Sei também que a frequência maior das vozes é quando algum bando ataca a Rocinha, que é na Zona Sul. Cerca de 70% dos trabalhadores da Rocinha trabalham em casas, lojas, bares, vans, shoppings, restaurantes da Zona Sul.

O porta-voz da Polícia Militar, coronel Aristeu Leonardo, disse que eles atacam as consequências:

— Enquanto continuar esse desnível socioeconômico, esses problemas estruturais, provavelmente continuarão nascendo mais marginais.

Tudo é muito mais complexo do que essa grosseira simplificação da polícia; aliás, parte do problema.

— Os policiais, muitas vezes, são cúmplices, e a gente precisa saber de qual facção criminosa eles são — diz a vereadora Andrea Gouvêa Vieira, que, como vizinha da Rocinha, vive cada tiroteio que por lá se passa, vendo os mesmos fatos estarrecedores aos quais temos nos acostumado.

— A polícia se negava a ir numa casa resgatar a filha de uma moradora da Gávea dizendo que era muito perigoso. Eles tiveram todas as informações da iminência da invasão. Quando vi que um policial tinha sido morto no Vidigal, sabia que haveria invasão na Rocinha. Seria a vingança — conta Andrea.

A polícia é parte do problema há muito tempo. Uma certa forma distorcida de fazer política também. As autoridades de segurança têm usado a crise do Rio como trampolim, numa química estranha por meio da qual transformam fracasso em alavanca para suas carreiras. O caso mais grotesco é o do ex-governador, ex-secretário de

Segurança e, de fato, autoridade máxima do Rio por sete anos, candidato à presidência, Anthony Garotinho. Mas ele não é o único. A cada crise, as autoridades da área batem bumbo e anunciam panaceias, depois esquecidas.

Na Rocinha, até um bunker foi feito e inaugurado como se fosse a solução de tudo. Em vão.

No Rio, há erros velhos, mas houve um período, no passado recente, quando a curva de homicídios e crises começou a cair lentamente.

— Isso aconteceu há uns oito anos; começou uma ligeira queda, mas depois voltou a subir. Agora fica num movimento errático; sobe oito, cai três, sobe cinco. Não tem tendência clara e substancial na cidade — diz o sociólogo Gláucio Soares.

O problema da violência aqui tem muitos anos e várias causas. Algumas delas são escolhas não feitas.

— Pagamos o preço de não termos feito a coisa certa há algumas décadas: investimento em educação, como nos países asiáticos; reforma agrária séria. Há também o problema do consumo de drogas pelos ricos. Eles pagam mais caro pelo mesmo produto que é vendido mais barato nas favelas. Assim, o consumidor mais rico está financiando o tráfico e subsidiando o consumo de jovens da favela — explica Gláucio.

A corrupção policial dificulta qualquer solução. A manipulação estatística tenta esconder o que todos sabem por viver aqui.

— Esses números não são confiáveis e não mostram queda da violência como um todo. Para ter uma ideia, eles divulgaram que mortos em "auto de resistência", ou seja, mortos quando resistiram à prisão, foram 33 em 2005. Só de ler os jornais, dá para saber que são muito mais — afirma Andrea Gouvêa.

São vários os erros do Rio e eles se congregam de forma explosiva. Há falta de informação sobre tudo, até sobre o que é a Rocinha: é uma cidade com várias classes sociais, onde há desde o indigente até os que têm dinheiro para construir os prédios e alugar os apartamentos. Sem falar na classe média.

Quantos são? O IBGE diz que são 56 mil. A Light tem 23 mil relógios instalados e mais 5 mil pedidos, além dos gatos. Os postos vacinam anualmente 6.500 crianças de até 4 anos. A vereadora acha que, na verdade, são de 100 mil a 120 mil moradores.

Há problemas estatísticos, mas há uma assustadora sazonalidade, lembra Gláucio Soares:

— Em dez dos últimos 11 anos, a maior taxa de homicídio, a maior violência, foi em março.

Preto no branco

O Brasil tem um fosso enorme, resistente, entre brancos e negros. A História e os dados não se cansam de contar essa vergonha nacional.

Brasil, abre a cortina do passado

20.11.2003

Zumbi nasceu livre, mas morreu lutando pela liberdade. Houve um dia em que Salvador parou, por causa de uma greve dos escravos. O primeiro sistema de capitalização de que se tem notícia no Brasil foi montado por negros para a compra de alforrias. Negros entraram na Justiça contra senhores de escravos e alguns ganharam a ação. Houve quilombo no Brasil inteiro. Não apenas os isolados, mas nas cidades. A maior concentração de negros fugidos no Rio ficava na área que é hoje a Lagoa Rodrigo de Freitas. A Camélia foi um código entre abolicionistas. Houve batalhas de rua. A História é muito mais rica, emocionante e forte do que os resumos que temos em mente. Parte do processo de valorização do negro no Brasil passa por abrir a cortina que encobre e simplifica o passado. Há historiadores fazendo isso, para que o país se entenda melhor. E é inaceitável que o Brasil saiba tão pouco de tudo o que se passou nos primeiros séculos. Dos 10 milhões de negros vítimas do tráfico de seres humanos, 4 milhões vieram para o Brasil. Fomos o país que mais recebeu escravos. O primeiro mito derrubado é o de que os negros aceitaram a escravidão. Eles lutaram durante mais de três séculos e das mais variadas formas. A bravura e o inconformismo atravessam a História, criando uma cultura da resistência.

— As pessoas pensam que a rebelião acontece de uma hora para outra em que negros rebeldes se juntam e começam a gritar. Não. Antes dos episódios havia toda uma tessitura de relações, urdiduras, e até poupança para organizar e financiar o movimento. Havia toda uma contrassociedade, que empreendeu um leque de ações de enfrentamento, superação e afronta às instituições escravistas. E não foram isolados os casos. Na cidade de Salvador, em menos de quarenta anos, entre 1798 e 1835, ocorreram vinte grandes rebeliões. Havia também a resistência diária, cotidiana — diz Ubiratan de Castro, presidente da Fundação Palmares.

Quem pode imaginar escravos fazendo greve? O historiador João José Reis escreveu sobre "A greve negra" no qual conta os surpreendentes acontecimentos na cidade de Salvador no ano de 1857. Os carregadores urbanos de carga e de gente eram todos negros, escravos. Um dia a cidade estabelece que eles deveriam andar com placas no peito. Eles cruzaram os braços e nada mais andou em Salvador, nem gente, nem mercadoria. Rejeitaram as placas que, segundo eles, os igualariam aos animais. A greve venceu.

Zumbi foi coroinha e se chamava Francisco. O Quilombo dos Palmares durou cem anos e seu início foi bem no começo de tudo: em 1595. Era chamado por quem morava lá de Angola Janga ou Angola Pequena. Foi uma sociedade complexa, com vários povoados, que chegou a 10 mil habitantes, ou quilombolas. Zumbi nasceu lá no território livre que ficava na Serra da Barriga, atual estado de Alagoas, quando o Quilombo já existia havia 60 anos. Na época em que nasceu, em 1655, houve diversos ataques a Palmares. Num deles, ele foi capturado e entregue a um padre, que o educou. Com 15 anos, foge e volta para a terra em que nasceu, transformando-se num dos principais auxiliares do líder Ganga Zumba. Oito anos depois, os dois entram em conflito. Zumbi foi contra o acordo de paz que o líder quis negociar com o governador de Pernambuco, em que só seriam livres os moradores que nasceram lá.

— Há uma compreensão errada de Ganga Zumba. O poder colonial teve que se curvar e negociar com ele um tratado de paz. Era uma demonstração da força do Quilombo. No Suriname e na Jamaica também houve acordos de paz em que o poder colonial teve que preservar o território dos negros. Seus descendentes hoje são 10% da população — comenta o historiador Flávio Gomes, um dos maiores especialistas no assunto.

Em *Liberdade por um fio*, coletânea de ensaios organizados por Flávio Gomes e João José Reis, há muitas histórias de quilombos. Eles foram mais disseminados do que se tem ideia. O ensaio de Carlos Magno Guimarães informa que entre 1710 e 1790 "o acervo documental permite afirmar a descoberta e destruição de 160 quilombos nas Minas Gerais". Não era um fato isolado, era uma forma de resistência.

— Houve quilombo no Brasil inteiro. Houve grupos que se misturaram aos índios. Alguns quilombos foram próximos das cidades e havia até uma relação entre eles e as cidades. Durante muito tempo o Rio foi abastecido de lenha pelos quilombolas. Eles negociavam através do campesinato, dos alforriados, e o produto entrava clandestinamente no Rio — conta Flávio Gomes.

A Fundação Palmares está trabalhando no reconhecimento das terras dos remanescentes e atesta a amplitude do movimento:

— Quando a Constituinte estabeleceu a demarcação dessas terras, achava-se que eram duas ou três. Até agora, temos 700, mas a ideia é que podem chegar a 2 mil — diz Ubiratan de Castro.

A pesquisadora americana Mary Karash estudou o assunto por trinta anos e no livro *A vida dos escravos no Rio de Janeiro* fala da "coragem e força daqueles que suportaram e construíram uma vida para eles mesmos em meio à escravidão, ou resistiram fugindo, revoltan-

378 Miriam Leitão

do-se, entrando para maltas de capoeiras, formando quilombos ou cometendo suicídio na crença de que seus espíritos voltariam para a África". A resistência atingiu até os índices de natalidade. Mulheres provocavam abortos para não dar mais filhos para a escravidão.

A brutalidade a que eram submetidos produziu outra cicatriz nas estatísticas de vida: a mortalidade era alta e a expectativa baixíssima. A vida útil de um escravo era de 10 a 12 anos.

Números, fatos, documentos, pesquisa dos historiadores traçam o quadro de uma vasta e incansável resistência. Resistiu-se em todo o território nacional durante mais de três séculos.

De um quilombo urbano bem específico, contou Eduardo Silva no seu livro *Camélias do Leblon,* uma chácara mantida por um industrial português num bairro da periferia chamado Leblon no qual abolicionistas se reuniam e escravos fugidos encontravam abrigo. Nele e em tantos outros livros se vê como foi extensa a luta pela Abolição. Há diversos registros de historiadores mostrando como se lutou nas ruas por liberdade, em comícios, manifestações e revoltas. Não foi um movimento palaciano, foi uma vasta conspiração que tinha até símbolo e senha: a camélia.

— É preciso combater a ideia do negro humilhado, aceitando o castigo. Ele lutou em todas as frentes — afirma Eduardo Silva.

Grupos de escravos se juntavam para a compra da liberdade. A grande dúvida é como conseguiam dinheiro se eram escravos. Com força e determinação incalculáveis.

Conseguiam renda às vezes com sobretrabalho. Depois do trabalho diário, faziam extra em construção de igrejas, por exemplo. O primeiro sistema de capitalização de que se tem notícia foi o Zuzu, dos Nagôs da Bahia. Era uma caixa de pecúlio na qual todos poupavam e uma vez por mês sorteava-se um que poderia comprar a liberdade. Tudo era organizado pelos escravos com a ajuda de libertos — conta Ubiratan de Castro.

Esse consórcio encontrava um problema. O senhor de escravos elevava o preço na hora da compra. A falta de arbitragem fez o governo baixar uma lei estabelecendo que o senhor tinha que estabelecer os preços e respeitá-los.

Talvez a mais surpreendente das formas de lutar por liberdade seja a Ação de Liberdade: escravos entraram na Justiça acusando senhores de maus-tratos. Há vários estudiosos dessa questão que lança luz sobre a história do direito brasileiro. Uma delas é Keila Grinberg, que encontrou no Arquivo Nacional mais de 400 processos que tinham ido à segunda instância. Estavam em caixas fechadas e esquecidas. Fez sua tese e a transformou no livro *Liberata*.

Liberata tinha 10 anos, em 1790, quando foi comprada pelo senhor José Vieira Rebello. Em 1813, ela entregou um requerimento ao juiz municipal de Desterro no qual contava uma história de horror comum naquele tempo. Estuprada e abusada constantemente pelo senhor, ainda era perseguida por ter presenciado os crimes cometidos por ele. José Rebello tinha uma forma estranha de proteger a honra de sua filha Anna: matava os filhos ilegítimos que ela tinha e os enterrava no quintal. Seu azar foi que Liberata viu tudo e tudo relatou na longa ação em que acabou conseguindo sua liberdade. Na ação, seu procurador diz que ela "implora de joelhos com toda a devida vênia para que por esta primeira voz possa em seu nome fazer saber à Alta Justiça os tormentos do seu cativeiro, as sevícias que de dia em dia sofre sem respirar, nem poder conseguir os meios de se queixar". Que coragem é preciso ter para, sendo escravo, entrar na Justiça contra o todo-poderoso senhor e acusá-lo de crime? Liberata não foi a única. Houve muitas ações de liberdade em todo o Brasil.

Dos levantes urbanos, o mais impressionante e bem organizado foi a Revolta dos Malês, estudada por João José Reis em livro que acaba de ser republicado. "Na noite do dia 24 para 25 de janeiro de 1835, um grupo de africanos escravos e libertos ocupou as ruas de

380 Miriam Leitão

Salvador, Bahia, e durante mais de três horas enfrentou soldados e civis armados", conta ele no livro. A insurreição foi planejada em reuniões secretas. Eles chegaram a criar um clube e um fundo de despesas para financiar o projeto que não era apenas a liberdade: eles queriam tomar o poder. "Setenta morreram, mais de 500 foram presos e condenados a morte, açoites, deportação." Um dos líderes da rebelião era uma mulher: Luiza Mahin, mãe de um menino vendido como escravo, que se libertou, tornou-se advogado e foi um dos grandes abolicionistas: Luiz Gama.

Os negros lutaram outras lutas da nacionalidade. Em qualquer batalha que a história registra lá eles estavam. Na guerra do Paraguai muitos lutaram também na esperança de conquistar a própria liberdade.

Na última sexta-feira, no campo do Cerro dos Porongos, em Pinheiro Machado, Rio Grande do Sul, os tambores ecoaram. Era a comemoração dos 159 anos de uma batalha histórica da Guerra dos Farroupilhas, em que os Lanceiros Negros, escravos, morreram pela causa separatista do Rio Grande.

A voz de Zezé Motta, na noite de segunda-feira, atravessou o Paço Municipal na festa das Camélias, cantando a música de Zumbi: "A felicidade do negro é uma felicidade guerreira." É o que constata quem se depara com essa história de tantas tramas e lutas, tanta resistência, tanto engenho e arte, tanto amor à liberdade, tantas lições de coragem. Zumbi é o herói que escolhe não fazer o acordo, lutar até o fim e morrer. Morreu há 308 anos num 20 de novembro. Houve várias outras formas de se buscar o mesmo objetivo. Há muitas histórias emocionantes e espantosas encobertas pela cortina do passado. Elas ensinam muito sobre o Brasil. É hora de lembrar.

Esta reportagem integrou o caderno A Cor do Brasil, que editei junto com Flávia Oliveira. Foi vencedor na categoria imprensa escrita da edição latino-americana do Prêmio Jornalismo para a Tolerância, da Federação Internacional de Jornalistas.

Escolher o negro

28.5.2000

Dois graduados funcionários do governo — os presidentes do IBGE, Sérgio Besserman, e o do Ipea, Roberto Martins — defendem a adoção de políticas de ação afirmativa: medidas que facilitem o acesso dos negros à escola, às universidades, ao mercado de trabalho. Besserman fala em cotas e Martins acha que é preciso também preferência no acesso à terra e ao crédito.

Besserman acha que as estatísticas são claríssimas: a discriminação dos negros está na raiz da sociedade brasileira, por isso são necessárias políticas ativas para a redução das desigualdades raciais.

Roberto Martins é um estudioso de escravidão. Ele já levantou fatos e dados que explicam parte da gravidade do problema do negro no Brasil. Um deles é que, ao contrário do que a maioria dos brasileiros imagina, a propriedade de escravos não estava restrita aos ricos. Pelo contrário, a posse de escravos era muito disseminada, principalmente em Minas, estado que foi objeto do estudo do presidente do Ipea.

Ao todo, 33% das famílias mineiras tinham escravos. Não era apenas o senhor de grandes terras e o bispo que tinham escravos, mas, também, o padre, o pequeno proprietário de terra, a viúva de classe média. Ex-escravos tinham escravos. Até negros e mulatos tinham escravos. Havia mais famílias com escravos em Minas do que as famílias que hoje têm telefone em casa.

Mas, na opinião de Roberto Martins, não é essa disseminação que explica a persistência até hoje de indicadores de renda e educação tão desiguais entre negros e brancos.

— Há culpas recentes. Afinal, a escravidão acabou há mais de um século. De lá para cá, passaram-se cinco gerações e, mesmo assim, o Brasil tem mais desigualdade entre negros e brancos que a África do Sul. O que explica a persistência e a gravidade do problema é o descaso das elites com a educação — comenta o presidente do Ipea.

A educação é a mais poderosa arma na promoção social e na redução das desigualdades. Besserman e Martins, que pelos cargos que ocupam precisam se debruçar diariamente sobre a radiografia estatística do Brasil, têm uma série de exemplos de como a falta de acesso à educação eterniza o fosso entre ricos e pobres, entre negros e brancos.

Basta analisar as taxas de analfabetismo de brancos e negros. Quando se acrescenta a desigualdade regional, o problema fica ainda mais agudo. A taxa de analfabetismo de brancos do Sudeste é de 5,9%. De negros do Nordeste é de 36%.

— A desigualdade é a marca mais profunda da sociedade brasileira e, por isso, eu sou a favor de políticas de discriminação positiva — afirma Besserman, lembrando que algumas empresas privadas já começaram a tomar a iniciativa de abrir vagas para negros.

Roberto Martins concorda que é preciso formular políticas públicas que favoreçam os negros para facilitar a derrubada das barreiras. Martins vem sustentando a tese de que o crescimento não é suficiente para reduzir as desigualdades entre pobres e ricos; entre negros e brancos. Besserman pensa da mesma forma.

Os dados do Índice de Gini dizem tudo. Este índice mede o grau de desigualdade: quanto mais perto do número um, maior a disparidade de renda; quanto mais perto de zero, menor a concentração. Fica demonstrado que não são os fatores conjunturais que produziram essa desigualdade.

— Na ditadura e na democracia, no crescimento e na recessão, na inflação e na estabilidade, o índice continuou mais ou menos o mesmo. Há uma piora na hiperinflação de 1989, mas ele permanece nos mesmos níveis de 1977 a 1998. De Geisel a Fernando Henrique.

— Parece o eletrocardiograma de um morto — compara Martins.

Tudo como sempre: o 1% mais rico tem 20% da riqueza; os 50% mais pobres têm 10%. E, na camada de baixo, a maioria é negra. A de cima é quase totalmente branca.

Viva o debate

2.9.2001

As cotas dividiram o país. As cotas para negros nas universidades. E não dividiram por cor: há negros contra cotas, há brancos a favor e vice-versa. E, por dividirem, viraram assunto de discussão a semana inteira. Já fizeram um favor ao país, portanto: abriu-se um debate que tardava há mais de século. De que maneira integrar os negros à sociedade? Como reduzir as desigualdades raciais?

Cartas chegaram à redação com os mais variados argumentos, a maioria contra as cotas, nem todos desprovidos de razão. Alguns acham que o melhor seria investir no ensino fundamental. Outros ponderam que eles são poucos nas universidades não por serem negros, mas por serem pobres. E são pobres não por serem discriminados, mas por serem herdeiros de um período de escravidão.

Uma carta me chamou a atenção. É do estudante de medicina Marcony de Santhiago. É o único negro na faculdade particular onde estuda. Ele diz que sente todos os dias a necessidade de provar que é um dos melhores alunos. "Inclusive, para entrar no grupo de clínica do qual faço parte hoje, uma grande amiga minha teve que lembrar que minhas notas eram melhores que as da maioria", contou.

Para os negros as barreiras são maiores. O professor Nelson Valle Silva escreveu que eles têm mais dificuldade na mobilidade ascendente, mais risco de mobilidade descendente. "O que me deixa eufórico é que o debate começou", afirmou o presidente do Ipea, Roberto Martins, estudioso da escravidão e do racismo há trinta anos.

O ministro da Educação, Paulo Renato, que explicitou sua oposição às cotas, propôs cursinhos preparatórios com financiamento externo para aumentar as chances de os negros ingressarem na universidade. E, no dia seguinte, teve outra ideia, explicada pela professora Maria Helena Guimarães, secretária de ensino superior: usar o dinheiro do financiamento aos estudantes com focalização nos negros. Cursinhos pré-vestibulares são bem-vindos, mas insatisfatórios, avisou de Durban o embaixador Gilberto Sabóia.

Tudo é insatisfatório se for uma solução única. O que é necessário é pensar numa política global, em que as cotas podem e devem entrar como um símbolo. Se as universidades tiverem cotas — ou metas, como prefere outro especialista no tema, o professor Antonio Sérgio Guimarães —, elas terão que encontrar meios, políticas, ações para atingir o objetivo.

O sistema educacional é uma escada e não se pode resolver tudo apenas por uma lei que abre espaço no último degrau. Portanto, todas as ações do MEC para universalizar o ensino, integrar os negros e brancos pobres ao sistema educacional, estão ajudando a construir um futuro melhor que o atual. Todo investimento na melhoria da escola pública dará mais chances aos pobres e negros. Toda revisão no livro didático que retire dele mensagens que depreciem os negros aumentará a autoestima desses brasileiros que — na opinião do jurista Hédio Silva — acabam expulsos por se verem retratados como inferiores na literatura didática.

Há muito a fazer. Éramos tão distraidos nessa questão de aguda importância que ao Ministério da Educação nunca ocorreu perguntar-se quantos alunos negros e mulatos têm as universidades públicas, as que são financiadas pelo dinheiro público e são gratuitas. Nunca foi feito esse levantamento, e até hoje o ministério diz que é impossível. Os números ajudariam sociólogos, economistas, jornalistas a entenderem a dimensão do problema.

Os dados do provão mostram 2,2% de negros e 13% de mulatos, mas num universo em que há escolas públicas e privadas. Portanto, o número deve ser bem pior nas universidades públicas.

É fato que não há apenas negros entre os pobres, mas eles são mais numerosos na pobreza e na indigência. Portanto, uma política séria de combate à pobreza precisa ter programas específicos para os negros.

É fato que houve a escravidão, mas ela não pode ser a desculpa eterna para tão longa e persistente distância entre negros e brancos. É fato que o brasileiro é um povo que tem um *dégradé* de cores, mas os mulatos e negros são iguais na desigualdade. As estatísticas mostram que são vítimas das mesmas barreiras para a ascensão social.

Não é apenas o governo que fará a mudança do país na questão racial. Iniciativas de empresas como o BankBoston, com sua geração XXI, ou do movimento negro, com o cursinho pré-vestibular Steve Biko na Bahia, ajudarão a construir o futuro.

Precisam não ser isoladas. Têm que se espalhar pelo país, pelas empresas, pelas escolas, pelos movimentos religiosos, pelos movimentos negros, pelas consciências. Porque têm sido discriminados desde sempre, precisam hoje ser escolhidos.

Este é um momento decisivo da ampliação da democracia brasileira, do fortalecimento da economia, da construção da nação. É o momento do encontro do Brasil com sua própria História.

Muito disparate será dito. Haverá radicais de lado a lado. Ideias infelizes, propostas insuficientes. Controvérsias. Mas felizmente o debate começou. E discutindo encontraremos soluções. Só não vale mais negar a existência do problema. A desigualdade racial e o racismo são dolorosas verdades que o Brasil precisa encarar.

Rosa de Alabama

30.10.2005

Todo mundo sabe a história: ela ficou sentada no ônibus e, por isso, entrou na lista da revista *Time* dos vinte heróis do século XX. Rosa Parks viveu mais meio século desde aquele 1º de dezembro de 1955 para não se arrepender do seu gesto. Morreu dias atrás. Sobre a mulher negra de Alabama foram escritos milhares de artigos, livros, ensaios. O evento mostra que o destino é caprichoso. Era um dia qualquer, ela estava tão cansada como sempre, queria apenas ir para casa e, sem perceber, detonou uma revolução.

O motorista do ônibus avisou à sua teimosa passageira que teria de levá-la para ser presa.

— Vá em frente, você deve fazer isso — disse Rosa, ao entrar para a História.

Com olhos de hoje, as leis da segregação americana parecem ainda mais estapafúrdias: os negros tinham de entrar pela frente do ônibus, pagar ao motorista, sair do ônibus e entrar de novo pela porta de trás. Muitas vezes o veículo arrancava antes que o passageiro, já com a conta paga, pudesse entrar. Quanto mais bancos os brancos ocupassem, menos haveria para os negros. Eles não podiam ficar no corredor, em pé, perto dos brancos.

Nunca tivemos isso: a segregação explícita e legal. Muita gente acha, ainda hoje, que isso nos faz melhores, sem o feio defeito do racismo. Deve ser bom acreditar nisso. Deve ser confortável. Mas a realidade, por pior que seja, é melhor que os escapismos. Penso assim. O nosso racismo foi sempre diferente, mas também doloroso, separador e trágico, como qualquer racismo.

Os dados e os fatos estão por aí. Basta querer ver. Uma expressão da polícia diz tudo: "Elemento suspeito da cor padrão." Um verso de Marcelo Yuka é mais eloquente: "Todo camburão tem um pouco de navio negreiro." Silvia Ramos e Leonarda Musumeci fizeram uma pesquisa quantitativa e qualitativa sobre abordagem policial e discriminação. Não há dúvida de quem é a vítima mais frequente da violência. Uma polícia como a do Rio, que já foi comandada por negros, que tem negros entre seus integrantes, mas que discrimina igual, como determina a ordem não explícita e não escrita.

Tudo é muito complicado no Brasil. Há mais miscigenação, e, mesmo assim, uma desigualdade durável tem separado os definidos como brancos dos definidos como pretos ou pardos. Há um gradiente de tons entre o pardo e o preto, mas os dois grupos têm indicadores semelhantes, e muito piores que os dos brancos. Nenhuma lei determinou quem mora em que bairro, mas brancos e negros estão separados na geografia das cidades. Ninguém proíbe que negros frequentem restaurantes finos ou lojas elegantes, mas a clientela nem se dá conta da anomalia que é ser assim tão monocromática num país multirracial.

O pensamento convencional no Brasil diz que os negros moram distantes dos brancos e não frequentam os mesmos lugares não por serem negros, mas por serem pobres. Mas a pobreza dos negros é mais difícil de romper. Quem rompe é constrangido em ambientes aos quais, supostamente, não pertence. O IBGE mediu: um ano a mais de estudo para o negro representa metade do ganho de renda que um ano a mais para o branco. Em igual categoria ocupacional, os salários são desiguais.

— Do que os brasileiros estão falando quando dizem que não há racismo aqui, e, sim, preconceito social? Sinto uma discriminação racial tão palpável desde que cheguei — disse-me um jovem nova-iorquino, negro, inteligente, culto, que veio ao Brasil passar alguns meses e aprender português. Volta triste aos Estados Unidos, sem vontade de aprofundar seus estudos brasileiros.

As crianças negras têm um índice de mortalidade infantil 50% maior que as crianças brancas. A expectativa de vida dos negros é a mesma que os brancos tinham há 10 anos. No Índice de Desenvolvimento Humano da ONU, 60 pontos no ranking nos separam uns dos outros. O pensamento convencional dirá: os negros vivem menos, morrem mais, têm piores empregos não por serem negros, mas por serem pobres. Por mais eloquentes que sejam os dados, eles repetirão a mesma resposta. E esperarão que uma solução caia do céu. "Não há milagres nem remédio caseiro no horizonte do combate ao racismo", diz Jurema Werneck no relatório do Observatório da Cidadania, do Ibase. Ela acha que o remédio é o que funcionou em outros países: políticas públicas para corrigir as distorções.

Os Estados Unidos não negam. Rosa Parks recebeu ordem de se levantar do banco do ônibus por ser negra. Rosa Parks não se levantou. Por 381 dias os negros de Montgomery não entraram nos ônibus. O mais longo boicote da História. Impasse. A campanha dos direitos civis varreu o país. Martin Luther King foi morto, mas o sonho não. As políticas públicas de inclusão dos negros se espalharam desde os anos 1960, e o resultado é conhecido. Eles estão lá na classe média e na elite. Dá para ver até no governo Bush. O racismo permanece, mas a construção da igualdade de oportunidades avançou muito em quatro décadas.

Por seu próprio esforço, depois de engolir muito desaforo, com histórias emocionantes de persistência, sem ajuda do Estado e das empresas, alguns negros brasileiros desembarcaram na classe média. São muitos os brasileiros, de qualquer cor, que hoje desafiam o pensamento convencional e se perguntam: por que o Brasil é assim? Os estudos sobre o tema se adensam, o movimento negro se conecta em rede com os de outros países, as coalizões se formam. Nossas rosas estão chegando. Nada temos a perder, a não ser essa distância que nos envergonha e enfraquece.

Teses e truques

11.7.2006

Em vez de discutir cota, é melhor investir na educação. Não se deve adotar um sistema que separa por raça, pois isso criará racismo. Não se pode ferir o princípio constitucional de que todos são iguais perante a lei. Nunca pode ser revogado o princípio do mérito acadêmico. Os argumentos se repetem e parecem ótimos. Escondem a mesma resistência ao tema racial que temos mantido desde a abolição, e as conclusões estão truncadas.

Os que defendem cotas raciais na universidade nunca propuseram a escolha entre cotas e qualidade da educação. Não há essa dicotomia. É uma falsidade para truncar o debate. É fundamental melhorar a educação em todos os níveis. As cotas raciais não revogam essa ideia.

O princípio da igualdade perante a lei é a pedra que sustenta as sociedades democráticas e modernas. As ações afirmativas não vão revogá-lo. A igualdade perante a lei sempre conviveu com o tratamento diferente aos desiguais. Na área tributária, a regressão, por exemplo: a alíquota para os mais ricos é maior. As transferências de renda são para quem tem renda abaixo das linhas de pobreza e miséria. Mulheres estão sub-representadas na política e, para tentar vencer isso, há a cota de 30% nas candidaturas. No comércio internacional, existe o princípio do tratamento diferenciado para os países mais pobres. Há muito tempo, o Direito convive com os dois princípios, como complemento um do outro. Um garante o outro. Tratar da mesma forma os desiguais acentua a desigualdade. O princípio da igualdade perante a lei é apresentado na discussão como um truque. Não há conflito entre ele e o outro princípio civilizatório do tratamento diferenciado aos desiguais. Quem quer defender o princípio da igualdade perante a lei deveria fazer um manifesto contra, por exemplo, a aberração de prisão especial para criminosos com curso superior.

O mérito acadêmico tem que ser preservado na formação universitária. Ele não está sob ameaça com medidas para aumentar o ingresso de negros na universidade. As avaliações de desempenho de diversas universidades mostram que não há esse risco. Os adversários das cotas rejeitam as avaliações dizendo que ainda não foi feito um estudo consistente. O mesmo argumento invalida seus próprios argumentos de que a qualidade da universidade estará em risco com as cotas. A universidade americana, que nunca abriu mão do mérito acadêmico, dá pontuação diferenciada por razões raciais e sociais e até aos esportistas no ingresso nas faculdades.

Não podem ser adotadas políticas que incentivem o racismo. Quem discordaria disso? Esse argumento usado contra as cotas é um dos mais perversos truques. As políticas de ação afirmativa não vão criar o racismo. Não se cria o que já existe. O Brasil tem um fosso enorme, resistente, entre brancos e negros, e é esse fosso que se pretende vencer. Sem o incentivo à mobilidade, o Brasil carregará, para sempre, as marcas da escravidão. Ela tem se eternizado por falta de debate e de políticas dedicadas a superar o problema.

Empresas internacionais adotam há tempos metas para aumentar a diversidade de seus funcionários, executivos e gerentes. É um objetivo desejável no mundo multiétnico e que se quer menos racista e menos injusto. Órgãos públicos americanos usam nas suas contratações mecanismos para aumentar a representatividade das várias partes da sociedade. Governos diversos usam incentivos para determinadas políticas como parte dos seus critérios de seleção de fornecedores nas compras governamentais. Nada há de errado e novo nessas políticas. O que há é que, pela primeira vez, fala-se em usar esses mecanismos para promover a ascensão dos negros no Brasil. O país tem um horror atávico a discutir o tema. Já se escondeu atrás de inúmeros sofismas. Acreditava estar numa bolha não racial, um país diferente, justo por natureza.

Não existe raça. É fato. Biológica e geneticamente não existe, como ficou provado em estudos recentes. Isso é mais um argumento a favor das políticas antirracistas e não o contrário. Os avanços acadêmicos na área só servem para mostrar que os negros são mais pobres, têm piores empregos, ganham menos, não por qualquer incapacidade congênita, mas por falha da sociedade em construir oportunidades iguais. Isso se corrige com políticas públicas, iniciativas privadas, para desmontar as barreiras artificiais ao acesso dos negros à elite.

O debate é livre e benéfico. O problema não é o debate, mas alguns dos argumentos. E pior: os truques. Acusar de promover o racismo o primeiro esforço antirracista após 118 anos do fim da escravidão é uma distorção inaceitável.

Quem gosta do Brasil assim deve ter a coragem de dizer isso. Quem não acha estranho, nem desconfortável, entrar nos restaurantes e só ver brancos, ver na direção das empresas apenas brancos, conviver com uma elite tão monocromática, tudo bem. Deve simplesmente dizer que prefere conservar o Brasil como ele é, com os brancos e negros mantidos assim: nessa imensa distância social.

Ora, direis!

25.5.2008

A luta contra a escravidão foi um movimento cívico de envergadura. Misturou povo e intelectuais, negros e brancos, republicanos e monarquistas. Foi uma resistência que durou anos. Houve passeatas de estudantes e lutas nos quilombos. Houve batalhas parlamentares memoráveis e disputas judiciais inesperadas. Os contra a abolição reagiram nos clubes da lavoura, na chantagem econômica e nos sofismas.

O país se dividiu e lutou. Venceu a melhor tese. Pena o país ter feito o reducionismo que fixou na memória coletiva apenas o instante da assinatura da lei pela princesa. Tudo foi varrido. Do povo em frente ao Paço à persistência para se aprovar a lei que tornou extinta a escravidão no Brasil.

Foram seis anos de lutas parlamentares para libertar os não nascidos, após quedas de gabinetes, avanços e retrocessos. Mais luta de vários anos para libertar os idosos. Por fim, a maior das batalhas: a libertação de todos.

Lutou-se com a poesia e o jornalismo. Com a política e o Direito. Lutou-se na Justiça com as Ações de Liberdade, incríveis processos que escravos moviam contra seus donos. Os negros lutaram de forma variada: com a greve negra em Salvador, com rebeliões e quilombos. Os escravocratas adiaram o inevitável, ameaçaram com a derrota econômica, assombraram com todos os fantasmas nacionais. Pareciam vencer; até que perderam.

Fica em quem revisita a história a constatação de um erro: os abolicionistas se dispersaram cedo demais. Era a hora de reduzir a imensa distância que a centenária ordem escravista havia criado no país. Venceu a ideia de que, deixado ao seu ritmo, o país faria naturalmente a transição da escravidão negra para outro país, sem divisões raciais. Ideia poderosa esta da inércia salvacionista. Ela construiu o imaginário de um país sem racismo por natureza, que teria eliminado o preconceito naturalmente, como se as marcas deixadas por 350 anos de escravidão fossem varridas por um ato, uma lei de duas linhas. Ainda há quem negue, hoje, que haja algo estranho numa sociedade de tantas diferenças.

O manifesto contra as cotas tem alguns intelectuais respeitáveis. Mais os respeitaria se estivessem pedindo avaliações e estudos sobre o desempenho de política tão recente; primeira e única tentativa em 120 anos de fazer algo mais vigoroso que deixar tudo como está para ver como é que fica. O *status quo* nos trouxe até aqui: a uma sociedade de desigualdades raciais tão vergonhosas de ruborizar qualquer um que não tenha se deixado anestesiar pela cena e pelas estatísticas brasileiras.

Ora, direis, o que tem o glorioso abolicionismo com uma política tópica — para tantos, equivocada — de se reservar vagas a pretos e pardos nas universidades públicas?

Ora, a cota não é a questão. Ela é apenas o momento revelador, em que reaparece com força o maior dos erros nacionais: negar o problema para fugir dele. Os "negacionistas" sustentam que o país não é racista, mas que se tornará caso alguns estudantes pretos e pardos tenham desobstruído seu ingresso na universidade.

Erros surgiram na aplicação das cotas. Os gêmeos de Brasília, por exemplo. Episódios isolados foram tratados como o todo. Tiveram mais destaque do que a análise dos resultados da política. Os cotistas subverteram mesmo o princípio do mérito acadêmico? Reduziram a qualidade do ensino universitário? Produziram o ódio racial? Não vi até agora nenhum estudo robusto que comprovasse a tese manifesta de que uma única política pública, uma breve experiência, pudesse produzir tão devastadoras consequências. Os órgãos de comunicação têm feito uma enviesada cobertura do debate. Melhor faria o jornalismo se deixasse fluir a discussão, sem tanta ansiedade para, em cada reportagem, firmar a posição que já está explícita nos editoriais. A mensagem implícita em certas coberturas só engana os que não têm olhos treinados.

Ora, direis, que vantagens podem ter políticas que atuam apenas no topo da escala educacional? Ter mais pretos e pardos junto aos brancos, nas universidades públicas, permite a saudável convivência no mesmo nível social. Na minha UnB, não havia negros; na atual, há mais de dois mil. Isso é um começo num país com o histórico do Brasil.

Melhorar a educação pública sempre será fundamental para construir o país futuro, mas isso não conflita com outras políticas desenhadas diretamente para derrubar as barreiras artificiais e dissimuladas que impedem a ascensão de pretos e pardos. O vestibular não mede a real capacidade do aluno de estar numa universidade, mas, sim, quem aprendeu melhor os truques dos cursinhos. Há muito a fazer pelo muito não feito neste longo tempo em que se esperou que, deixando tudo como estava, tudo se resolveria. Ajudaria se intelectuais, ou não, quisessem avaliar as políticas de ação afirmativa, em vez de ter medo delas.

O racismo brasileiro é ardiloso e dissimulado. A luta contra ele será longa e difícil. Será mais eficiente se unir brancos e negros. Será mais rápida se o país não acreditar nas falsas ameaças de que tocar no assunto nos trará o inferno da divisão por raças. Ora, a divisão já existe; sempre existiu. O que precisa ser construído são os caminhos do reencontro.

O tom da cor

6.11.2008

Só há o pós depois do antes. Só se chega depois da caminhada. Só se reúne o que esteve separado. Entender a diferença não é querê-la; pode ser o oposto. A imprensa brasileira, tão capaz de ver as desigualdades raciais dos Estados Unidos, tão capaz de comemorar um presidente negro, prefere, em constrangedora maioria, o silêncio sobre a discriminação no Brasil.

Lendo certos artigos, editoriais e escolhas de edição sobre a questão racial no Brasil, sinto-me marciana. Sobre que país eles estão falando, afinal? Com o que constroem argumentos e enfoques tão estranhos? Por que ofender com o espantosamente agressivo termo "racialista" quem quer ver os dados da distância entre negros e brancos no Brasil? Não é possível estudar as desigualdades sem pesquisar as diferenças entre os grupos. Não se estuda sem dados. No Brasil, há quem se ofenda com a criação de critérios para levantar os dados de cor como se isso fosse uma ameaçadora "classificação racial".

Veja-se a cena que está nas abundantes e belas imagens da vitória americana. Há várias tonalidades de pele no grupo que se define como afro-americano. Aqui, sustenta-se que miscigenação é exclusividade nossa e que ela eliminou as diferenças. Os pardos (ou mulatos, como alguns preferem) e os pretos (como define o IBGE) estão muito próximos em inúmeros indicadores e estão muito distantes em relação aos brancos. Medir a distância que ambos têm em relação aos brancos não é uma forma perversa de negar a miscigenação. É constatar que ela não eliminou a desigualdade. Medida a distância, é preciso conhecer suas razões. Só assim é possível construir as pontes que ligam as partes.

O presidente Barack Obama fez sua campanha sobre as diferenças raciais por vários motivos. Primeiro, por estratégia eleitoral: falava para um país de eleitorado majoritariamente branco. Qualquer candidato que escolha apenas um grupo perde a eleição. Ganha-se a eleição construindo coalizões. Ele formou a dele com os 90% de votos dos negros, 60% de votos dos latinos e 45% de votos dos brancos. Como há muito mais brancos no país, em termos numéricos, recebeu em termos absolutos mais votos de brancos. Vitória americana sobre sua própria História.

Outro motivo é que ele veio "após". Ele não precisava do discurso de reivindicação de direitos, porque o mesmo já foi feito na gloriosa caminhada que tanto conquistou. Um esforço que exige novos passos, mas que é extraordinariamente bem-sucedido. Obama não precisava acentuar sua condição de negro. Ele o é. Por isso, os jornais do mundo inteiro comemoraram "o primeiro presidente negro". Ele também é filho de branco, mas por que isso não causa espanto? Ora, porque os brancos são a etnia dominante. A novidade está em sua origem negra. O jornalismo destaca o novo, e não o fato banal.

Certas análises no Brasil se perderam em encruzilhadas, tentando adaptar os fatos às suas interpretações do que sejam as diferenças entre os dois países. Lá e cá houve e há discriminação. Lá, não negaram e evoluíram. Aqui, nos perdemos em questiúnculas desviantes, quando o central é: há desigualdades raciais e elas são intoleráveis.

Pessoas que pensam assim se esforçam para entender as razões e as raízes das desigualdades, se debruçam sobre os dados, não negam o problema existente. A libertação vem da verdade conhecida.

Quem não sabe, a esta altura, que o conceito de "raça" é falso? É bizantino repetir isso. Discutir a desigualdade racial não é a forma de "racializar" o país, mas, sim, de constatar um problema, criado sobre um artificialismo, que exige superação. Racializado ele já é, com essa vergonhosa ausência dos negros (pretos e pardos), em todos os círculos, do poder no Brasil.

Comemorar a vitória em terra alheia, negando a existência da derrota em casa, é uma escolha que tem sido feita com insistência no Brasil. Na festa de Obama, isso se repetiu. Aqui se vai da negação do problema à condenação de todo tipo de instrumento usado para enfrentá-lo. Tudo é acusado de ser "racialista": constatar as desigualdades, apontar suas origens na discriminação, tentar políticas públicas para reduzi-las. Argumentam que temos que melhorar a educação pública. Claro que temos, sempre tivemos. É urgente. Alguém discute isso?

A diferença entre a forma como o racismo se manifesta nos Estados Unidos e no Brasil não pode ser usada para perdoar o nosso. Aqui, vicejou a espantosa ideia da escravidão suave, como viceja hoje a ideia de que temos uma espécie de "racismo benigno" ou "apenas" uma discriminação social que atinge os negros pelo mero acaso de serem eles majoritários entre os pobres. São palavras que se negam. Esse tipo de violência não comporta o termo "benigno", como nenhuma escravidão pode ser suave, por suposto.

Estou sempre acompanhando os dados das desigualdades raciais, converso com negros e brancos que estudam o assunto, aprendo mais um pouco, procuro, esperançosa, algum avanço. Não acho que essa é uma conversa perturbadora da nossa paz social. Não acredito na paz que nega o problema. Acho lindo o sonho dos americanos, mas quero sonhar o meu.

A voz dos senhores

1.3.2009

O escritor romântico José de Alencar, de *O Guarani, Iracema* e tantos outros, era também um fervoroso militante do escravismo. Como parlamentar e jornalista, ele se entregou com paixão ao debate do século XIX para manter o que ele chamava de "instituição". Seus argumentos revisitados são reveladores do país em si. De alguma forma, há algo deles entre nós.

Em críticas ácidas ao imperador, inspirador de projetos abolicionistas, Alencar lança mão de tudo que possa chamar de argumento: D. Pedro II estaria agradando a potências estrangeiras; o fim da escravidão jogaria o país na guerra social; a "instituição" se esgotaria por si mesma; encerrada prematuramente, faria com que os negros cobrassem o que consideravam "justa reparação"; aqui, o cristianismo adoçara a escravidão tornando-a "mera servidão"; a escravidão no Brasil permitia que ex-escravos se integrassem perfeitamente à sociedade.

O livro *Cartas a favor da escravidão*, organizado por Tâmis Parron, tem o mérito de trazer de volta, com o frescor do momento em que foram colhidas, as palavras de um notório intelectual brasileiro defendendo o indefensável. Muito se aprende no livro. Da liberdade de imprensa do Império, da contradição e da ambiguidade do pensamento convencional, da batalha das ideias.

Os vencedores da batalha, como Joaquim Nabuco, tiveram seus argumentos exibidos. Mas o outro lado, o que sustentou por tanto tempo a perversidade, dele pouco se fala. As *Obras completas* de José de Alencar sofreram um expurgo. Os ensaios "Ao Imperador: novas cartas políticas de Erasmo", como ele as chamou, ficaram esquecidos naquele mesmo compartimento onde está o que não gostamos de admitir da nossa história e do nosso caráter.

O leitor contemporâneo constatará que Alencar é contraditório: um pensamento ora explícito, ora envergonhado. Reconhecerá sofismas de outros debates. Notará a tendência de eximir o Brasil e acusar os outros países pelos nossos erros.

Das manias nacionais, o *non sequitur*, o pensamento sem sequência lógica, está lá. Para Alencar, a escravidão é instituição civilizadora, com a qual a humanidade construiu o progresso, ainda indispensável no Brasil. A certa altura, no entanto, diz que a "causa moral do trabalho livre" já estava ganha no país, diz até que "para os filhos da Nigrícia já raiou a luz, e raiou na terra do cativeiro". Para ele, a "escravidão caduca", mas o abolicionismo era um "fanatismo do progresso". Pergunta se a escravidão é uma instituição exausta. Responde: "Nego, senhor, nego com a consciência de um homem justo que venera a liberdade", e termina afirmando: "a escravidão encerra a mais sã doutrina do Evangelho".

O estilo radical a favor dos que adotam um tom rebelado para manter o *status quo* está lá também. Diz que "as doutrinas que seduziram" o imperador eram uma "conspiração do mal, uma grande e terrível impiedade". E comparou o abolicionismo com as "seitas exterminadoras" que buscam o "fantasma do bem através do luto e da ruína".

402 Miriam Leitão

Os argumentos de que no Brasil a opressão é suave pela índole do povo brasileiro, ou pela mistura, estão lá. "Em três e meio séculos, o amálgama das raças havia de operar em larga profusão fazendo preponderar a cor branca. Três ou quatro gerações bastam, às vezes, no Brasil, para uma transformação completa." Ou "resolve-se a escravidão pela absorção de uma raça pela outra". A índole brasileira "adoça o cativeiro" até transformá-lo em "uma tutela benéfica". Para ele, "um espírito de tolerância e generosidade, própria do caráter brasileiro, desde muito transforma a instituição". O país já não tinha, diz Alencar, a "verdadeira escravidão", mas o simples "usufruto da liberdade". Afirmou que os que compravam a liberdade eram recebidos pela sociedade com "um espírito franco e liberal que acolhe e estimula". Ao mesmo tempo, é explícito em seu racismo. Certo momento, lamenta que os índios tenham "preferido" o extermínio à escravidão, obrigando o país a ter o negro: "Não houve remédio senão vencer a repugnância do contato com raça bruta e decaída."

A ideia da escravidão suave é destruída por ele mesmo. "O liberto por lei é inimigo nato do antigo dono." Segundo Alencar, o imperador estaria expondo a nação ao risco de um "vulcão", de "uma grande calamidade!". A libertação exporia a população à "sanha de um inimigo irritado pela anterior submissão, movido por instintos bárbaros e exclusivamente preocupado desse desígnio sinistro que ele supõe seu direito e considera uma justa reparação de um agravo".

Chama de "detratores da pátria" os que davam razão às críticas estrangeiras à escravidão, refere-se, com ironia, aos abolicionistas como os "filantropos" e culpa a Europa por todos os crimes que eram praticados no Brasil, já livre àquela altura. A Europa era culpada — e aqui um raro bom argumento — porque consumia os produtos fabricados com o trabalho escravo. Era também culpada por ter iniciado o tráfico e porque não mandava para o Brasil levas de migrantes que "despejassem sangue vigoroso para restabelecer o temperamento da população e lhe restituir robustez".

É profético em alguns momentos. Quando diz, 21 anos antes da abolição, que a escravidão acabaria em duas décadas. Quando ameaça o imperador: "A mesma Monarquia, senhor, pode ser varrida para o canto entre o cisco das ideias estreitas e obsoletas."

Terra nossa

Sejamos práticos: não se destrói a única casa na qual se pode morar.

O Rei da Mata Atlântica

6.8.2006

Tudo nessa história é inesperado. Um rico fazendeiro que abre mão do lucro para preservar mata e macacos e os protege, até à bala quando necessário, numa era em que um insensato Brasil punha abaixo a mata atlântica. Uma doutoranda de Harvard que desembarca em Caratinga, Minas Gerais, no começo dos anos 1980, se embrenha na mata e revoluciona a primatologia. O neto do fazendeiro que continua o sonho do avô nas poucas folgas que tem no emprego de piloto na Arábia Saudita. Um jequitibá e um macaco que morrem de tristeza. E mais impressionante: um grupo de primatas que não briga por comida ou fêmea, vive em harmonia, dividindo uma dieta vegetariana de flores e frutas.

É preciso seguir o fio condutor, que começa nos anos 1940, quando um imigrante libanês com seu filho, Feliciano, caminhava com mulas cheias de mercadorias pelas trilhas do interior de Minas. O libanês Miguel Abdalla era tropeiro; já Feliciano Miguel, seu filho, quis se estabelecer. Escolheu investir o dinheiro guardado na bela Fazenda Montes Claros, em Caratinga. No dia de fechar o negócio, seu Benzinho, o antigo dono, impôs uma condição: vendia apenas se o novo dono jurasse proteger a mata.

408 Miriam Leitão

Esse era o ano de 1944, e Caratinga era uma fronteira onde desembarcava gente de todo lado; terra selvagem onde muitas vezes as disputas eram decididas à bala. Depois vieram os anos 1950, do desenvolvimento a qualquer preço; os anos 1960 e 1970, quando o governo tinha o anúncio "Poluição é progresso". Feliciano Miguel Abdalla cumpriu a palavra dada. Sozinho, defendeu a mata que cobre dois terços da sua fazenda; no restante, plantou café, criou gado. Durante todos aqueles anos, ele fechou os ouvidos para os amigos e supostos especialistas que diziam que ele deveria "limpar" toda aquela floresta e plantar café. Nesse meio tempo, quase toda a mata atlântica foi derrubada. Mas de pé ficaram as árvores de Feliciano. Ele tinha os ouvidos abertos apenas para captar os barulhos de caçadores na mata. Quando os ouvia, corria atrás com suas armas e os espantava a tiros.

A cidade via como esquisitice a briga de Feliciano para proteger sua mata e seus macacos. Das várias espécies que viviam nos 900 hectares de mata, uma conquistou a predileção do dono da fazenda: os muriquis do norte, ou monocarvoeiros. Viraram, para a cidade, "os macacos do Feliciano".

Um dia, no final dos anos 1970, chegou um pesquisador, Álvaro Aguirre, da UFMG. Depois, o professor Célio Valle. Eles foram revelando a dimensão do que fora feito. Feliciano havia preservado, com sua coerente teimosia, um tesouro para a ciência e para o ambientalismo: a maior e mais viável população do maior macaco das Américas. Da ponta dos seus braços esticados à ponta dos pés, eles chegam a medir um metro e meio. A espécie, extremamente ameaçada, começou a ser conhecida fora do país quando o presidente da Conservação Internacional, Russel Mittermeier, promoveu o vídeo "O choro do muriqui", um emocionante apelo pela proteção da espécie. A gravação do vídeo, nos Estados Unidos, foi assistida por uma aluna, Karen Strier, que fazia doutorado em Harvard.

Ela veio estudar os muriquis e mudou o paradigma da primatologia que tinha como estabelecida a tese da agressividade, da domi-

Convém Sonhar   409

nância do macho e das disputas territoriais. Atraídos pelos estudos dela e por um congresso no Brasil, os maiores primatologistas do mundo acamparam no pátio da casa de Feliciano. O homem, que a cidade não entendia, estava sendo compreendido, naquele começo dos anos 1980, pela nata da ciência mundial.

Ele ajudou a ciência a revelar um primata diferente: extremamente pacífico, seus grupos vivem sem hierarquia, sem dominância masculina, com explícitas demonstrações de afeto entre eles. As fêmeas trocam de parceiro, mas nunca copulam com os filhos, aos quais vivem grudadas até eles terem 2 anos. São elas que migram na adolescência para outros grupos.

O estudo de Karen tem outro inesperado. Além das revelações interessantes, a persistência dela e seu esforço têm mantido mais de vinte anos de pesquisas com bolsistas do Brasil e do exterior, que estão chegando a novas revelações interessantes sobre esses carismáticos primatas. Mais estudados, eles ficaram mais protegidos, e o grupo começou a crescer. Porém agora está chegando no limite que o fragmento da mata pode oferecer. A agonia da um dia exuberante mata atlântica é a morte certa para eles. Lá é o único lugar em que os muriquis sobrevivem. E eles são um dos seus principais dispersores: as sementes que passam pelos seus intestinos germinam, o pólen das flores que comem é espalhado pelos seus corpos.

Sua linha de pesquisa é diferente. Ela não toca nos macacos, não os captura para marcar ou tirar sangue. Os pesquisadores apenas coletam fezes para estudos de DNA. A vantagem dos muriquis é que eles têm uma despigmentação no rosto que é uma espécie de impressão digital. Cada indivíduo tem uma marca única. Para estudá-los, Karen pôs nomes. O mais velho tinha lábio leporino, e ela o chamou de Cutlip, lábio cortado.

Feliciano Miguel Abdalla morreu em 2000, aos 92 anos. Seu legado foi protegido pela mulher, Palmira, e pelos filhos. Ele havia doado

410 Miriam Leitão

uma parte da Fazenda para ser instalada a Estação Biológica, onde ficam os pesquisadores. Seus descendentes transformaram a mata em RPPN, Reserva Particular do Patrimônio Natural, numa prova do compromisso com o sonho. O neto, Ramiro Abdalla Passos, de profissão piloto, que só encontrou na remota Arábia Saudita um emprego estável, gasta suas vindas a cada dois meses ao Brasil para continuar o trabalho de proteção através da ONG Preserve Muriqui. Karen escreveu trabalhos técnicos que viraram livro-texto da primatologia, e um texto fácil de ser lido por leigos: "*Faces in the forest*", está sendo traduzido pela Preserve Muriqui.*

Quando recebia alguém na fazenda, Feliciano tinha uma mania: levava o visitante para conhecer a sua árvore favorita, um jequitibá. Soberana da mata, a árvore de 50 metros e 200 anos era um magnífico exemplo da exuberância da mata atlântica. Foi lá que, em entrevista à TV Globo, mais de dez anos atrás, ele explicou de onde veio sua sabedoria ambiental: do pai libanês.

"Meu pai sempre me dizia que tivesse cuidado com as matas, as madeiras, porque o fim disso seria trágico. Aquilo gravou na minha memória e eu me tornei um conservador praticamente de berço. O que me preocupa é minha idade avançada, mas meus filhos vão continuar a minha defesa que eu fiz até o momento presente."

Dias depois da morte de Feliciano, Cutlip apareceu morto; morte natural. E, do nada, tombou, sem causa aparente, o belo e frondoso jequitibá. Ele está lá caído e impressiona quem quiser ver que essa história, além de inesperada, tem também seus mistérios.

Em coautoria com Sérgio Abranches. Esta reportagem recebeu o Prêmio de Reportagem sobre a Biodiversidade da Mata Atlântica, dado pelo SOS Mata Atlântica e pela Conservação Internacional.

---

* Ramiro hoje é piloto na Rússia. O livro foi traduzido e tem sido doado a escolas e instituições de pesquisas pela www.preservemuriqui.org.br.

Você decide

24.11.2004

De um lado, um paredão de concreto de 180 metros pronto para iniciar a geração de 650 megawatts de energia. De outro, 4 mil hectares de mata atlântica, com araucária, árvore pré-histórica em extinção. É o dilema de Barra Grande. Conflitos entre preservar a natureza e produzir energia sempre vão existir. Mas este é emblemático. Até porque a licença prévia foi dada como se fosse o caso de uma mata sem importância quando, na verdade, é um patrimônio ambiental.

— Alguém se omitiu. Esse é um caso de falência institucional. Ninguém viu que tinha 25% de floresta primária? Como é possível? — pergunta a ministra Dilma Rousseff.

O caso começou há cinco anos, quando foi dada a licença prévia para a empresa Engevix, que fez o projeto. É aí que começa o mistério das árvores centenárias que ninguém viu. O Estudo de Impacto Ambiental não falava delas. A licença foi dada, a licitação foi feita e a obra começou.

A hidrelétrica fica entre Santa Catarina e Rio Grande do Sul e pertence à Baesa, uma sociedade entre uma multinacional, Alcoa, e a fina flor do capitalismo nacional: Bradesco, Camargo Corrêa e Voto-

412 Miriam Leitão

rantim. Agora a obra está pronta e, para começar a produzir energia, a mata tem que ser derrubada.

Foi quando a confusão começou. A Baesa mandou para o governo o Inventário Florestal. Nele está descrita uma mata inteiramente diferente da que constava no Estudo de Impacto Ambiental, feito pela Engevix. A confusão até hoje persiste:

— Esta área não é tão preciosa, 80% dela é lenha. Dos 20% que representam madeira nobre, apenas 2% são de araucária, árvores que o Ibama chama de "indivíduos" — diz Carlos Miranda, diretor da Baesa.

— Esta área é uma floresta ambrófila mista, ou seja, formada, entre outras, por araucária, que está em extinção. Parte da floresta é primária, nunca foi tocada; outra é secundária, em avançado estágio de regeneração, de um enorme valor ambiental — diz Nilvo Silva, diretor de licenciamento do Ibama.

Numa nota divulgada pelo seu site, a Engevix garante que no estudo inicial falou da existência das araucárias e, ontem, o diretor-sócio José Antunes disse o seguinte:

— Nós fizemos interpretação de fotografias aéreas que mostravam que eram matas secundárias, com manchas de matas primárias. Mas os órgãos ambientais estaduais e o Ibama fizeram depois a verificação por terra e ar.

— Não há dúvida de que o estudo feito pela Engevix é ruim e não reflete o que tem lá — conclui Nilvo Silva, do Ibama.

O Ibama está fazendo um inquérito administrativo, mas tem uma dificuldade:

— Tudo isso foi há quatro, cinco anos. Os técnicos responsáveis pelo estudo não são funcionários do instituto, já nem trabalham no governo — explica Nilvo.

Carlos Miranda, da Baesa, exime-se de qualquer culpa:

— Nós ganhamos uma licitação que já tinha uma licença ambiental prévia. O inventário do licenciamento prévio não acusou a existência dessa vegetação. Construímos a obra e só então fomos verificar a cobertura florestal que teria que ser suprimida. Aí o Ibama não deu a licença. Acionamos o presidente do Ibama na Justiça e foi quando apareceram os problemas.

— Confusão formada, as duas ministras entraram em cena, cada uma defendendo o seu ponto de vista. A ministra Dilma quer expansão da energia, a ministra Marina quer manter o meio ambiente, e o ministro José Dirceu apresentou a conta — resume Carlos Miranda.

O ministro-chefe da Casa Civil, chamado para intermediar, ajudou a negociar uma solução que a Baesa diz que é cara demais, que as ONGs ambientalistas acham que é inútil e que o Ibama diz que não é a ideal para ninguém.

— Assinamos um termo de ajustamento de conduta que nos obrigará a fazer um gasto a mais de R$ 25 milhões, a serem pagos em uma série de obrigações que temos que cumprir. Mas a cada hora aparece uma coisa que aumenta o custo. O risco é de não ter mais central hidrelétrica no Brasil — lamenta Carlos Miranda.

— Nesse termo assinado, a Baesa terá que comprar uma área de mata com araucária e transformá-la em parque nacional. E terá que recolher material genético da área alagada para um banco de germoplasma — conta Nilvo, do Ibama.

Uma rede de ONGs da Mata Atlântica entrou na Justiça para proteger a floresta. Conseguiu uma liminar que suspendeu o corte de árvores, já autorizado pelo Ibama.

— Concedi a liminar, entre outras razões, porque o Ibama não poderia ter dado a licença, pois existe em todo o território de Santa Catarina outra liminar proibindo a supressão de cobertura florestal de mata atlântica — diz o juiz Osni Cardoso Filho.

A liminar acabou cassada em instância superior, mas as ONGs permaneceram no local junto com o Movimento dos Atingidos pelas Barragens e impedem o corte das árvores. A dúvida que o caso levanta é: se o licenciamento ambiental é a garantia da sociedade e ele é concedido diante de um laudo errado, que segurança a sociedade pode ter?

A ministra Dilma garante que isso não vai se repetir:

— O meio ambiente agora vai integrar o projeto. Haverá um comitê de gestão integrada de recursos hídricos que analisará o impacto ambiental e social de cada bacia.*

O caso encerra duas questões: como ninguém viu uma floresta primária de mata atlântica com araucária? E, mais importante: o que vale mais, uma hidrelétrica que vai gerar energia equivalente a uma turbina de Itaipu ou uma floresta em que há mata primária de araucária?

---

* Quando a ministra Dilma Roussef assumiu a Casa Civil, o assunto foi decidido: os construtores da hidrelétrica tiveram permissão para derrubar a mata.

Começo do futuro

16.2.2005

Poderia ser um dia luminoso o de hoje. Dia em que o mundo seria racional e cooperativo. O Protocolo de Kyoto é um daqueles momentos, como o da queda do Muro de Berlim, em que a inteligência supera a insensatez habitual. Já que as emissões de gases de efeito estufa são o veneno depositado na atmosfera, todos vamos recuar juntos, devagar, para níveis cada vez mais toleráveis de emissão.

A ideia era essa, mas a festa não é completa por vários motivos: perdeu-se tempo demais, o esforço não conta com a colaboração do sujão-mor, as metas vão só até 2012, a destruição se acelerou nesse meio-tempo e os muitos interesses econômicos paralisam pontos importantes. Quanto ao Brasil, a esperança de que outro meio ambiente era possível foi derrubada diante dos últimos dados de desmatamento.

Apesar disso, o novo tratado é comemorado.

— É o primeiro acordo multilateral sem a presença dos Estados Unidos. Mesmo assim, a Europa adotou os princípios e estabeleceu metas. Vários estados americanos estão adotando limites de emissão, como a Califórnia. Hoje, em Londres e em Chicago está em funcionamento um mercado de créditos de carbono — diz Israel Klabin, da Fundação Brasileira para o Desenvolvimento Sustentável.

O crédito de carbono foi a forma de transformar o bom propósito em *commodity*. A empresa poluidora pode adotar novas tecnologias que reduzam a poluição ou, então, comprar a redução de um projeto certificado como ambientalmente limpo.

O mundo começou a sonhar com o dia de hoje em 1992, no nosso Rio da degradada Baía de Guanabara, mas as ideias só foram para o papel em Kyoto. Lá, as negociações avançaram e agora, com a adesão da Rússia, entram em vigor. Mas o mundo está perdido em velhos debates.

Um deles, comandado pelo Brasil. O governo rejeita qualquer compromisso internacional de deter o desmatamento convencido de que o "estoque" de problemas foi provocado pelo mundo industrializado. Foi mesmo. E Kyoto consagra o princípio ao dividir o mundo em dois grupos: os que desde a Revolução Industrial emitem gases do efeito estufa e, por isso, têm metas de redução a cumprir, e os outros. Mas o problema também é de fluxo: o ritmo de destruição da Amazônia está tão acelerado que é hoje responsável por dois terços da emissão brasileira. E o país já é o 6º maior emissor. Em 2004, pode ter batido o recorde de desmatamento: 25 mil quilômetros quadrados num só ano.

O Brasil teme que limites externos possam impedir o desenvolvimento do país. O economista Carlos Eduardo Young, da UFRJ, garante que é falso o conflito entre crescimento e meio ambiente:

— Às vezes, não crescer degrada o meio ambiente. Depende do modelo de desenvolvimento que o país adote.

Young vê defeitos em Kyoto, mas admite que é um começo. Acha que a forma de contabilizar as emissões não ajuda a evitar o desmatamento. Apesar de as queimadas da Amazônia serem fontes de emissão, protegê-la não gera crédito. O próprio Brasil ajudou a produzir este resultado na negociação quando recusou metas para o controle do desmatamento.

— O governo brasileiro nunca lutou para que os esforços para evitar o desmatamento gerassem crédito de carbono — diz Young.

A nova era de responsabilidade ecológica faz outra separação de países: entre sensatos e insensatos. Num texto recente, o cientista político Eduardo Viola mostrou como alguns países têm se esforçado e outros não: Estados Unidos deveriam reduzir até 2010 as emissões para um nível 7% menor que o de 1990; está 14% mais alto. O Canadá deveria reduzir 6%, e o nível está 17% mais alto. A Inglaterra deveria estar 12% mais baixo e já reduziu em 15% a emissão. A Alemanha deveria reduzir em 21% e já conquistou 17% de redução. O Japão deveria estar com um nível 6% mais baixo, está 4% mais alto.

— A Europa está na frente. O presidente Jacques Chirac disse que o mundo deveria impor uma redução não de 5%, mas de 50% até 2050, mas avisou que é preciso incluir Brasil, Índia e China. Qualquer ampliação dos compromissos terá metas para o Brasil — conta Walfredo Schindler, da FBDS.

— Algumas empresas europeias estão com um programa importante de redução de emissões, como British Petroleum e Du Pont. Começa a aparecer uma nova atitude em relação ao meio ambiente. Agora se sabe que o mundo não vai continuar nos fornecendo o que sempre nos forneceu: ar puro, água limpa, alimentos — afirma Fernando Almeida, do Conselho Empresarial para o Desenvolvimento Sustentável.

O Brasil está junto com México, China, Índia, África do Sul, Indonésia, Malásia, Coreia do Sul e Tailândia entre os que não aceitam limites e compromissos. Sempre na ideia de que os maiores sujaram mais, portanto que se preocupem com a limpeza.

Se tiver um olhar mais amplo, o Brasil poderá ver o ponto no qual Kyoto encontra a missionária Dorothy Stang. A análise da Organização Internacional do Trabalho mostra que o desmatamento caminha junto com o trabalho escravo.

— No mapa, vê-se que os dois estão juntos. Os trabalhadores tratados como escravos são os que vão desmatar ou limpar o terreno depois das queimadas — diz Patrícia Audi, coordenadora do combate ao trabalho escravo da OIT no Brasil.

O ponto de encontro entre os dois é uma parte da tragédia nacional. Portanto é pelo Brasil que o Brasil deveria assumir compromissos de deter os desmatadores.

É um lixo só

3.8.2008

Um absurdo acontece nos nossos narizes. Quando respiramos nas grandes cidades, inalamos enxofre expelido pelos combustíveis, principalmente o diesel. Nos Estados Unidos, na Europa, em Taiwan e no México, o teor de enxofre no diesel já caiu. No Brasil, há sete anos, uma resolução determinou a limpeza do combustível. A Petrobras garantiu que vai cumpri-la em 2009. Não cumprir tem custo financeiro e em vidas humanas.

A resolução 315 do Conama (Conselho Nacional do Meio Ambiente), de 2002, estabeleceu que o diesel brasileiro teria que ter 50 partes de enxofre por milhão. Esse é um movimento mundial e, comparado ao produto de outros países, o nosso é um lixo só. Nos Estados Unidos, há anos já foi atingido o nível de 50 partes por milhão (ppm). Agora se busca a meta de 15 ppm. Na Europa, a meta hoje é de 10 ppm. No Brasil, o diesel tem 500 partes de enxofre por milhão nas grandes cidades e 2 mil no interior do país. A gasolina tem 1.000 ppm. Porém o diesel preocupa mais porque é um composto mais pesado; as partículas emitidas são mais danosas à saúde humana.

420 Miriam Leitão

Se a regulação do Conama, enfim, entrar em vigor no ano que vem, o nível de enxofre cairá para 50 ppm tanto no diesel das grandes cidades quanto no do interior. Mesmo quando chegarmos lá, estaremos atrás do México, onde hoje são 50 ppm e, no ano que vem, serão 15. Taiwan chegou aos 50 ppm há quatro anos. No Canadá, que tem um petróleo pesado, eram 340 ppm, hoje são 30. São vários os países grandes e médios que já vêm atingindo níveis cada vez menos nocivos.

Esse caso contém os sinais de vários defeitos do Brasil: o excessivo poder da Petrobras; a ineficiência dos órgãos regulatórios, principalmente da ANP; o descaso com a saúde do cidadão; o lobby da indústria automobilística. O Conama deu um enorme prazo para que a sua determinação fosse cumprida, mas a Agência Nacional do Petróleo, que teria de informar as especificações técnicas dos combustíveis, deixou o tempo correr. Só em outubro, após muita pressão de entidades como o movimento Nossa São Paulo, OAB, Secretaria do Meio Ambiente de São Paulo, entre outras, divulgou as especificações.

Começou então um movimento para o adiamento da entrada em vigor da resolução, marcada para janeiro de 2009. Ou, pelo menos, para uma implantação gradual. As entidades reagiram. O Ministério do Meio Ambiente avisou que não vai aceitar adiamentos. Na sexta-feira mesmo, o ministro Carlos Minc reiterou isso, dizendo que exigirá compensações da Petrobras e da Anfavea caso elas não cumpram o prazo. Procurada pela coluna, a Petrobras garantiu, também na sexta-feira, por escrito, que "a Companhia vai fornecer o diesel 50 ppm a ser utilizado pelos veículos com tecnologia P-6 da resolução 315. Este produto já está inclusive disponibilizado pela companhia para testes por parte da indústria automobilística".

Esse diesel cheio de enxofre é o principal culpado pela poluição gerada pelo trânsito. A poluição causa várias doenças respiratórias e até câncer de pulmão — 5% dos casos são causados pela poluição. No mundo, 2 milhões de pessoas morrem por ano de doenças decorrentes da poluição do ar.

O professor Paulo Saldiva, do Laboratório de Poluição Atmosférica da USP, coordena um levantamento que mede a incidência de poluição em grandes cidades: Recife, Belo Horizonte, Rio de Janeiro, São Paulo, Curitiba e Porto Alegre. Segundo ele, o monitoramento era muito falho, o que faz com que se argumente, muitas vezes, que só São Paulo e Rio têm problemas com a poluição:

— Todas essas cidades em que fizemos a pesquisa estão com níveis acima do que é recomendado mundialmente. Apenas Recife está só um pouco mais alto.

O professor fez uma conta considerando a população economicamente ativa, entre 20 e 60 anos, na região metropolitana de São Paulo; ele chegou a um custo de US$ 1,5 bilhão, por ano, devido a problemas decorrentes da poluição. Ainda que só 10% da frota sejam a diesel, esse combustível é o responsável por 50% das emissões do material particulado fino, que forma a fumaça preta, um dos maiores responsáveis por mortes e doenças respiratórias do país. De acordo com Paulo Saldiva, a poluição é a causa de cerca de 400 mortes por ano só na cidade de São Paulo.

O professor Roberto Schaeffer, da Coppe, pondera que o problema da poluição não é apenas o diesel nos ônibus e caminhões. O carvão como fonte de energia emite muito enxofre. É uma importante parte da matriz energética da Europa, da China e da Índia:

— O mais importante é a concentração de poluente no ar. O Brasil hoje é relativamente menos poluído devido à matriz energética.

Quem respira o ar de São Paulo dificilmente concordaria com isso. Não precisa ser especialista em saúde para saber que respirar enxofre provoca vários danos aos seres humanos. Não precisa ser economista para saber que isso representa maior custo fiscal, pelo impacto na Saúde. Não precisa ser especialista em regulação para saber que alguma coisa está errada num país em que a determinação de um conselho ambiental feita com tanta antecedência precisa da pressão da sociedade civil, dos especialistas, dos ambientalistas, para que se tenha esperança de que ela será cumprida.

A Petrobras, em sua nota, disse que vem retirando gradativamente o teor de enxofre do diesel e da gasolina desde o começo dos anos 1990 e garante que investiu US$ 1,6 bilhão de 2000 a 2007 para melhorar a qualidade dos combustíveis.

Não há razão para novos adiamentos; a tecnologia de redução de enxofre já está dominada e é um imperativo de saúde pública.*

---

* A Petrobras e as montadoras tiveram um prazo maior para cumprir a resolução.

Terra nossa

2.11.2006

Pena que ele não foi eleito! É o que se pensa ao fim do filme de Al Gore. A outra frase que vem à mente é: na campanha, não se tinha ideia de que ele fosse assim tão interessante! Gore parecia um boneco pré-programado. Certinho demais para ser verdadeiro. No filme, ele é um ser humano com toda intensidade: fala do vazio após a derrota, da morte da irmã fulminada pelo mesmo tabaco que fez a fortuna da família e, sobretudo, fala do personagem principal: a Terra.

Não deixe de ver o filme. É o que ele pede no fim — uma propaganda boca a boca —; pedido que atendo com convicção. O filme é bom e a verdade, de fato, inconveniente: é muito mais confortável achar que, no planeta, os recursos são infinitos.

O tema tem se tornado inevitável. A intensidade do debate aumentou agora um pouco mais com o relatório de Nicholas Stern, que veio para ser um marco do momento em que, definitivamente, os economistas entraram na conversa. Stern foi economista-chefe do Banco Mundial, dedicou mais de um ano ao estudo que divulgou e pôs as teses dos cientistas em contas econômicas, provando que é mais barato prevenir do que remediar. Em números: tomar medidas para conter a emissão de gases do efeito estufa custa 1% do PIB mundial. Não tomar qualquer providência pode nos custar até 20% do PIB mundial. O relatório tem outro significado: marca a solidão de George Bush. Nem mesmo Tony Blair, disposto a ir à guerra com ele, aceita a posição de Bush em relação ao meio ambiente. Ultraje maior para Bush: o homem que o venceu no voto popular, que reciclou a própria biografia e virou pop, foi nomeado por Blair consultor do governo trabalhista inglês para assuntos de aquecimento global.

Gore não inventou o tema do aquecimento global para aquecer sua biografia. Alertado na universidade por um professor que tinha uma precoce preocupação com o assunto, ele dedicou parte da sua vida política a tentar explicar aos outros a ameaça que pesa sobre o planeta. Derrotado numa eleição em tudo deplorável, pergunta-se o que fazer depois dessa avalanche em sua vida. Decide fazer palestras para mostrar o que sempre o preocupou. As palestras fazem sucesso, transformam-se em filme e alimentam um debate cada vez mais acalorado sobre os limites físicos do planeta. Há derrotas que vêm para o bem!

Os dados são alarmantes, e as técnicas dos cineastas americanos dão ritmo ao documentário narrado por Al Gore. O filme captura a atenção, instrui e emociona.

Ele relata as principais descobertas da ciência e do clima que acabaram levando a um consenso que deixa de lado um grupo pequeno de cientistas céticos que sustenta que ainda não há provas suficientes. A revista *Economist*, que um dia foi uma grande defensora dos céticos, fez recentemente uma reportagem de capa em que sustenta: mesmo não havendo certeza absoluta de que um processo de mudança radical no clima do planeta está em curso pela ação do ser humano, é preciso pagar o preço de deter o processo e evitar o desastre. Assim como os seguros são pagos para evitar um sinistro que talvez não aconteça. Mas existem sinais evidentes de que alguma coisa está muito errada com a Terra. No filme, pode-se ver o antes e o depois;

nas geleiras que desapareceram, no emblemático Kilimanjaro perdendo a sua neve, nos Alpes europeus cada vez menos nevados, no desmonte da Groenlândia. Eventos naturais cada vez mais violentos. O que hoje já está provado é que eventos extremos, como o Katrina, têm sido mais frequentes e mais destruidores.

Há contas simples: quando Gore nasceu, o mundo tinha 2 bilhões de habitantes, era o pós-guerra, quando os filhos nasciam em profusão, o *baby boom*. Hoje, ele está na meia-idade, e a população já triplicou. Somos 6 bilhões. E continuamos crescendo, tirando da Terra mais do que ela consegue repor. Os Estados Unidos, os maiores poluidores do planeta, recusam-se a assinar o Protocolo de Kyoto, quando o mundo já tem que saber o que vai acontecer depois de Kyoto, ou seja, o mundo além de 2012. A China, segundo maior poluidor, é uma ditadura que tenta calar com censura e violência os protestos dos chineses contra os desastres cada vez mais frequentes. O Brasil, dono de uma biodiversidade exuberante, de um estoque privilegiado de água doce, terra natal de 60% da maior e mais preciosa floresta do planeta, é o quarto maior poluidor por incendiar anualmente a floresta numa proporção alarmante.

Vamos imaginar que você não acredite em nada disso, que não saiba avaliar se são muito ou pouco os 25 bilhões de toneladas de gases estufa que jogamos anualmente na fina camada de atmosfera que nos mantém vivos. Mesmo assim, admita: a Humanidade sabe ser insensata. A novidade agora é que essa insensatez pode matar. Não a Terra. Ela pode continuar vagando no espaço sem oxigênio; ela pode rodar em torno de si mesma, em volta do Sol, eternamente, sem gelo, sem floresta, sem água, sem vida. A ameaça está sobre nós. Os cientistas acham que o problema é climático; os ecologistas, que é ambiental; Stern calcula que é um problema econômico; Gore sustenta que é uma questão moral. Sejamos apenas práticos: não se destrói a única casa na qual se pode morar.

O velho e o bispo

6.10.2005

O rio que atravessa nossos corações nasce em Minas e passa por outros quatro estados antes de mergulhar no mar. Tem nome, mas os íntimos preferem o apelido: Velho Chico. É daqueles tesouros que o país tem degradado por séculos. Um amor maltratado. Por ele, o bispo, Dom Luiz Flávio Cappio, faz greve de fome. O governo diz que a transposição vai matar a sede de 12 milhões de pessoas sem prejudicar um brasileiro; o bispo diz que o rio está à morte e a obra prejudicará os mais pobres.

Há razões e números de lado a lado, mas não é preciso ser especialista para saber que o rio São Francisco está doente. Nem poderia ser de outra forma: tem sido atacado impiedosamente, perdeu quase toda a sua mata ciliar, produz energia em várias usinas, está assoreado e é destino do esgoto de muitas cidades ribeirinhas. Só Belo Horizonte joga nos afluentes, das Velhas e Arruda, 30% dos seus dejetos. Outras 200 cidades fazem o mesmo; e muitas outras jogam lixo.

Qualquer transfusão exige um doador saudável. Portanto, primeiro é preciso fortalecê-lo. O governo diz que está fazendo isso. Mas o programa de revitalização do rio São Francisco levanta muitas dúvidas nos técnicos e até em quem não é especialista. No site do Ministério da Integração Nacional, está escrito que o programa de recuperação das matas ciliares será abastecido por dois viveiros que produzirão 200 mil mudas/ano cada um. É uma quantidade miserável para a dimensão do rio. Há mais de ano, já havia perguntado ao Ministério da Integração Nacional se esse número não era acanhado demais. Porém, no site do ministério, os números permanecem os mesmos.

A ambientalista catarinense Miriam Prochnow iniciou, numa pequena propriedade da família, há 18 anos, um trabalho de produção de mudas de matas nativas na região. Era o começo da ONG Apremavi, Associação de Preservação do Meio Ambiente do Alto Vale do Itajaí. Ela produzia 250 mil mudas por ano. Foi para 500 mil. Acaba de fazer uma parceria com a Klabin para reconstituir a vegetação nativa em propriedades de até 50 hectares em Santa Catarina, ou seja, pequenas propriedades. Está aumentando a produção de mudas para 1 milhão por ano. É evidente, por qualquer medida, que essas mudinhas da revitalização não serão, nem de longe, suficientes para recuperar as margens do vasto e velho Chico.

Houve muito debate nos últimos anos, o governo Lula fez algumas melhorias no projeto, reduziu bastante a vazão da água para a transposição, mas continuam a ser levantadas questões razoáveis. No fim do ano passado, a SBPC fez um *workshop* sobre o tema e inúmeras reservas à transposição foram feitas. Os cientistas reconheceram que o governo Lula mudou o projeto, reduzindo o volume de água a ser tirado, mas, calculando todas as outras utilizações do rio, os possíveis conflitos de uso, os volumes necessários para cada atividade, consideraram que o que será escoado para os canais representa 25% do total disponível, e isso pode gerar dificuldades nos momentos de seca. Entre as várias observações que fizeram, disseram que existem apenas "acenos" de revitalização do rio.

A preocupação com os riscos de transposições e o pouco cuidado com os rios não são apenas do bispo em greve de fome ou de am-

428 Miriam Leitão

bientalistas brasileiros. Isso tem sido muito estudado por cientistas do mundo inteiro. O que acaba de acontecer com o Mississippi, com a tragédia do Furacão Katrina, mostra que os rios precisam ser mais respeitados.

O Banco Mundial fez, no governo anterior, uma análise detalhada do projeto e depois, em relatório enviado para as autoridades, fez várias observações contra a ideia da transposição. O governo diz que discutiu o assunto durante dois anos e meio em audiências públicas e que aproveitou várias críticas, mas apenas as que eram construtivas. Muita gente acha **que** o governo discutiu ouvindo apenas o que lhe convinha.

O Brasil pensa nesse assunto há muitas décadas, tem dúvidas há décadas. O próprio presidente Lula, durante a campanha de 2002, chegou a dizer uma frase que poderia ser subscrita por vários dos atuais críticos: afirmou que "mais importante do que pensar na transposição seria revitalizar as cabeceiras".

Atualmente, Lula disse que está consciente e convencido da "justeza" do projeto. Tanto que está tudo preparado para começar a obra no dia seguinte ao que for dada a licença ambiental. Curiosamente, o Ibama não quer falar do assunto. Se a licença ambiental está para sair, é porque o órgão se convenceu de que os riscos não existem. Se é isso, deveria tranquilizar os brasileiros, e não ficar em silêncio.

O Exército recebeu ordens de ficar a postos para iniciar a obra imediatamente. Quatro batalhões de engenharia, do Rio Grande do Norte, do Piauí, da Bahia, têm ordens para começar a construção de canais e barragens.

Em duas entrevistas no atual governo, o ministro Ciro Gomes disse que o "rio São Francisco está ferrado". A palavra escolhida pelo ministro é eloquente. Deve significar que, antes de qualquer coisa, é preciso fazer urgentes e profundos esforços de recuperação de um rio com tal grau de fragilidade.

Grandes tarefas

16.5.2008

Quase 100 mil quilômetros quadrados de floresta amazônica foram destruídos durante o governo Lula. Um Pernambuco inteiro. Sem contar este ano. Acusavam a ex-ministra Marina Silva de ser intransigente. Imaginem se ela não tivesse sido! O Brasil está no meio de uma guerra, e o campo de batalha é a Amazônia. A saída de Marina é um lance dessa guerra, que continuará com Carlos Minc.

O aumento dos preços das *commodities*, a crise da falta de alimentos no mundo, a necessidade de gerar mais energia para sustentar o crescimento, o período eleitoral, o bloqueio dos financiamentos, tudo vai intensificar a luta na Amazônia. Inútil pensar que a questão vai se resolver porque o novo ministro aprovaria licenciamentos ambientais com rapidez.

Licenças dadas "na marra", sem responder às dúvidas dos técnicos, enfrentam o Ministério Público e podem parar na Justiça. Quando Marina assumiu, havia 45 projetos de hidrelétricas parados na Justiça. Os problemas foram resolvidos. A Amazônia é a nova fronteira hidrelétrica, tem dito a ministra Dilma Rousseff, portanto novos impasses vão surgir entre produzir a energia necessária e pro-

430 Miriam Leitão

teger a floresta. Só o anúncio de novas obras já acelera a corrida pela ocupação da terra.

Uma visão simplista, que ficou consagrada, sustenta que toda a briga do Madeira se deve a um tal bagre. Quem se informou sabe que foi mais complexa a discussão para o licenciamento. Os técnicos do Ibama levantaram questões objetivas. O rio Madeira é riquíssimo em peixes; eles serão afetados? Tem muitos sedimentos; isso reduziria a vida útil da obra e aumentaria os alagamentos? A região tem foco de malária; como proteger a população que está indo para lá atraída pela obra? A tecnologia bulbo só foi usada em usinas com poucas turbinas, essas terão 44 ou mais turbinas; qual é o impacto disso? Todas dúvidas razoáveis, que exigiam estudos. A licença foi dada com uma série de condições, pois o princípio da precaução deve prevalecer se não formos insensatos.

O país pode escolher a visão rasa que diz que a ex-ministra era contra o agronegócio. É isso que afirmam os ruralistas que este ano ocuparam a Comissão de Meio Ambiente da Câmara dos Deputados. Sob esse guarda-chuva, querem aprovar leis que ampliem as facilidades de desmatamento da Amazônia. Não acham o bastante o Brasil perder 100 mil quilômetros quadrados de floresta em seis anos. Uma das propostas é aceitar que quem desmatou 50% de sua propriedade possa refazer a reserva legal com espécies exóticas. Isso produziria dois efeitos. Primeiro, quem ainda tem 80% de reserva abateria tudo imediatamente para fazer uso comercial da terra; segundo, o país trocaria a riquíssima biodiversidade amazônica por plantações de eucalipto. A troca não é inteligente.

Ninguém enfrentou ainda o nó cego que é a propriedade da terra, a chamada "questão fundiária". De quem é a terra onde se planta, cria-se gado, tira-se madeira na Amazônia? Essa é a pergunta que, em algum momento, o Brasil terá que responder, seja quem for que estiver ocupando o Ministério do Meio Ambiente, a ideológica ou o pragmático.

Essa inescapável questão, que nos ronda há décadas, divide o Incra em dois grupos irreconciliáveis. Um acha que o mistério tem que começar a ser desvendado partindo-se da análise dos documentos atuais para, num exame minucioso, ir separando falsos de verdadeiros. Outro grupo acha que é preciso partir do chão, procurando saber quem está hoje na terra para se achar o dono original. Há, pelo menos, 16 tipos de papéis diferentes, todos eles com um tipo de fraude. Há capas de legalidade em alguns. Os CPCVs, por exemplo, são os Contratos de Promessa de Compra e Venda emitidos pelo governo militar a quem aceitasse ocupar lotes de 3 mil hectares. Quem fosse teria que cumprir determinadas condições para ter o título definitivo. Era um documento intransferível. Quase todos foram transferidos e passaram pelas mãos de vários "donos". Por esses papéis, falsos, meio falsos, totalmente fraudados, se mata na Amazônia. A irmã Dorothy Stang foi morta numa disputa de terra assim.

A posição do Brasil no debate climático mundial envelheceu, e o Itamaraty, dono da posição, não percebeu. Parte da ideia de que países de industrialização recente, como nós, não podem assumir metas de redução dos gases de efeito estufa. O efeito prático dessa estupidez é ajudar a China a enfumaçar o planeta e dar um álibi ao nosso desmatamento.

— Quando algum jornal inglês, francês, americano escreve qualquer reportagem sobre o desmatamento e o avanço da produção de carne e soja, vai lá o embaixador entregar uma carta ao jornal. De nada adiantará carta de embaixador. Eles têm o direito de criticar o desmatamento e vão fazer isso cada vez mais. A pressão contra nós vai aumentar e temos que responder fazendo a coisa certa — diz o ex-governador Jorge Viana.

Há tarefas inadiáveis na Amazônia, seja qual for o ministro. Atualizar a nossa posição sobre o clima, regularizar as terras, deter o desmatamento. O governo pode jogar rios de dinheiro através dos bancos públicos no bolso dos empresários brasileiros, mas, se o Brasil não combater, com atos, as evidências de que a nossa produção agropecuária cresce à custa da floresta, nossas exportações serão barradas. Quem não entende isso é que é contra o agronegócio.

O velho e o novo

27.4.2008

As Blazers e picapes da Polícia Federal, com os jovens policiais em preto, corriam na frente e atrás dos carros do Ibama. Eram duas horas de uma tarde calorenta em Paragominas. Meu carro se esforça atrás de todos. O comboio pegou uma estrada de chão, entrou numa madeireira, embrenhou-se mais e parou numa carvoaria. Todos pularam dos carros. Os policiais se espalharam. Do carro do Ibama, saíram pessoas com máscaras e barras de ferro. Movimentos ágeis com as barras em pontos certos, e os tijolos dos fornos desabavam. Labaredas e fumaças tornavam a cena mais dramática.

Norberto Sousa tem cara de índio, usa o colete verde do Ibama e tem a segurança de quem conhece o terreno. Ele é que dá as ordens aos rapazes contratados para destruir os fornos:

— Peguem o trator, usem o trator, ponham tudo no chão — diz, enquanto me explica que a carvoaria, que tinha licença para operar dez fornos, tem 180. Três pessoas olhavam de longe. Eram funcionários. José João, maranhense, garantiu que tinha carteira assinada, mas só soube contar quanto ganhava por forno que enche e que esvazia. "Agora vou pra casa", murmura.

Com as notas fiscais da W.M. Carvoaria para entregar ao Ibama, estava apenas uma pessoa que se identificou como "amigo do gerente".

— O dono está viajando para Minas, o gerente foi para Marabá e me pediu para ficar aqui — disse.

Os policiais explicam que agentes à paisana acharam as primeiras informações da carvoaria com os fornos excessivos. O Ibama, para ter sede lá, tem que usar salas cedidas pela prefeitura no parque ecológico da cidade. Mesmo sem estrutura, Norberto não teme enfrentar até órgãos públicos:

— Autuamos o Incra porque ele estava dando licença para derrubar castanheira (árvore protegida) em assentamentos. Os assentados recebem cesta básica e financiamento do Pronaf para plantar, mas desmatam, pois dá mais dinheiro.

Em Paragominas, os assentados e os com muita terra se unem no mesmo crime da produção de carvão ilegal. É uma das cinco cidades que mais produzem carvão para o polo siderúrgico do Pará e do Maranhão. Lá eles fazem ferro-gusa para exportação.

— Cinco cidades da região produzem 7 milhões de metros cúbicos de carvão, e isso consome de 180 mil a 200 mil hectares de floresta por ano. Em muitas carvoarias, eles usam árvores jovens, que cabem nos fornos — conta Norberto.

São destruídos a floresta e o futuro da floresta para se fazer ferrogusa.

Na parte da manhã, tínhamos ido com a PF à madeireira Semadal, que foi multada em R$ 900 mil por ter mais madeira em pátio do que tinha em nota. Lá, ao lado das centenas de toras de jatobá, ipê, maçaranduba, uma montanha marrom, de 5 metros de altura e 20 metros de cumprimento, parecia um morro qualquer. Quando pisei, para seguir os policiais, meu pé afundou. Era mole e não era barro, nem areia. Paulo Amaral, do Imazon, explicou-me que eu pisava num desperdício e na prova de crime ambiental.

— Isso é pó de madeira. É prova de que muita madeira foi cortada aqui. Ao mesmo tempo, poderia estar movendo uma usina de energia. É duplo desperdício. É prova do uso ineficiente da madeira, que deve ter sido extraída de forma criminosa.

A dona da madeireira que funciona na cidade há 22 anos, Marta Vieira Balestiere, garante que não há nada de errado com sua madeira e sua montanha de pó. Tudo é madeira de manejo. "Manejo" é a palavra mágica. Como todo proprietário pode tirar 20% legalmente, os madeireiros sempre alegam que estão processando madeira de projeto de manejo, apesar de a cidade já ter destruído 45% da sua área florestal.

A maior parte foi na época do *boom* da madeira, entre os anos de 1988 e 1992. Os números que Beto Veríssimo, do Imazon, sabe de cor são espantosos.

— Naqueles anos, funcionavam aqui 240 madeireiras, que extraíam 3,5 milhões de metros cúbicos de toras de madeira. Isso dá 1,1 milhão de árvores por ano. Paragominas produzia 15% de toda a madeira do país. Hoje, a produção caiu a um terço: em 2007, foi 1 milhão de metros cúbicos. Madeireiras fecharam as portas. Outras estão sendo fechadas pela Operação Arco de Fogo. Mas o preço da madeira subiu. A maçaranduba era vendida por US$ 180 o metro cúbico; agora sai por US$ 500.

O prefeito Adnan Demachki diz que a taxa é declinante e insiste que, um dia, Paragominas será uma cidade verde. O que um grupo de empresários sonha é fazer do município uma cidade de madeira sustentável e com valor agregado.

Um desses empresários é Vitório Sufredini. Tímido, com jeitão do interior, ele fala da sua Expama, empresa de pisos "engenheirados" de madeira, que exporta para os Estados Unidos. Com um investimento de 2,2 milhões de euros, Vitório implantou uma fábrica certificada. Fabricam piso usando 70% de madeira de reflorestamento com uma espécie amazônica, o paricá, que cresce mais rapidamente que o eucalipto. Os outros 30% são madeira nobre que o certificador confirma serem de plano de manejo. Na fábrica, há até câmaras que simulam a umidade relativa do ar da região do comprador. Os pisos são mantidos lá. Ele vende seu produto por US$ 2,4 mil o metro cúbico; cinco vezes mais do que se fosse vender madeira bruta. O produto não é aceito no mercado nacional, que prefere madeira maciça e tábuas largas.

O futuro tenta chegar a Paragominas, mas é ainda muito grande a força do passado.

Como se desmata

25.1.2008

Todo dia, 3.500 caminhões circulam na Amazônia com madeira ilegal. Mais de 2.500 levam toras para as serrarias; pelo menos 900 grandes caminhões saem com madeira serrada para os consumidores em outros estados, principalmente São Paulo. Nada é secreto, tudo se sabe. As áreas desmatadas viram campo onde já pastam 80 milhões de cabeças.

Tudo se sabe. A notícia que provocou ontem reunião de emergência no Planalto já se sabia. Quando o presidente Lula esteve na ONU comemorando a queda do desmatamento, em setembro, o governo já sabia que a destruição da floresta tinha voltado a subir.

Desde maio do ano passado, a comparação com o mesmo mês do ano anterior mostrava aumento. Em agosto, acendeu a luz amarela, e o governo foi informado. Agora, o que acendeu foi a luz vermelha.

Adalberto Veríssimo, do Imazon, explica que o ano fiscal do desmatamento vai de agosto a julho. Por isso, esse aumento não entrou no dado de 2007.

— Em agosto, já estava bem superior, e dissemos isso. O governo não acreditou.

O desmatamento tem sazonalidade. Vai de maio a outubro. Novembro e abril são residuais. A entressafra é de dezembro a março. No último dezembro, não parou. Veríssimo acha que pode ser pela demanda para o aquecido setor de construção, ou a expectativa de mais pastos para a pecuária, que ocupa 78% de toda a área desmatada ilegalmente na Amazônia.

— A margem de lucro da atividade madeireira é tão grande, de 80% a 100%, porque normalmente ocupam terra pública, não gastam com terra, podem investir em infraestrutura, como estradas, para retirar a madeira.

Primeiro, cortam-se as árvores mais valiosas: cedro, ipê, freijó. Depois e na segunda onda, maçaranduba, angelim, jatobá. Por fim, jarana e taxi. São entregues aos mais variados mercados consumidores. Às vezes, elas andam por aí com nome trocado. As castanheiras, por exemplo, têm o codinome de cedrinho.

O que é retirado legalmente, com selo de manejo sustentável, vai para a exportação. Mas até a exportação tem madeira ilegal. O Brasil é o segundo maior exportador de madeira tropical do mundo. Depois da Indonésia, que, em breve, não terá mais floresta. Cerca de 66% da madeira tropical tirada da Amazônia fica no Brasil. Quase tudo ilegal. O caminho até o consumidor final é assim:

— Se a conta for feita com os 365 dias do ano, são 900 os caminhões grandes todo dia com madeira serrada que vão para o Sul, o Sudeste ou o Nordeste. Primeiro, vão para os grandes armazéns de venda de madeira a varejo. Num levantamento que fizemos, encontramos 2 mil depósitos desses só no estado de São Paulo. Da madeira retirada da Amazônia, 20% vão para São Paulo. Uma grande parte vai diretamente para as grandes empresas de construção. Madeira tropical usada em telhado, por exemplo, dura 300 anos. Antigamente era usada a da Mata Atlântica. Com o *boom* da construção, prevejo um aquecimento forte. Outra parte vai para a indústria de móveis, mas hoje essa indústria está trocando madeira tropical por madeira plantada — diz Beto Veríssimo.

O madeireiro que ocupou ilegalmente e desmatou leva alguns anos para tirar todas as espécies aproveitadas. Aí ele dá o segundo passo: abate a floresta e prepara o terreno para a pecuária.

Abater significa queimar. Ou seja, os incêndios que se veem são apenas o fim do crime. O enterro da mata. Depois entra o gado e, nas áreas com menos chuvas e bom escoamento, a soja. E o madeireiro vai mais fundo na floresta para outra área de destruição. Ou vira pecuarista. Depois, consegue ou forja documentos da área e vende para outro pecuarista. Esse, supostamente legal, é que se senta na mesa com os ministros. Mas, se for feito um rastreamento, será constatado que a fazenda está em área recentemente desmatada e recentemente roubada do setor público. Hoje velhos pecuaristas estão indo mais fundo, e deixando as terras para grandes grupos com ares de empreendedores. Quando o ministro Reinhold Stephanes diz que não é a agropecuária a responsável pelo desmatamento, ele demonstra não entender — ou fingir não entender — a dinâmica da destruição da floresta. A cana, por exemplo, ocupa as áreas melhores do Sudeste e do Centro-Oeste e empurra o gado mais para a Amazônia.

Tudo se sabe na Amazônia. Já se sabe a floresta que está marcada para morrer.

— Ninguém decide desmatar de uma hora para a outra. É uma morte anunciada. A gente sabe para onde eles estão indo. É nos municípios onde mais se desmata — São Félix do Xingu, Conceição do Araguaia, Marabá, Redenção, Cumaru do Norte, Ourilândia, Palestina do Pará — que se encontra o cinturão da carne — comenta Beto.

— São Félix do Xingu é um caso muito interessante: a cidade é uma das maiores criadoras de gado, é recordista em desmatamento acumulado e uma das recordistas em ação de trabalho escravo — diz

440 Miriam Leitão

Leonardo Sakamoto, da ONG Repórter Brasil. Ele registra que 62%
dos casos de trabalho escravo acontecem nas fazendas de pecuária.

Tudo se sabe. Inclusive como combater os crimes. Beto Veríssimo acha que o caminho é cortar todos os muitos incentivos econômicos que existem hoje no Brasil para se destruir, impunemente, a
maior floresta tropical da Terra.

Os rios voam

18.7.2009

Seis da manhã no resto do país, lá ainda eram cinco, quando o carro entrou no *campus* da centenária Universidade Federal do Amazonas (Ufam). O motorista reduziu a velocidade: "Aqui a gente tem que ir bem devagar para não atropelar os bichos. Preguiça ainda dá tempo de ver, mas cotia aparece do nada." Assim deve-se chegar à Amazônia: com respeito, devagar. A informação surge do nada.

Nossa maior floresta é a maior floresta do mundo. A gente só acha que aquele mundo é simples quando está longe; quanto mais perto, mais difícil de entender ele é. Tenho ido lá para ver um pedacinho por vez. Desta vez, fui à reunião da Sociedade Brasileira para o Progresso da Ciência (SBPC), em Manaus. No pouco que vi, aprendi muito. Fui, convocada pelo Globo Amazônia, um projeto que tem levado os repórteres da Rede Globo para reportagens, reuniões e entrevistas no local do nosso maior desafio. Madruguei para entrar ao vivo no "Bom Dia Brasil".

A SBPC foi, quando o Brasil precisou, centro de resistência política. Hoje, porque disso o Brasil precisa, escolheu o tema "Amazônia, ciência e cultura". Numa reunião dessas, só se consegue ver uma

442 Miriam Leitão

parte daquele mundo de aulas, palestras, mesas-redondas e cursos. Os eventos ocorrem simultaneamente, o *campus* é enorme. Só a área verde é equivalente a 700 mil campos de futebol. As construções são em pontos diferentes e distantes, a logística da cobertura tem que ser estudada com cuidado.

Nas salas de aula, as explicações técnicas são dominantes, mas há a hora de ver o panorama. Foi assim que o professor Ângelo da Cunha Pinto, da UFRJ, numa aula sobre química das plantas, foi dos taxóis e alcalóides à convocação de pesquisa em massa na Amazônia. Os recursos de pesquisas fizeram como os portugueses, se concentraram no litoral. Não que devam agora ser reduzidos os investimentos em centros de outras regiões, mas é preciso aumentar o que vai para a Amazônia. Só 4,5% dos mestres e doutores do Brasil estão lá.

— Como Getúlio um dia pensou em ocupar a região com soldados da borracha, temos agora que convocar os mestres e doutores da Amazônia — disse.

A Academia Brasileira de Ciências tem feito a mesma convocação, a pioneira Bertha Becker tem apontado nessa direção há anos. Eles têm razão: não se protege o que não se conhece; não se transforma em valor econômico o que não foi entendido.

Entender é exercício caprichoso, que exige tempo. O erro do professor de Harvard, Mangabeira Unger, foi achar que sabia tudo, antes de ver de perto e com calma o que nos tem assombrado há séculos. Ele tinha soluções prontas e frases feitas. Errou no diagnóstico e, pior, deixou remédios aviados que terão efeitos colaterais.

Mandar os cérebros na frente, explorar com a razão, ocupar com o entendimento. Essa é a única coisa sensata a fazer diante de uma encruzilhada na qual estão os destinos do Brasil e do mundo. Com o Instituto do Homem e Meio Ambiente da Amazônia (Imazon), numa viagem anterior, aprendi o que é o "boom-colapso". A tese, recentemente publicada na *Science*, mostra com estatísticas irrecorríveis que a ocupação desordenada, feita por motosserras, correntões e fogo, produz surtos de crescimento seguidos de colapsos. As áreas atacadas dessa forma medieval até crescem, por pouco tempo; até produzem riqueza, apropriada por poucos; mas depois retornam a quadros agravados de pobreza e violência. O progresso é breve; a destruição e a miséria, permanentes.

O Brasil é dividido em regiões e estados para organizar a geografia e a política, mas, na vida real, o Brasil é uma continuidade por terra, mar e ar. Blocos de umidade se formam sobre a Amazônia, correntes de ar levam a umidade para o resto do país nos "rios voadores". Nem todo vapor de água será chuva, por isso os cientistas falam em umidade precipitável.

Diante de um mapa-múndi, o professor Pedro Leite da Silva Dias explicou que sobre três regiões do mundo se formam imensas massas de umidade: Amazônia, África e Indonésia. Essa água em forma gasosa é transportada para outras regiões do globo terrestre. É responsável em grande parte pelas chuvas do mundo. Como se dá essa formação de massas úmidas? Como elas são transportadas? De onde exatamente vêm? Os cientistas estão estudando isso há anos. Já no fim dos anos 1970, o professor Eneas Salati fez modelos. Em 1985, uma parceria entre a Nasa e o Inpe (Instituto Nacional de Pesquisas Espaciais), aprofundou os estudos dos JBNs — Jatos de Baixo Nível. O professor José Marengo batizou os JBNs com o feliz nome de "rios voadores". A nova e complexa metodologia de pesquisa foi explicada pelo professor Marcelo Moreira numa aula tão técnica que tive saudades da "banda diagonal endógena". Achei que os economistas são simples, e o economês, língua corrente. O desafio da pesquisa é captar no ar o vapor d'água, condensá-lo, para estudar fisicamente as gotas.

— Precisamos conversar com as moléculas, perguntar de onde elas vêm. Elas têm características diferentes dependendo da origem — explicou, claro como água limpa, Pedro Leite Dias.

Mas quem vai pegar gotas no ar? Quem é o louco? Gerard Moss entra em cena. Suíço, no Brasil há duas décadas, apaixonado por rios e florestas, Moss foi empresário, hoje voa pela ciência. Meu espaço acabou. Em seguida, conto o resto.

Como voam os rios

19.7.2009

O avião em que voa o suíço Gerard Moss parece laboratório. E é. Ao lado do piloto fica uma engrenagem que lembra uma coleção de grandes tubos de ensaio. Sua missão, a cada decolagem, é capturar a umidade externa, que depois vai ser condensada nos tubos e guardada em miúdas gotas que serão estudadas. Elas trazem informação preciosa: onde nascem as chuvas.

Elas nascem na terra, no céu, nos rios, nos oceanos e debaixo da terra. Árvores da Amazônia desempenham um papel fundamental nesse complicado processo. Uma grande árvore consegue evaporar até 300 litros num dia. A floresta é inigualável na capacidade de concentrar umidade no ar. Os ventos empurram essas massas de vapor d'água. Elas são imensas, comparáveis aos rios. Por isso, os cientistas as chamam de "rios voadores".

Enquanto ouvia a explicação de cientistas e de Gerard Moss na reunião da SBPC, em Manaus, não pensava em nada mais, estava fascinada. Já havia lido sobre os rios voadores, mas nada como ouvir de perto sobre os estudos que tentam desvendar mais um dos mistérios da Amazônia. Quanto da nossa chuva devemos à floresta? Já se sabe que é grande parte.

446 Miriam Leitão

— Um dos dados captados pela pesquisa é que a vazão de um dos rios voadores que estudamos, indo da Amazônia para a área mais degradada de São Paulo, foi de 3.200 metros cúbicos por segundo. Esse volume de água é 27 vezes a do rio Tietê, é maior do que o do São Francisco. Não é perene. Nem tudo será chuva. Por isso, se diz que é vapor d'água precipitável. Mas é água passando lá em cima — diz Moss.

Ele chegou no painel sobre rios voadores, na SBPC, avisando aos alunos e professores presentes que não é cientista e que até já foi acusado de vulgarizar a ciência, mas que passar informação para a população é fascinante. Ajuda a proteger a Amazônia, ainda mais.

— Para mim, desmatamento não é uma estatística. Eu voo no Brasil há 20 anos e vi a degradação avançando. Sou sentimental, eu sei, mas se tivéssemos noção do valor da Amazônia, lutaríamos para manter cada árvore em pé.

O Brasil é campeão das chuvas. Aqui, chove três vezes mais do que nos Estados Unidos. Desorganizar esse regime de chuvas é o maior risco agora. O desequilíbrio de um sistema delicado e complexo que cria dependências mútuas — a chuva precisa da floresta, que precisa da chuva, que cai lá e no resto do Brasil — é um dos riscos neste momento de mudança climática. A Amazônia tem que ser estudada: cada árvore, cada fenômeno. Por isso, sua ocupação pela ciência vai nos dar mais do que a ocupação pelos madeireiros, pelo fogo que prepara os pastos, pelo rebanho que ocupa os pastos, pela soja e pelas outras culturas que podem vir depois. Ou não. Pior é o aspecto da terra calcinada que fica na maioria dos casos após essa entrada predatória.

No Instituto Nacional de Pesquisas da Amazônia (Inpa) tem um bosque que se chama Bosque da Ciência. Nesse bosque, mora uma árvore mais velha que o Brasil. Tem 600 anos. O tronco já tem cavidades, mas ela está viva; quem sabe por ter um tronco assim é que sobreviveu tanto tempo, porque é espécie madeireira. Os galhos têm poucas folhas, mas é pela época do ano, explicou o cinegrafista da Rede Amazonas. Em outras épocas, fica mais frondosa. Debaixo dessa tanimbuca, sentaram-se comigo o químico Ângelo da Cunha Pinto, da UFRJ, o biólogo Philip Fearnside e Gerard Moss.

Fearnside é o segundo cientista mais citado no mundo quando o tema é aquecimento global. Seu sotaque não nega que é estrangeiro, mas sua história assegura que já é brasileiro. Está no país desde 1974. É pesquisador do Inpa há 31 anos. Tanto ele quanto o suíço Gerard Moss usam o pronome "nós" quando se referem aos brasileiros.

Fearnside acha que será um erro se optarmos por asfaltar a BR-319. Ele diz que ela incentivará a ocupação da floresta mais preservada, que não foi feito trabalho decente de proteger a área em volta, que há alternativas melhores e que não foi feito estudo de viabilidade econômica. Será mais um dos desastres irracionais que acontecem na Amazônia.

Racional é pesquisá-la, porque, da sua biodiversidade exuberante, quase nada sabemos, confirmou o professor Ângelo. Moss contou um pouco sobre como são feitos os difíceis e caros voos para se pegar no ar material para estudar os rios voadores. Ele chegou para a entrevista com uma camisa em que estava escrito, de um lado, "Brasil das Águas" e, do outro, "Petrobras". O primeiro nome é de um projeto ao qual se dedicou por cinco anos, de recolher, com voos rasantes de hidroavião, água dos rios para analisar a qualidade. O segundo nome é da patrocinadora dos estudos.

O que vi e ouvi, na viagem da semana passada, confirma o que vi em outras. O dilema entre agronegócio e Amazônia não existe. Sem a floresta não seríamos o que somos em produção de alimentos. Como disseram os professores com dados e ênfase: a floresta presta serviços ambientais ao país e ao mundo. É hoje o tempo de a economia ouvir o que a ciência tem a dizer. Amanhã pode ser muito tarde.

Futuro incerto

7.10.2009

O trem saiu da estação de Paddington, em Londres, exatamente às 13h06 previstos e chegou a Exeter 16 segundos antes das 15h21. O resto da tarde eu ouviria falar de imprevisibilidades. Fui ao MetOffice, o Inpe da Inglaterra, conversar com climatologistas sobre mudanças climáticas. Com um computador capaz de fazer 125 trilhões de cálculos por segundo, eles dizem que é difícil prever o futuro.

Estou na Inglaterra a convite do governo britânico para conversas com especialistas, autoridades, professores, sociedade civil e empresas sobre as mudanças no clima.

"Bem-vindos a bordo", disse o assessor de imprensa. O prédio do MetOffice foi desenhado para lembrar, em alguns ângulos, um navio. Não qualquer navio, mas o *Beagle*, que levou Charles Darwin em sua viagem de estudos sobre a "Origem das espécies". O capitão Robert FitzRoy, comandante do *Beagle*, foi o primeiro presidente do MetOffice, fundado em 1854.

Dos estudos do órgão sobre o futuro do planeta que abriga a nossa espécie, o que mais espanto causou recentemente foi o que tem um título sugestivo: "Quatro graus Celsius e além." Aprofunda o pior cenário e informa que ele pode ser superado.

Richard Betts, chefe do setor de impactos do clima, explicou que quatro graus de aumento de temperatura média não significa que o mundo inteiro terá o mesmo aquecimento. O fenômeno ocorreria de forma desigual. Poderia chegar a 15 graus de elevação no Ártico, apressando o derretimento das geleiras, o que elevaria mais rapidamente a temperatura dos oceanos. Tudo é interligado. A elevação da temperatura das águas do Atlântico Norte pode levar à seca na Amazônia como em 2005.

Climatologista é um ser cauteloso. Quando fala do futuro, teme qualquer afirmação peremptória. Diferente de economistas, que gostam de no máximo três cenários, eles têm inúmeros. Mesmo quando se limitam a 23 modelos de previsão, como nesse estudo, a conclusão é perturbadora.

— O sistema climático é muito complexo — desculpa-se Betts quando peço mais certezas.

O problema é que agora os climatologistas estão no olho do furacão. O mundo exige deles mais do que a meteorologia, o clima das próximas horas; quer saber o que acontecerá com o planeta e a humanidade. A propósito, numa rápida passagem pelo departamento de previsão do tempo, fiquei sabendo que continuará chovendo em Londres, o que não chega a ser novidade.

Richard Betts e James Murphy, chefe do departamento de projeções de mudança climática, explicaram que os estudos estão ficando mais complexos, com novas variáveis, como os *feedbacks*.

— Hoje parte das nossas emissões é capturada por florestas e pelo solo, então nós estamos sendo salvos dos seus efeitos. Mas o que acontecerá no futuro pode ser a exaustão dessa capacidade de absorção — disse Betts.

450   Miriam Leitão

Isso realimentaria um círculo vicioso. Mais desmatamento, mais emissões nos levariam a escalar os efeitos da mudança climática. Tornariam os piores cenários mais prováveis. Esse aumento de temperatura seria catastrófico. O que o mundo está tentando, por meio de difíceis negociações, como a de Copenhague, no fim do ano, é limitar a dois graus o aumento.

Os cientistas ingleses explicam que ninguém pode pôr limite ao aumento de temperatura. Esse exercício das autoridades é apenas a forma como o mundo político traduz para a prática dos seus compromissos o que a ciência está dizendo. O que se pode limitar são as emissões. Nisso podemos influir. Ainda que se reduzam emissões a partir de 2013, para levar à emissão zero em 2060, o aquecimento global continuará por um bom tempo.

— O clima exige muito tempo para responder, por isso o corte das emissões é tão urgente — disse Betts.

O MetOffice trabalha com alguns países em modelagens regionais. O Brasil é um deles. A cientista Gillian Kay tem estudos feitos em parceria com o Inpe sobre os perigos que cercam o Brasil no contexto da mudança climática.

Como o Brasil é um país extenso, tudo pode acontecer. Em alguns cenários há redução das chuvas na Amazônia, o que afetaria a floresta, e aumento das chuvas nos estados do Sul, que já vêm enfrentando enchentes nos últimos tempos.

Há um dilema dramático em relação à Amazônia. O desmatamento aumenta as emissões, mas o aquecimento global pode colocá-la em risco de qualquer maneira. Fazer o que diante disso? O que Gillian e Betts explicam é que proteger a floresta é o melhor a fazer, até porque os efeitos destrutivos do desmatamento criam mais perigos em curto prazo.

Diante daqueles slides coloridos mostrando os cenários possíveis de aumento de temperatura e seus efeitos sobre o clima de todo o planeta, qualquer leigo fica em pânico. Por isso foi um alívio ouvir Betts dizer:

— Ainda há tempo de evitar o pior.

Fora isso, não ouvi muitas palavras tranquilizadoras no navio do MetOffice. A representante do Ministério do Exterior encerrou a reunião porque tínhamos que voltar a Londres. Corremos para a estação de Exeter. O trem atrasou 15 minutos. Hoje em dia, nem mesmo os trens ingleses são previsíveis.

Visita das águas

21.2.2009

Perdi o voo do colhereiro. Por um segundo. Cochilei na canoa que descia o rio Negro. Aquele cochilo nunca ocorreria no meu cotidiano de trabalho, em que justamente àquela hora estaria na corrida para entrar ao vivo no "Bom Dia Brasil". Esta frase, "perdi o voo do colhereiro", me persegue desde então. Eu a escrevi há quase quatro anos, numa coluna que abandonei.

Ficou nos meus arquivos, solta, no ar. Um fato, que me pareceu maior que todos, atravessou o país naquele junho de 2005 e pensei que não fazia sentido uma coluna assim tão calma.

As manhãs no Pantanal são de beleza estonteante. Nada parece haver de mais eterno que o canto e o voo dos pássaros nas matas que beiram as águas. A beleza entorpece. São tantos, de diferentes cores, tamanhos e sons, que os biólogos que nos acompanhavam tentavam combater nossa ignorância de forasteiros dizendo os nomes e contando novidades de cada um. São 650 os pássaros do Pantanal. Muitos estão apenas de passagem; a água está de passagem. Vou me deixando acalmar por aquele espetáculo de começo do mundo.

Lico, o barqueiro, vai por um lado do rio, depois pelo outro, escorrega em contornos e desvios de algo que não vejo.

Convém Sonhar   453

— É preciso ler o rio — avisa o barqueiro aos que estranham a forma de levar o barco em curvas eventuais como numa estrada imaginária. Lê também os ares; sabe os nomes das aves.

As águas estavam começando a baixar e o rio minguava em alguns pontos, virando apenas uma flor d'água. O que não vejo, e Lico lê, são os bancos de areia que podem encalhar a canoa. Entre tantos outros, quis ver o voo desse pássaro grande, de cores vivas e mutantes, e cujo adulto tem um bico largo e achatado como uma colher: o colhereiro. Perdi seu voo no cochilo breve, que me informou que eu estava em estado de descanso e paz naquele paraíso.

Esta é a coluna que não escrevi. Nela falaria da minha visita ao Pantanal, à Fazenda Rio Negro, da Conservação Internacional. Das conversas com biólogos apaixonados por seus animais a tal ponto que assumem suas particularidades. Um jovem especialista em morcego virou notívago. Os especialistas em mamíferos se sentiam mais poderosos. Os protetores das onças se sentiam na escala superior de sua espécie.

No domingo, houve um evento na fazenda. Vizinhos, pequenos produtores, os trabalhadores das fazendas próximas passaram o dia na Rio Negro. É o dia do "Onça Social". Jovens médicos e dentistas dão atendimento à população. É parte do movimento que paga pelo gado que a onça tenha eventualmente comido. Assim, os fazendeiros e pequenos proprietários, indenizados, comprometem-se a não matar a onça. Conheci muita gente interessante naquele "Onça Social", ninguém mais que Marina e Lucas. O casal, descendente de suíços, tinha ido morar lá para tomar conta da Fazenda Barranco Alto, da família, e criar, naquele mundo diferente, as pequenas filhas.

Marina me mandou um e-mail que ainda guardo. É do dia 1º de julho de 2005. "Hoje acordamos para mais um dia em que a natureza nos deixa sem palavras. Os ipês-roxos decidiram florir em grande fartura. Na semana passada, pudemos observar uma onça-pintada durante 30 minutos, a 10 metros de distância. Desde então, Letícia (a nossa mais velha), que estava conosco no barco, está ouvindo onças por todos os lados. Ela ficou quietinha durante as duas horas que ficamos na espreita do animal. A onça apareceu três vezes e na terceira deitou, caçou moscas com a boca, deu um show de rainha da selva. Então, caso aconteça um milagre e a situação se acalme (difícil depois de tanto escândalo), venha tirar uns dias tranquilos aqui no mato com a gente."

Esta coluna que faria foi atropelada por um escândalo tão grave que tornou aquela conversa calma sobre rio, barqueiro, onça, colhereiro, tudo fora de tom. Como se alguém fosse me perguntar: falar disso numa hora dessas?

O escândalo surgiu na segunda-feira, dia 6 de junho, na entrevista de Roberto Jefferson sobre o mensalão. Eu estava começando a escrever: "Perdi o voo do colhereiro", quando vi a entrevista feita por Renata Lo Prete da *Folha de S. Paulo*. Depois vieram as CPIs, os depoimentos e as acareações em madrugadas intermináveis, as revelações de publicitários, banqueiros e políticos de que bancos distribuíam dinheiro vivo aos políticos nos seus caixas ou em quartos de hotel. Parecia o prenúncio de uma radical faxina nos costumes políticos, com novas práticas, reformas, punições, transparências. Abandonei a coluna pantaneira e fui analisar o escândalo. Os anos seguintes mostraram que nada mudou. Vieram outros e outros escândalos.

O Pantanal continua lá. Está cada vez mais ameaçado por produtores de carvão, pelas siderúrgicas, pelo gado e pela soja. Perde matas diariamente. Está sendo devorado por uma economia atrasada que não respeita seu valor, não acredita em sua fragilidade. Por que foi mesmo que entendi que um escândalo de Brasília merecia mais atenção que o voo do colhereiro, que as poucas onças que ainda passeiam por lá, que as ameaças ao Pantanal? Lá é o ponto de encontro de outros biomas. O desmatamento no cerrado e na Amazônia também ameaça suas águas visitantes. Por que foi que abandonei a coluna que escreveria sobre o Pantanal? Sinto que perdi mais que o voo do colhereiro.

Das mulheres

*Detesto tudo o que
destrate a mulher.*

Nada de menos

6.3.2005

Eu gosto de ser mulher. Gosto de batom, salto alto e meia fina. Detesto tudo o que destrate a mulher, que a diminua, mesmo que venha recoberto com aquelas supostas delicadezas. Discordo dos mitos tratados como fatos como "mulher é sentimento e homem é razão". Temos razão e sentimento, atributos dos seres humanos. Fico espantada com a facilidade com que tantas mulheres abrem mão, ainda hoje, da identidade e do nome próprio.

Tudo avançou nos últimos anos, tudo está longe ainda do que se possa chamar de aceitável. As mulheres conquistaram muito espaço no mercado de trabalho nas últimas décadas. É visível e está nas estatísticas. Mesmo assim, os processos de promoção das empresas estão contaminados pelas velhas barreiras: rígidas para as mulheres, flexíveis para os homens. Mulher só passa se for muito boa; homem mediano passa.

Há quem negue a discriminação mesmo diante de todos os dados. Ou tente torturar as estatísticas para que elas confessem uma igualdade inexistente. Mas, pelo menos uma vez por ano, no início de cada março, são expostos os dados: há um contingente incontável de mulheres vítimas de violência doméstica, há uma multidão de meninas submetidas à exploração sexual, há assimetrias intoleráveis no mercado de trabalho, há a coleção diária de pequenas ofensas. Tudo mostrando que o problema está longe do fim.

A propaganda brasileira nos ofende. Está implícita, nos esquetes criados para a venda dos produtos, a informação desrespeitosa. Nem sempre são tão gritantes quanto aquela velha da Parmalat contra a qual eu protestei muitas vezes: tratava como sonho da mulher o elogio do marido pela gaveta de cuecas sempre arrumada. Até hoje, não atino com a relação entre a grosseria e o leite que ela queria vender.

Certa vez, parei alguns minutos em frente à televisão e assisti a três ofensas consecutivas. Ourocard: a mulher compra uma roupa nova, mas esconde a bolsa de compras debaixo da cama e garante para o marido que a roupa é velha. Vick: o marido num quarto de hotel liga para a mulher dizendo que está passando mal, e ela é que informa em que parte da mala está o remédio que ele precisa tomar. Ariel: a mulher lava a camisa de futebol do marido e teme a reação dele quando percebe que apagou o autógrafo. Tem uma outra da Aneel, antiga, em que o homem fica espantado quando a mulher demonstra ter conhecimento técnico da conta de luz. "Onde você aprendeu isso?", pergunta, como fazem os adultos com as crianças.

Que mulher é essa descrita nesses anúncios? É consumista; mente; é a única que lava roupa, arruma as gavetas de cuecas do marido, faz as malas dele; é ignorante. Sou uma consumidora, há trinta anos dona da minha conta bancária e dos meus cartões de crédito, que jamais se sentiu representada na publicidade brasileira.

As jovens acham que feminismo é coisa do passado. "Um mal necessário", escreveu recentemente uma jovem colega, que teria cometido o "erro de querer que as mulheres se comportassem como homens". As mulheres estão de volta ao lar, onde, no fundo, sempre quiseram ficar, sustentam reportagens recentes, confundindo casos individuais com tendência.

O feminismo tem sido apresentado de forma caricata há décadas. O que me espanta é a falta de conhecimento — principalmente das mulheres jovens — sobre um tema complexo, que atravessa a história e marca de forma aguda e dolorosa a metade da humanidade à qual pertencem. Ser feminista é saber que a mulher foi tratada como inferior ao longo de toda a História; que ainda hoje restam desigualdades com as quais não se pode conviver; que as atrocidades, como a mutilação de meninas na África, a imposição de casamento às jovens muçulmanas, a agressão física nos lares, os estupros em todos os países, são flagrantes contemporâneos de uma velha opressão ainda não eliminada. É também saber que, no cotidiano, são múltiplas as teias, as armadilhas, as confusões que nos empurram para um posto subalterno nas nossas próprias vidas. A construção da independência é permanente, exige atenção aos detalhes.

A história do pensamento está contaminada pela defesa da desigualdade. Para Aristóteles, a mulher se definia pela carência de certas qualidades, tinha uma deficiência natural. Para São Tomás de Aquino, era um homem incompleto. Para o Gênesis, foi extraída do homem e o induziu ao pecado. Para o direito romano, era uma imbecil; para a lei brasileira, até meados do século XX, uma incapaz. Para Freud, tinha complexo de castração. A maioria das religiões veta o acesso da mulher ao sacerdócio. O Alcorão recomenda que se bata na mulher desobediente. A História é uma sucessão de fatos em que os homens são os protagonistas. Para o diretor de Harvard, Larry Summers, ainda hoje, elas não têm mente para a matemática e a ciência. Livrar-se de carga tão antiga e disseminada não se consegue em poucas décadas de debate. A briga apenas começou.

Pelo jeito com que enfrentava meus irmãos mais velhos na infância, acho que nasci feminista. Na adolescência, ilustrei o impulso com o pensamento ainda não superado de *O segundo sexo*, de Simone de Beauvoir. Com ela, aprendi que a mulher tem sido tratada como "o outro", e que jamais se deve aceitar esse papel secundário. O recado que tenho para as jovens é que essa atitude não tem a ver com negação do prazer. É, antes, a forma de conquistá-lo. Essa atitude é como dizer, como resumiu lindamente Marina Lima, em "O lado quente do ser": "Eu não quero, amor, nada de menos."

Desonrada

24.1.2006

Nunca ficou tão clara a hipocrisia das Nações Unidas quanto no caso divulgado no último fim de semana: a ONU decidiu cancelar a entrevista de uma paquistanesa vítima de estupro coletivo. Mukhtar Mai estava sendo apresentada como "a mulher mais corajosa da Terra", mas a entrevista acabou cancelada porque o primeiro-ministro do Paquistão estava visitando a ONU e não se queria constrangê-lo.

Ela falaria na TV da ONU, mas, na véspera, a instituição mandou informar que a entrevista ficaria para melhor oportunidade, porque isso poderia incomodar o primeiro-ministro paquistanês, Shaukat Aziz, em visita às Nações Unidas.

A notícia correu o mundo imediatamente porque agora a jovem pobre de uma aldeia remota do Paquistão já é uma celebridade. Mukhtar estava indo à ONU depois de participar, em Paris, do lançamento do seu livro *Desonrada*, no qual conta, no texto escrito por uma jornalista, seu caso, dramático, repulsivo e, infelizmente, comum.

Mukhtar Mai viveu uma das mais chocantes histórias de violência contra a mulher jamais divulgada. Ela foi condenada pela Jirga,

462 Miriam Leitão

a corte tribal da localidade de Meerwala, em junho de 2002, a ser estuprada coletivamente. Seu crime? Nenhum! Seu irmão mais novo, então com 12 anos, estaria se encontrando com uma jovem de uma tribo considerada de casta superior. Ofendidas, as pessoas da tal casta exigiram, como vingança pelo suposto ataque à honra do grupo, que Mai fosse estuprada.

Ela foi condenada pelo Conselho Tribal e estuprada sucessivamente por quatro homens, enquanto gritava por misericórdia aos 200 homens que testemunhavam a violência. Para concluir a humilhação, foi obrigada a desfilar nua até a sua casa. Seria mais um dos milhões de estupros de que, ainda hoje, mulheres são vítimas, seria mais um dos casos de violência contra a mulher determinada por alegações religiosas ou culturais, não fosse a espantosa coragem de Mai.

Recusando-se a ficar em silêncio, ela desafiou seus algozes e enfrentou o código tribal. Foi à Justiça comum do país pedindo punição de todos os culpados. Em 2004, eles foram condenados e ela recebeu uma indenização. Com o dinheiro, abriu uma escola. Mai, que na sua época nunca teve permissão para estudar, disse que quer trabalhar para melhorar as chances da próxima geração. "A escola é o primeiro passo para mudar o mundo. Em geral, o primeiro passo é o que dá mais trabalho, mas é o começo do progresso", disse, segundo a BBC News. Ela ainda enfrentou outro constrangimento: no ano passado, teve seus direitos de locomoção reduzidos pelo governo paquistanês, sob a alegação de que era para a sua segurança. A suspeita é de que a intenção era silenciá-la em sua condenação ao país e à omissão do governo.

Mai já venceu mais essa batalha, mas a ONU acabou ajudando o governo do Paquistão. Para isso, teve que esquecer até o preâmbulo da declaração que a criou, que diz o seguinte: "Considerando que o desconhecimento e o desprezo dos direitos do Homem conduziram a atos de barbárie que revoltam a consciência da Humanidade e que o advento de um mundo em que os seres humanos sejam livres de falar e de crer, libertos do terror e da miséria, foi proclamado como a mais alta inspiração do Homem..."

A ONU, guardiã e defensora dessa declaração universal, decidiu que lá Mai tem que se calar. Entre dar voz a uma vítima de grave violação dos direitos humanos ou a mais um burocrata de ocasião, ficou com a segunda opção.

A luta da mulher por respeito é mais dramática em alguns países, mas é mundial. No Brasil, uma pesquisa do Instituto Patrícia Galvão, feita pelo Ibope, mostrou que, entre mulheres que só estudaram até o quarto ano do fundamental, 31% não discordavam da frase: "Ele bate, mas ruim com ele, pior sem ele." Até entre quem tem curso superior, foi possível encontrar 8% que aceitavam a frase.

Nessa área, os dados são imprecisos, porque muitas mulheres preferem o silêncio, mas, segundo a Fundação Perseu Abramo, um terço das mulheres com mais de 15 anos já foi vítima de alguma forma de violência física. Em mais de 50% dos casos, a denúncia não é feita. No mundo, em alguns países, a taxa de violência chega até a 69% das mulheres.

Asma Jahangir, da Comissão de Direitos Humanos da ONU no Paquistão, escreveu na revista *Time Asia* que, nos sete primeiros meses de 2004, nada menos que 151 mulheres paquistanesas foram estupradas da mesma forma e 176 foram condenadas à morte "em nome da honra". No ano em que Mai foi violentada, foram registrados outros 804 casos de estupros coletivos; 434 deles chegaram a ser noticiados. Os casos de suicídio de mulheres após condenação semelhante por conselho tribal — única justiça em grande parte da área rural do Paquistão — são tão comuns que normalmente são registrados em notícias pequenas nos jornais locais.

O nome e a história de Mai correram o mundo e continuarão correndo nos próximos anos. Ela virou um símbolo da luta contra a barbárie, pelos direitos humanos, contra a violência contra a mulher. É admirada, respeitada e apoiada. Tudo o que aconteceu a ela seria mais um caso de abuso contra a mulher num lugar remoto, tolerado pelo mundo com a desculpa de que essa é a cultura local ou essa é a lei religiosa, não fosse sua determinação de não se calar.

Numa entrevista à CNN, Mai revelou, numa vozinha baixa e tímida, uma mensagem de extraordinário poder: "Eu tenho uma mensagem para as mulheres do mundo, todas as mulheres que foram estupradas ou foram vítimas de violência. É preciso falar sobre o que houve, e lutar por Justiça." Parece simples e fácil, mas para todas as vítimas de violência sexual este é o passo mais difícil: falar sobre o crime e expor a humilhação de que foram vítimas.

Esta coluna virou o prefácio da tradução brasileira do livro de Mukhtar Mai.

Histórias de mulher

11.3.2007

Um urso matou um caçador. Foi em Pitea, distrito do norte da Suécia. Na mesma semana, uma mulher, mãe de três filhos, foi morta a machadadas pelo seu ex-companheiro. A imprensa local deu mais destaque à morte do caçador, já que violência contra a mulher é mais comum. O final da história foi inesperado: os homens se rebelaram e exigiram mudanças nas leis suecas de proteção à mulher.

Há ofensas que promovem avanços, sem querer. Larry Summers é um desses insuspeitos beneméritos. Foi ele ofender as mulheres que o poder trocou de mãos em Harvard. Hoje ele perdeu o emprego, e Harvard é presidida por uma mulher. A arrogância de Larry Summers é velha conhecida dos economistas brasileiros, da época em que ele era subsecretário do Tesouro dos Estados Unidos. Menos conhecida era sua ignorância.

Ele disse alguma coisa sobre a mente das mulheres não estar preparada para a ciência, para as exatas. Para ter dito isso, precisava desconhecer a contribuição de inúmeras mulheres para o avanço de várias áreas da ciência. Uma história remota e pouco conhecida é a de Hipátia, um dos gênios da matemática da Antiguidade. Nasceu no ano 370 d.C. Bonita e inteligentíssima, era professora do Museu de Alexandria. Foi responsável por avanços no conhecimento da geometria e da astronomia e também inventou alguns instrumentos da física. A maior parte da sua obra teórica foi queimada junto com a Biblioteca. Por ser pagã no avanço do cristianismo, foi morta violentamente nas ruas de Alexandria por fundamentalistas seguidores de São Cirilo, em 415. Se, antes de falar, Summers tivesse feito uma pequena pesquisa, descobriria que o século XIX registra um número de, pelo menos, 80 mulheres relevantes para a ciência. E isso antes do século XX, no qual as mulheres deram o primeiro grande salto. O segundo será no século XXI, na ocupação de espaços de poder.

Atribuir limitações, ou especialidades incapacitantes, à mente da mulher é velho como o mundo. Mas os adeptos nunca se cansaram de novas teses. Em 1968, dois antropólogos, Richard Lee e Irven Devore, escreveram *Man the Hunter*. A tese era: os homens caçavam e as mulheres eram coletoras; e foi na caça, nos desafios da estratégia e da produção de armas e ferramentas, que se desenvolveu o córtex cerebral. Detalhe: que inteligência sobrou às mulheres, supostamente dedicadas às atividades pouco desafiadoras? A estultice dos dois antropólogos foi responsável, dizem alguns, por um aumento enorme de mulheres no estudo da antropologia, para desmontar a teoria, da qual não restam frangalhos.

O caso sueco de 2005 está descrito na tese da finlandesa Johanna Niemi-Kiesiläinen, professora da Universidade de Umea, que acompanhou as reformas que se seguiram à dupla morte: da mulher e do caçador. A virada do jogo foi iniciada por um homem: Hans Hansson. Ele organizou um movimento de homens contra a violência contra a mulher, conseguindo 10 mil assinaturas num pedido ao ministro da Justiça por leis mais rigorosas e políticas mais eficientes de proteção à mulher sueca contra esse problema universal. E daí saiu, de fato, uma reforma com tipificação de novos crimes e aumento das penas para as várias formas de violência.

Em cada dia da mulher, nos debates de que participo, sempre ouço a afirmação de que o problema está quase resolvido. Esse prematuro baixar de armas é o maior risco. E, antes que digam que minha mente feminina está fugindo dos números, aqui vão alguns deles: em 2006, com todos os progressos e mudanças, a presença de mulheres nos parlamentos era de 16,6% na média mundial. E quem sobe a média não são os Estados Unidos, com 14%; França, com 12%; ou Japão, com 9%; mas países africanos, como Etiópia, com 21%; Uganda, com 24%; Burundi, com 31%, e até Ruanda, com 48%, de acordo com os dados da União Parlamentar Mundial. A Suécia, claro, tem um bom número: 45,3%. Segundo a ONU, 98 países adotam atualmente um sistema de cotas para aumentar a presença de mulheres no Congresso. Isso elevou, de 1999 a 2006, o número de mulheres parlamentares de 5 mil para 7.100. Em 2006, foram eleitas Ellen Johnson-Sirleaf, presidente da Libéria, e Michelle Bachelet, presidente do Chile. Mas, contando com as duas, são apenas onze as mulheres chefes de Estado no mundo neste começo do Terceiro Milênio. O século XIX viu nove mulheres comandarem países, uma delas, a nossa princesa Isabel, nos três anos e meio, picados, de ausência do pai.

A mudança acontece, mas é lenta ainda. A ONU criou um indicador para acompanhar, em cada país, a desigualdade de gênero. Ao avaliar 164 países, concluiu que só houve progresso significativo em 51 deles. Em 85, houve leves progressos, 17 ficaram estagnados, e os outros 11 regrediram. No Brasil, houve progresso enorme na educação, com as mulheres até superando os homens nos indicadores educacionais, mas, nos salários, elas estão numa situação contraditória: as que têm de zero a três anos de escolaridade recebem 82% do que ganham os homens. Para as que têm de 15 a 17 anos de estudo, a diferença aumenta: elas ganham apenas 59%.

A estratégia de poder que deu o comando ao homem tem sido bem-sucedida desde o começo da humanidade. Não é tarefa fácil desmontá-la. Esta conversa está no começo. A melhor forma de impedir o avanço é não ver que longa é a estrada à frente.

Cortina aberta

20.9.2009

Fechei a coluna e fui ao teatro. Era o começo das minhas férias, e não queria ser econômica: escolhi ver a magnífica Fernanda Montenegro falar sobre a definitiva Simone de Beauvoir. O monólogo intenso narra a história de uma mulher que, na opinião da socióloga Rosiska Darcy, cortou o século XX em duas partes. Mulheres marcantes e bom teatro, para começo de conversa.

O espetáculo fez um caminho pouco usual. Começou nas periferias de São Paulo e do Rio e foi chegando às partes ricas das cidades. Ele estava no Largo do Machado, a caminho do Fashion Mall, quando o vi, mas já tinha sido visto na Baixada Fluminense e no Sesc Pompeia em São Paulo. Só no estado do Rio, 8.500 pessoas viram a peça, em teatros lotados: em São Gonçalo, São João de Meriti, Nova Iguaçu, Nova Friburgo, Teresópolis.

O texto, como já devem saber, é uma coletânea de frases colhidas na correspondência entre Simone e Jean-Paul Sartre com pinceladas do que ela escreveu em sua vasta obra, de forma a contar a história do casal mais estranho de nossa era. Um casamento que não foi e foi. Uma união aberta a todas as experiências, mas que continuou até que a morte os separou. Por que falar mais do casal em vez de falar da obra, de *O segundo sexo*, o divisor do século XX?

Fernanda me disse que seria muito difícil transformar um ensaio num texto dramático. Já a intensa vida de Simone é matéria-prima. Não, ela não me deu uma exclusiva após o espetáculo. Ela e Rosiska conversam com a plateia.

Depois da peça, a socióloga explica de forma breve e densa a obra filosófica de Simone. Ao fim, o público conversa com as duas.

— É uma reunião de família, num ajantarado, em que a gente conversa depois — diz a atriz para deixar os espectadores à vontade.

Eles ficam. Rola uma conversa que pode ir para qualquer canto. Contei que o livro *O segundo sexo* mudou minha vida, e elas disseram que toda noite alguém diz a mesma frase. Fiquei feliz em não ser inédita. Ler o ensaio foi como abrir a cortina de uma janela para outra dimensão. No livro, um conjunto de evidências sustenta a frase: "Ninguém nasce mulher." A ideia é que foi construído um manual artificial sobre o papel da mulher, e isso está na filosofia, na história, na psicologia, na ciência, na religião, nos costumes. A mulher não é a segunda pessoa pela própria natureza, mas por imposição cultural. Quando entendi isso, fiz minhas escolhas em paz, sem ter que me encaixar numa forma pré-moldada. Milhões de mulheres mundo afora fizeram o movimento de laços fora.

Fernanda explica para o público o contexto em que Simone e Sartre escreveram e viveram seu existencialismo:

— Era uma gente inquieta, sem sossego, que viveu a violência de uma guerra mundial. Eu tinha 9 anos quando li uma manchete num jornal em letras imensas: "Paris caiu." Paris era o centro do mundo cultural; Paris cair era uma espécie de fim da civilização. Eles estavam lá.

Como será que a plateia da periferia reagiu a esse papo existencialista, feminista? Essa era minha curiosidade. Fernanda contou histórias magníficas.

Quando o projeto foi apresentado para o governo, uma comissão do Ministério da Cultura rejeitou. Felizmente, o ministro entendeu a ideia e a aprovou. A primeira esquisitice é a excessiva estatização da cultura. Por força da lei de incentivos fiscais, que muda de nome, mas não de filosofia, tudo tem que ser aprovado por uma comissão estatal. E aí muito facilmente se cai na segunda esquisitice, a velha tendência da elite — da esquerda, da direita — de decidir o que é bom para o povo; de estabelecer que ao povo só podem ser oferecidos textos teatrais de fácil digestão, não algo complexo. Fernanda discorda. Ela conhece todos os públicos, os que usam e não usam *black tie.*

— Já levei textos clássicos para periferias. O bom teatro é sempre entendido — explicou a atriz.

As duas contaram fatos engraçados. Correu numa parte da cidade que a peça era sobre uma mulher "que dava para todo mundo". Alguns maridos levaram suas mulheres a contragosto e ficaram esperando do lado de fora. Num outro lugar uma mulher chegou com seu filho bebê e se recusou a obedecer a ordem de não entrar.

— Onde eu posso ir, meu filho pode também. Atrapalhar? Não. Eu dou de mamar e ele não chora, não.

Em outro momento, uma mulher fez pouco do feminismo da filósofa:

— Livre? Livre sou eu que tenho dois filhos e crio eles sozinha. Essa Simone ficou a vida inteira atrás desse Sartre.

Uma questão em várias plateias: a dúvida sobre a sabedoria de Simone quando deixou o homem com quem teve o primeiro orgasmo para voltar para um desinteressado Sartre.

Fernanda foi contando a reação dos outros espectadores de forma emocionada ou divertida. Um homem chegou bêbado, dormiu, teve um sonho erótico e começou a falar alto o que fazia no ápice do sonho. A produtora do espetáculo convidou o homem para outro

472 Miriam Leitão

gole e conseguiu tirar o inconveniente do teatro. Mas a mulher dele ficou até o final. Novas atitudes, em qualquer lugar.

— No final, as pessoas falavam assim: "Porque a Simone..." Tinham ficado íntimas da "Simone" — contou Fernanda.

Um momento de *Viver sem tempos mortos* fica na alma. Fernanda acaba os 60 minutos do monólogo. As luzes são reduzidas. No teatro escuro, só ela está iluminada. Ela olha fixo, em silêncio, a plateia. Você tem certeza de que é para você que ela olha.

Os olhos de Fernanda Montenegro: emocionados, brilhantes, magnéticos. Então você entende o teatro.

O senhor tolere

*Daqueles dias em que os
jornalistas acordam e sonham
apenas em poder escrever,
seja sobre que tema for.*

Elas carregam trens

29.12.2000

O lugar chama-se Dom Modesto, mas quem mora lá fala "Dom Mudesto". É um amontoado de casas, de uma rua, não mais. Fica na zona rural de Caratinga, em Minas.

Foi lá que passei o Natal. Segunda, dia 25, tinha que trabalhar. Conseguira um documento impressionante e escrevi sobre ele, mas precisava de um telefone para plugar meu computador e passar a coluna. Fui para a cidade num jipe coberto de poeira. Logo na saída do sítio do meu irmão — um dos 11 irmãos que tenho —, uma mulher estende a mão e pede carona. Meu sobrinho Tiago para e oferece para a mulher parte do espaço que eu ocupava no banco de trás. Afastei-me para o canto e fomos nós. Eu com meu Sony Vaio super *slim* no colo. Ela, no seu colo e abraço, com dois filhos, pacotes, bolsas e brinquedos. A estrada de chão, cheia de buracos, nos empurrava uma em direção à outra.

— Tá ruinzinha essa estrada! — reclamou ela.

Do tipo falante, foi contando tudo: o Natal com o sogro ali em Dom Modesto, o trabalho "em casa de família", ora como faxineira, ora como tomadora de conta de velho doente, ora como diarista com funções diversas. Os ônibus que não passam nunca nos feriados. Os presentes que a filha do meio conseguiu numa fila em que ela entrou.

— O pequeno não ganhou nada, mas não se importou. O mais velho, de 7, não quis ficar comigo na fila, perdeu. Esta aqui tá toda besta porque ganhou dois.

Os meninos iam quietinhos. Só não tiravam o olho de mim. Elogiei.

— É, meus menino são bom sim, vão com todo mundo. São menino de creche. Tão acostumados.

— E a creche é de graça ou é paga?

— É de graça, mas agora tão fechando muitas na cidade. Aí as mães foram lá e disseram pra não fechar essa nossa do Santa Cruz. A gente disse que podia ajudar. Tamos dando arroz, feijão, uma ajuda para não fechar. Mas tamos com medo porque agora que o prefeito perdeu, a gente não sabe como é que vão ficar as coisa.

Daí emendou um comentário sobre a tragédia que abalou o Natal de Caratinga. Um acidente matou um líder político conhecido, dr. Eduardo, e sua filha de 27 anos. Ela, menina valente, que meteu na cabeça ser dentista do Exército. Conseguira. Um dia fora assediada por um policial na estrada. Denunciou e entrou na Justiça contra o abusado. Menina alegre, colega de colégio do meu sobrinho Pedro. O médico morto fora prefeito, deputado na suplência, agora acabara de se eleger vice-prefeito.

— Coisa mais triste. A mulher não sabe se chora pelo marido ou pela filha. Para nós vai ser muito ruim. Tinha muita gente esperando que agora que ele voltou para a cidade fosse ligar as mulheres. Eu sou ligada, graças a Deus. Esse é o meu caçula. Mas minha cunhada, você viu? Aquela escurinha que estava comigo na estrada me ajudando a pegar a carona? Pois é, ela ia ligar mês que vem, com o dr. Eduardo. Agora não sei como é que vai ser.

E daí pulou para outro assunto, o da greve dos lixeiros que empesteava Caratinga:

— Será que a cidade tá limpa? Disseram que iam limpar as rua para o corpo passar. Ontem tava muito suja. Eu fico com medo, pelos menino. É até perigoso esse lixo todo, dá doença. A gente não que é grande e sabe tomá cuidado. Mas menino... Pode me deixar aí, moço, na subida deste morro.

Desceu e foi carregando seus "trem e os menino", como se fala em Minas. Antes agradeceu a gentileza do Tiago.

— Ô moço, cê me deu o maior presente de Natal. Tinha que andar tudo isto a pé. Chegava aqui de noite e perdia a hora pro trabalho.

Minha companheira da estrada de Dom Modesto a Caratinga é igual às outras. Uma das milhões de bravas mulheres brasileiras, que carregam os meninos e os trens. Trabalha em vários lugares, educa as crianças, subsidia o Estado brasileiro, dando alimentos para uma creche pública para ver se ela fica aberta, tem noção clara dos riscos da falta de saneamento para as crianças, limitou o número de filhos em três e, em nenhum momento, apesar de falante, contou algum caso sobre o pai dos seus filhos. Levou as crianças para ver o avô, mesmo sabendo que não teria ônibus para voltar e que corria o risco de andar 7 quilômetros carregando os meninos e os trens. Está convencida de que a política interfere na sua vida. Não sabe muito bem como, mas tem medo.

Minutos depois estava eu na internet passando para o jornal a coluna do dia, que contava que o país gasta R$ 42 bilhões com subsídios por ano. Mas tem um problema: eles não vão para os pobres. Vão para os industriais da Zona Franca de Manaus, os que pegam empréstimos no BNDES, os clubes de futebol, as entidades empresariais, os exportadores, as montadoras de automóveis, a classe média.

Este é hoje o problema mais agudo do país: como fazer para que o dinheiro dos subsídios, das políticas sociais, encontre os pobres;

mantenha aberta a porta das creches dos bairros das periferias; reduza o peso das mulheres pobres.

Na noite anterior, o presidente Fernando Henrique dissera na televisão que é preciso reduzir a pobreza porque "você não quer, eu não quero, ninguém quer" passar os próximos 500 anos convivendo com a desigualdade.

O caminho para menos desigualdade passa exatamente pela revisão desses subsídios. E eles são assim porque muita gente quer. Para mantê-los lutam a elite, os partidos políticos, a esquerda, a direita, os sindicatos, os empresários, os fisiológicos, os corporativistas, os poderes.

No caminho entre Dom Modesto e Caratinga, ou em qualquer outro caminho do Brasil, é fácil constatar que o problema é o das escolhas com o dinheiro público. Elas sempre favorecem os favorecidos.

Essa coluna foi republicada pela edição brasileira da Seleções *do* Reader's Digest.

Tão bonita manhã

1.7.2002

Por um breve domingo esquecer tudo. Uma breve manhã de domingo ensolarada e enfeitada de verde e amarelo. Por algumas horas, esquecer o desemprego, a inflação, o risco-Brasil, ameaças e exóticas ligações: cai a WorldCom, cai o real; cai o dólar diante do euro, cai o real; cai a Argentina, tropeça o real. Que nos importam tantas quedas, se Cafu em cima do pódio levanta alto, mais alto, a taça sonhada? Numa breve manhã.

E depois, sinceramente, quem vai se lembrar da cotação de hoje do dólar? Ou do ponto a que o risco-país chegou indicando quanto tremem de medo os investidores?

Mais tremores teve a zaga alemã. Antes dela, a turca. Antes, a inglesa. O risco-Brasil estraçalhou o muro montado por Kahn para salvar Berlim e o time inteiro de meticulosos, específicos e previdentes alemães. Tão eficientes, tão exatos, incapazes de ver o não toque, o sutil truque de Rivaldo, que abre espaço para Ronaldo e para o nosso sossego.

Aquele curto minuto de uma breve manhã foi o resumo de tudo: deixar a bola para o outro, que tem mais chance no momento, sendo candidato a melhor do mundo, exige de Rivaldo ser grande. Acertar no ângulo em que Kahn seria falível exige de Ronaldo ter ficado dois anos lutando contra a adversidade sem saber se haveria amanhã. E, antes de tudo, a bola de Kleberson, que vai na direção correta, superando tantos pés alemães, exige que haja um time e, atrás do time, um país inteiro prendendo a respiração.

Há quem diga que pátria é pátria e time é time, e que o Brasil confunde tudo uma vez a cada quatro anos. Que importa se não nos entendem? Se numa breve manhã de domingo, misturamos tudo e damos uma exibição de um estranho amor à pátria, no enrolar o corpo na bandeira, no cantar o hino aos pulos, no beijar o verde-amarelo.

O amor à pátria, em dias assim, é físico. Temos sido assim desde a remota Suécia de 1958, que meus filhos não viram, mas de que se lembram. Do silêncio do Maracanã na derrota em 1950, que não vi, mas de que me lembro e, como eu, todos os que nasceram nesses anos seguintes carregando o peso do maior silêncio do mundo.

Nós nos lembramos de tudo, de todas as copas, das que ocorreram antes de nascermos, das vitórias que ainda virão, como se isso fosse um gene mutante de um povo estranho, nascido para amar o futebol. Temos sido assim porque somos a pátria do rei negro, do gênio das pernas tortas, das feras de 1970. Em 1970, havia tanta dor na pátria, e choramos na bandeira nacional a vitória conquistada e as derrotas nos campos da liberdade. Uma lavou a outra, por um breve instante.

Nós brasileiros somos esquisitos, sim. Misturamos tudo. Mas separar por quê? Depois enfrentaremos de novo tudo o que nos aflige e apavora: a violência, o despreparo para a exigente globalização, os obscuros caminhos dos financiamentos de campanha, as vulnerabilidades do déficit em transações correntes. Um ambiente econômico nervoso que a cada dia faz saltar, por maus motivos, o coração do poupador.

Que importa tudo isso, se tivemos uma breve manhã de domingo na qual conquistamos as cinco estrelas? Para tanto lucro foram precisas décadas de investimentos: Belini, o belo, Ademir da Guia, Jairzinho, Romário, Rivelino. Tantos, incontáveis. Em cada campinho de cada cidade, de cada periferia, em cada ponto, em cada roça, crianças correm atrás da bola investindo, investindo, investindo.

Ninguém conquista cinco vezes um título mundial. País nenhum do mundo termina um século sendo o melhor, abre o outro século sendo o melhor sem poupar músculos, investir talentos, aplicar o tempo para resgatar os rendimentos das chuteiras da pátria. Por que não fazemos a mesma aplicação em outros campos?, perguntam alguns. E não fazemos? Como temos vencido tantas adversidades? De país para onde eram mandados apenas os prisioneiros e os criminosos, o Brasil virou a maior das pátrias latino-americanas. De colônia desprezada pela matriz, virou sede do reinado. De país sem identidade étnica, fizemos a mistura de tantas cores, que nos dará força, cada vez mais força quanto menor for a diferença entre as cores.

A terra sem petróleo achou petróleo no mar. A terra da inflação venceu-a pela persistência depois da pentaderrota. A ditadura foi derrotada aos gritos de "Diretas já!". O presidente indesejado, derrubado por rostos pintados com as cores mágicas. A mudança do câmbio que afundou tantos países não desvalorizou o Brasil. O apagão foi um momento de extrema clareza.

Outras crises virão, virão outras copas. Em algumas batalhas, vamos conquistar estrelas, em outras, não; mas as que temos ninguém nos tira.

Dificuldades econômicas? Temos, sim, e quantas! Meu ofício é falar delas dia a dia, sem sossego. Hoje, por exemplo, o desassossego vem das vulnerabilidades. Não temos defesas cambiais suficientes, e há quem preveja o pior nos difíceis meses que temos pela frente.

Vulnerável era também a nossa zaga até que se fechou em bloco, e mesmo quando superada havia sempre o Marcos, melhor que o marco alemão como última proteção.

O Brasil é esquisito mesmo, mistura tudo. E pensa que a pátria se salva com um bom esquema tático do gramado e a força imprevisível do talento. E que deliciosa mistura esta que nos faz acreditar que venceremos outras crises, superaremos outros inimigos e protegeremos nossas vulnerabilidades com a união do grupo, truques para confundir o adversário, alguma disciplina e esse tanto talento que assombra o mundo. E por que não acreditar nisto, nem que seja numa breve manhã de domingo?

O senhor tolere

27.5.2006

Fui ao Parque Grande Sertão Veredas certa de que um livro de 50 anos não era exatamente uma notícia. Achei que, com a equipe da televisão do programa "Bom Dia Brasil", faria uma reportagem sobre a poesia do livro que captura para sempre o coração de quem ouve a sua música. Mas que novidade poderia encontrar em uma história de meio século? O fato é que havia uma bela notícia, que fomos descobrindo devagar.

O Brasil saiu na revista *The Economist* numa reportagem constrangedora. "Um país de não leitores", sobre a falta do hábito de leitura. Já era notícia o fato de que, num país assim, o aniversário de um livro estivesse sendo tão comemorado. Mas havia mais.

O Parque Grande Sertão tem 230 mil hectares entre Minas e Bahia. Nas beiradas do parque, só há soja e capim braquiária, que plantam para vender para o Pará. Ameaçam o cerrado e exportam a ameaça para a Amazônia. O Ibama tem só um funcionário lá. Até os guardas são funcionários da Fundação Pró-Natureza, a Funatura, cedidos ao Ibama. Andando pelo parque, encontramos dois deles, João Cofocó e Saint Claire, a cavalo, patrulhando. Pareciam personagens do livro.

O parque é lindo e emociona. Guarda os locais que a gente viu no livro. "Águas, águas, o senhor verá." Tem esse bem precioso, a água, objeto de cobiça dos fazendeiros ao redor. "O rio Carinhanha é preto, o Paracatu moreno, o meu, em belo, é o Urucuia. Paz das águas." Os rios vão formando as veredas, veredazinhas e a grande vereda. Elas embelezam e aliviam a paisagem. Surpreendem. São uma pausa para reflexão e para lembrar o livro: "O sertão é onde o pensamento da gente se forma mais forte do que o poder do lugar."

Aos poucos, a equipe foi sendo embalada pela música, pelas palavras, pelas belezas. A gente reconhecia os pontos, abria de novo o livro, filmava, gravava e se deixava contagiar. A terra é toda linda e frágil. Sem a cobertura do cerrado, ela mostra toda a fragilidade. "Areia que escapulia, sem firmeza, puxando os cascos dos cavalos para trás."

Anderson, que cuida de uma lojinha que vende artesanato local, foi com a gente numa parte da viagem. No caminho, abriu o livro *Grande Sertão: Veredas* com muita intimidade e disse:

— Olha, aqui fala de Januária, onde eu nasci.

O funcionário do Ibama que nos acompanhou, Kolbe Von Braun Soares Santos, nome germânico desmentido pela cara brasileira, também achava trechos com facilidade. Mais intimidade, claro, tinha Cesar Victor, da Funatura. Quando encontramos um cânion, todo verde, os três acharam no livro rapidamente onde é que estava a referência àquele ponto:

— Este é o Vão do Buraco.

Na serra das Araras, mulheres num ginásio bordavam nas almofadas frases, poesias. "Viver é muito perigoso e o correr da vida embrulha tudo" ou "Eu era de ninguém. Eu era de mim mesmo". Elas sabem do livro de ouvir dizer. Reconhecem frases e estão à procura de outras. As frases são seu ganha-pão.

Nas cidadezinhas que cruzamos, sentamos assim aleatoriamente com as pessoas. A prosa sem rumo parecia sempre familiar.

— Eu morava na cabeceira do rio Pardo e trabalhava num galho da Ribeira. Mas os fraternos é tudo daqui. Tudo enterrado aqui e eu pra ser enterrado mais eles — contou seu Libânio, sentado na porta da sua casa de adobe na serra das Araras.

— Eu sei tudo; esse Antonio Dó morava ali, ó. Antônio Dó era matador, mas matava apenas por precisão — contou seu Leôncio, de 96 anos, que conheceu o jagunço e soube de Felão, o capitão da Polícia Mineira que deu cabo dele e de um povoado inteiro.

Num lugarejo na beira do ribeirão da Areia, onde chegamos ao fim do segundo dia, era festa. Num salão com telhado e sem parede, aberto para o verde, as mulheres dançavam e os homens tocavam rabeca, viola, instrumentos de percussão. Seu Jonas tocava uma música; um sapateado que ele compôs.

"Vou falar uma verdade do nosso grande sertão. Meu grande sertão veredas é das Minas Gerais, em divisas com a Bahia nas fronteiras de Goiás. É um parque da natureza e selva dos animais. Quem vem no grande sertão nunca se esquece não."

Inesquecível aquele som da viola, a rabeca manhosa. Seu Jonas, contando a história do livro:

— Guimarães Rosa tinha vontade demais de conhecer o mundo. A parte do Nordeste, as Minas Gerais. Tinha uns amigos tropeiros lá da terra dele que fazia esse sertão. Foram os tropeiros, botou o animal dele. Ia num caderno escrevendo o roteiro. Perguntava pelo nome dos rios, como se chama essa vereda, essa ribeira. Anotava tudo. Aí ele escreveu esse livro e esparramou pelo Brasil.

José Wilson, de pouco mais de 20 anos, declamou para nós trechos do livro, começando do começo: "Nonada. Tiros que o senhor ouviu foram de briga de homem não." Tinha o seu exemplar todo marcado. Sabia o sentido das palavras. Eu comentei com ele que certas palavras — "prascóvio", por exemplo — eram difíceis. E ele disse, seguro: "Prascóvio quer dizer ignorante."

Anoitecia no sertão, a lua prata crescia atrás do buriti; ao fundo, seu Jonas tocava, acompanhado da rabeca; dançavam todos no Centro Cultural Grande Sertão "de Veredas", quando eu entendi a notícia. O livro tinha saído das páginas: virou parque, artesanato, música, ganha-pão das bordadeiras, centro cultural. O livro virou encantado. Estava em toda parte. Estava dentro da gente.

Esse deveria ser um artigo de economia, mas o senhor tolere, isso é o Sertão.

O mestre da música

28.12.2007

Onde colocamos o cravo? A pergunta foi feita pelos carregadores que traziam partes do cravo de Marcelo Fagerlande. Eu estava retomando a entrevista com o maestro Ricardo Prado, no altar da antiga Catedral do Rio, onde D. João VI entrou para agradecer o final feliz da perigosa viagem, em 6 de março de 1808. A entrevista era sobre o maestro negro que tocou para o príncipe.

Foi quando pensei em quanto o jornalismo, às vezes, não é exatamente trabalho. É puro prazer. Ouviríamos uma audição exclusiva de Marcelo Fagerlande e estávamos nos ilustrando com Ricardo Prado sobre a vida e a obra de um músico inesquecível para quem realmente entende de história da música brasileira.

Pedi desculpas a Marcelo por tirá-lo do descanso do domingo e fazê-lo vir ao centro do Rio com o cravo para gravar.

— Ah, mas sendo para tocar José Maurício é um prazer! — disse ele.

Anos atrás, no meio de uma tempestade no Rio, eu havia sido resgatada da minha ignorância sobre quem foi o padre José Maurício. Quem me resgatou foi o maestro Ricardo Prado. O táxi que dividimos com Ricardo estancou no trânsito. Para passar o tempo, ele começou a contar a história de um músico pouco falado, mas que compôs peças belíssimas, foi maestro da corte, liderou um importante projeto educacional e era negro. Filho de um português, que morreu quando ele tinha 5 anos, e uma escrava.

— Os negros estão na raiz de toda a música brasileira. A que se chama popular e a que se define como clássica. Eles não trouxeram apenas o ritmo, como se imagina — ensinou o maestro.

Decidi fazer com a história um programa de TV. No programa, Ricardo Prado e eu andamos pelo centro do Rio atrás dos passos do maestro José Maurício. O primeiro ato de D. João VI, após a perigosa viagem, foi atravessar a Praça Quinze e ir rezar na igreja. Foi recebido por uma música, um *Te Deum*. Quem compôs, e regia a orquestra, era o nosso personagem: o padre José Maurício. O som capturou o príncipe, e o padre virou o mestre capela da corte de D. João.

José Maurício era compositor, cravista, poliglota, homem de extraordinária cultura musical. Sigismund Neukomm, aluno de Haydn, depois de vir ao Brasil, escreveu num jornal de Viena que José Maurício era o maior improvisador ao teclado do mundo.

A chegada da corte revolucionou a vida daquele maestro que havia virado padre como caminho para se dedicar à música. Sua orquestra cresceu com a entrada dos músicos portugueses que vieram com a corte. Compôs como nunca, era requisitado, chegou ao apogeu. Foi quando desembarcou aqui, em 1811, o antigo mestre capela da corte portuguesa em Lisboa, o maestro Marcos Portugal.

Intrigas e conspirações na corte de D. João!

Ricardo Prado me conta tudo isso na caminhada do cais, passando pelo Paço, até o altar da igreja. É difícil não ver o estrago e desleixo das áreas históricas do Centro. Tentamos desviar do lixo e do feio para o lado bonito do velho Rio. Foi um alívio entrar na igreja em obras. Como locação para a gravação, poderia ser imprópria. Os balcões onde ficavam a Família Real eram vistos apenas através dos andaimes, que ocupavam o altar e o átrio da Igreja. No altar, à mostra, as fundações de uma construção muito mais antiga, uma parte dela do século XVI, descobertas durante a reforma. A bagunça da obra, a interferência visual dos andaimes, os isolamentos de segurança, tudo me pareceu lindo. Era a História sendo recuperada. Fato raro no Brasil. Lá fizemos parte da entrevista. O cravo foi montado na capelinha, ao lado da pia batismal; a parte já pronta da obra patrocinada pela Fundação Roberto Marinho.

Marcos Portugal conspirou abertamente para derrubar o mestre capela. Quando da fuga da corte, ficou em Lisboa e até tocou em homenagem a Napoleão. Aqui, tratou de recuperar o emprego. Aliou-se a Carlota Joaquina para demover D. João da preferência por José Maurício. Como argumento final, usou o racismo:

— Como pode uma corte europeia ter, como mestre capela, um negro?

José Maurício perdeu o cargo, mas não o salário. Continuou compondo. Fagerlande contou uma história dramática: a mãe de José Maurício morreu no mesmo dia em que a rainha D. Maria. Ele teve que compor o réquiem. Uma peça de extraordinária beleza que certamente, em seu coração, foi feita para sua mãe, e não para a louca mãe do príncipe. Não teve o direito de tocar ou reger. Portugal ficou com as honras.

Quando D. João voltou para Portugal, José Maurício perdeu o salário. Na miséria, ensinou música. Ele foi para a Rua das Marrecas, onde abriu uma escola de música. Não tinha como comprar instrumentos. Fez de madeira um teclado.

— Aquela escola foi histórica. Nela começou um projeto educacional que deixou um rastro no qual se pode traçar o DNA da música brasileira. Um dos seus primeiros alunos foi um menino pobre chamado Francisco Manuel, o autor do Hino Nacional. Na escola, houve uma troca de bastão após a morte do maestro. Um dos alunos futuros foi Carlos Gomes. Pode-se chegar nessa linha até Villa-Lobos — contou Ricardo Prado.

A escolinha acabou sendo a semente institucional da antiga Escola Nacional de Música, que é atual escola de música da UFRJ. Num andar do prédio que fica no lugar da antiga escola, ainda se ouve a música do padre José Maurício. Lá funciona a Associação do Canto Coral.

Papéis de Machado

20.8.2006

Fui visitar José Mindlin, mas cheguei um pouco cedo, e ele estava trabalhando na revisão de um texto. Ele me apontou um monte de livros na sua incrível biblioteca e disse: "Vá se divertindo aí com esses livros, que ainda não estão catalogados." O primeiro que peguei não consegui largar. Nele havia o testamento de Machado de Assis e a informação: todo o dinheiro que ele tinha estava aplicado em dívida pública.

Nosso escritor clássico mais célebre, de tão gracioso e exato texto, tão genial na construção de personagens que ainda nos intrigam, como Capitu, não tinha maiores bens além de algumas apólices da dívida pública brasileira, que deixou para a sobrinha-neta Laura.

O livro era o catálogo de uma exposição do Ministério da Educação e Saúde. Dois ministérios em um. Imagine a economia de gastos públicos. A exposição foi em 1939 e era uma mistura de informações pessoais e profissionais sobre o escritor.

O testamento estava manuscrito. "Eu, Joaquim Maria Machado de Assis, morador à Rua Cosme Velho número 18, querendo fazer o meu testamento, efetivamente o faço." Gostei. Há tantas coisas que eu vivo querendo fazer e efetivamente não faço.

492 Miriam Leitão

Seguiam-se as informações sobre quem ele era, com quem se casou, o pedido para ser enterrado ao lado da sua amada Carolina. Disse que já havia feito uma partilha de bens amigável, com sua cunhada, na época em que sua esposa tinha morrido. Aquele era o segundo testamento; no primeiro, havia deixado tudo para a mulher.

"Declaro que sou possuidor de 12 apólices gerais da dívida pública do valor de um conto de réis cada uma e do juro de 5% ao ano, as quais se encontram depositadas no London and Brazilian Bank Limited. Possuo também algum dinheiro depositado na conta corrente do mesmo banco e novas quantias recolhidas à Caixa Econômica em caderneta nº 14.304 (segunda série)."

Não sei se ele fez um bom negócio. Mas hoje me atenho a essa longa história para dividir os pensamentos que a leitura me provocou.

Agora, cem anos depois de o testamento ter sido escrito, a campanha eleitoral traz de volta a acusação de que os juros são pagos aos especuladores. Um pouco antes de começar a campanha eleitoral de 2002, antes, portanto, da "Carta aos Brasileiros", o PT propôs um plebiscito contra a dívida. A primeira pergunta era sobre se a dívida externa deveria ser paga. A terceira pergunta era: "Devemos pagar os juros da dívida interna aos especuladores?"

Hoje a dívida externa está diminuindo. Candidato que não quiser pagá-la tem que se eleger logo, porque hoje a dívida externa pública e privada, segundo o Banco Central, pode ser paga com seis meses de exportação. A dívida externa pública, excluindo a do setor privado, há quatro anos era 23% do PIB; hoje é 4,4%.

Já a dívida interna continua alta, mesmo após oito anos de extraordinário esforço de superávit primário. É alta, é cara, é curta. A cada tremor em qualquer país do mundo, os financiadores da dívida pública brasileira exigem papéis pós-fixados e de liquidez imediata. Ou seja, querem correr da dívida a qualquer momento em que tenham chance ou se vejam em perigo.

Quem realmente financia a dívida não são os bancos, os especuladores, mas, sim, as empresas, pessoas, seguradoras, os fundos de pensão e quaisquer outros aplicadores, públicos ou privados, que tenham dinheiro poupado nos fundos lastreados por títulos públicos. O resultado de tantos anos de juros tão altos, de tantas restrições fiscais sem benefício aparente, de tanta demagogia nas campanhas eleitorais é este: para a maioria dos brasileiros, mesmo aqueles que têm o dinheiro aplicado em papéis do governo, quem se beneficia dos juros são os outros, os especuladores.

É tão mais fácil resumir o problema a um vilão, ainda mais quando ele é difuso, a personificação do mal. Quem envereda por esse caminho conquista votos. A cada campanha, aparecem os que acham que existem soluções mágicas para acabar com esses exploradores do povo brasileiro.

Do testamento de Machado de Assis até hoje, já houve muitos calotes e mudanças de regras que reduziram o patrimônio de quem acreditou, como ele, que o porto mais seguro para o dinheiro era aplicar em títulos do Tesouro brasileiro.

O Brasil ficou numa situação estranha. Os poupadores não confiam muito na dívida. Se confiassem, aceitariam juros menores, como o nosso escritor aceitou: 5% ao ano. Hoje, se os juros caírem para 5%, muitos aplicadores vão procurar outra fonte de remuneração, sem dúvida. Certos políticos, em cada temporada eleitoral, lembram aos poupadores que a dívida é um estorvo, um obstáculo ao crescimento, aos investimentos públicos, aos bons serviços do Estado. Os juros são mesmo excessivamente altos.

Um país normal emite títulos do seu Tesouro que são comprados por aplicadores de longo prazo. Como Machado de Assis, que ali aplicou seus contos de réis e os deixou para sua herdeira universal. Não está ainda estabilizado economicamente um país em que os financiadores recebem juros de 15% ao ano e recusariam a remuneração aceita pelo Bruxo do Cosme Velho. Não está estabilizado um país em que a maior parte da dívida está composta por papéis de curto prazo e no qual os juros que os remuneram serão os do dia do vencimento, os chamados pós-fixados. Há quanto tempo o Brasil não é um país normal? Foi pensando nisso que terminei a leitura do testamento de Machado de Assis e fui almoçar com José Mindlin.

As Marianas

18.2.2007

Minha mãe, Mariana, quando morreu, aos 64 anos, provavelmente já tinha neutralizado todo o carbono que emitira. Na época do desperdício e do descuido com a natureza, ela reciclava tudo. Não apenas as roupas para os 12 filhos, mas plásticos, papéis, latas. O que ia para o lixo era só o que não pudesse mesmo ter utilidade.

Onde ela aprendeu isso? Talvez no tempo de sua infância na roça, com escassez de tudo. Queria levar uma bronca dela? Deixasse uma luz acesa, escovasse os dentes com a torneira aberta, rasgasse uma sacola de plástico que poderia ter sido reutilizada. Presentes deveriam ser delicadamente abertos, para usar o papel em futuros regalos ou na forração das gavetas. Barbantes eram enrolados e guardados num compartimento próprio para refugos aleatórios que pudessem ser necessários. Quando achávamos, nesse compartimento, algo que estávamos procurando, ouvíamos sua alegria a comemorar: "Quem guarda o que não precisa, quando precisa, acha." Respondia, com um sorriso sábio, às críticas de que aquele tanto guardar e reaproveitar era defeito e não virtude. Se eu soubesse naquele tempo o que sei agora, sorriria junto.

496 Miriam Leitão

Apesar de ter tido tantos filhos, voltou a estudar, concluiu o antigo segundo grau, fez pedagogia, virou uma excelente professora pública, mas continuava com os pés na terra. Aliás, as mãos. Ela gostava de cuidar da terra usando apenas recursos, adubos e métodos naturais. Sabia as luas e sua força em cada plantação; transformava qualquer quintal em pequeno sítio produtivo.

O mais espantoso era que ela sabia o segredo da água escondida. Minha mãe podia andar num descampado homogêneo e, de repente, parar num determinado ponto e garantir: aqui tem água. Podia furar e conferir. A água brotava. Ela previa sol, chuva, frio, viradas do tempo, como se tivesse uma central de radares particular. Só tinha um medo: da natureza enfurecida nas grandes tempestades.

Foi figura tão forte que seu nome vem atravessando as gerações da família. Mariana, minha sobrinha, de beleza que lembra a avó, loura, alta e de olhos claros, fez pouco da carreira de modelo que lhe dera alguns frutos e foi ainda muito jovem para a Amazônia. Viveu no meio do mato, conviveu com índios, foi professora de crianças pobres. Refez valores no meio da floresta, para onde foi procurando, segundo diz, alguma coisa de si mesma que sentia que havia perdido cedo demais. O que sei que encontrou foi o extremo respeito à natureza e seus limites.

Há outras Marianas na família. Mariana, filha de outra sobrinha, mudou-se para os Estados Unidos. Um dos meus irmãos tentou fazer uma pequena variação no nome e chamou sua caçula de Mariane.

Há dez meses, nasceu minha primeira neta, e os pais decidiram: seria Mariana. Ela nasceu como um raio de sol num dia sombrio. Pareceu escolher a hora exata, numa difícil turbulência, para lembrar a todos a força da vida e a relatividade de certas dores. Pele morena e cabelo bem preto, sua beleza lembra as misturas da terra brasileira. Já vem testando sua natureza bípede, e é forte nas quedas.

Quando a primeira das Marianas desta história completasse 100 anos, se estivesse viva, em 2025, a última delas estará fazendo 19 anos. É pequeno o tempo entre elas; é curto o tempo entre minha mãe e minha neta, Marianas. E eu sou apenas um elo dessa corrente. Se nada for feito até a juventude da minha neta, ela poderá ver realizadas algumas das terríveis previsões feitas agora pelos cientistas. O tempo é espantosamente breve.

Outro dia um economista me perguntou, com ar de leve ironia, o que provocou a minha "conversão" ao meio ambiente. Conversão não é a palavra, pensei. Ouvi o eco da minha primeira Mariana e sua obsessão por poupar a terra, reciclar os produtos, fazer-se leve para o planeta, como se intuísse o futuro que só hoje entendemos. Pensei no sentimento que tive ao ver, no rosto da minha neta, o prenúncio do futuro.

Conversão não é a palavra adequada para essa mistura de conhecimento e intuição desaguando na convicção de que está certo quem alerta para os riscos que o planeta corre. Os céticos tiveram muito tempo, contaram com a nossa propensão a deixar tudo como está, e assim reinaram nas últimas décadas. Hoje eles são poucos e estão sem argumento.

Além do mais, há uma lógica simples nisso tudo. Se a Humanidade tira do planeta mais do que ele consegue refazer, dias desses, ele se esgota. Óbvio. Se, em 40 anos, a humanidade dobrou de tamanho, saindo de 3 bilhões para 6 bilhões de pessoas, e continua crescendo com o mesmo descuido no uso das fontes de vida do planeta. Se, nos nossos mares, diz a FAO, 70% das espécies estão sendo pescadas além do limite da reposição. Se 60% do ecossistema do mundo estão em declínio ou degradados, segundo o Millennium Ecosystem. Se a humanidade usa um terço mais do que o planeta consegue repor, e, se em 1992, esse déficit ecológico era de um quarto, segundo o relatório Ecological Footprint of Nations, fica matematicamente comprovado que os riscos são extremos. O Painel Intergovernamental de Mudança Climática expôs aos seres humanos o que havia de consenso entre 2.500 cientistas do mundo.

498 Miriam Leitão

Quando me debruço sobre os novos dados que surgem diariamente a respeito desse inquietante tema, não tenho a sensação de estar fazendo uma descoberta, de estar diante de algo inteiramente novo. Mas, sim, de estar, afinal, entendendo o sentido da primeira lição ensinada.

Convém sonhar

29.6.2008

Manezão gostava de brincadeiras brutas, agressivas. Um senso de humor esquisito. Era o chefe de disciplina do colégio. Ele entregou ao mais franzino dos dois meninos pobres de Garanhuns que entravam na escola pela primeira vez um balde e uma vassoura e disse: "Este é seu lápis, este é seu caderno!" Eles teriam que trabalhar na limpeza para ter bolsa para estudar no renomado colégio XV de Novembro.

A mãe dos meninos tinha pedido bolsa aos diretores durante um encontro na escola dominical, na Igreja Presbiteriana. Analfabeta, extremamente pobre, queria que os filhos estudassem. Sonho antigo e persistente. Foi por ele que decidiu sair de Recife e tentar a sorte no interior do estado.

— Vamos para Garanhuns que os meninos precisam estudar — disse ao marido.

Eram os anos 20 do século passado. O analfabetismo era dominante no Nordeste; ela queria para os filhos outro destino. Bolsa, os diretores americanos, que fundaram o colégio, avisaram que não davam. Mas aceitaram que dois deles estudassem de graça, se concordassem em trabalhar no colégio. O mais velho dos dois irmãos que ganharam a bolsa-trabalho tinha 13 anos, o mais novo, 11. Anos depois, a família conseguiu que entrasse nesse grupo o caçula, quando ele completou 7 anos.

De tarde, eles varriam as salas e lavavam os banheiros. De madrugada, espanavam as carteiras e mesas. Depois iam para a aula como todos os alunos. A mãe orientava que só vestissem o uniforme após terminada a limpeza e depois que se limpassem no banheiro do colégio. Ela sempre entregava a eles uniformes limpinhos, que, às vezes, secava no ferro durante a noite. Nem sempre estavam bem alimentados.

— Trabalhávamos para estudar e ainda passávamos fome — relatou recentemente o mais novo dos irmãos.

Foram eternamente gratos à oportunidade que receberam e retribuíram estudando muito. Os três foram alunos brilhantes, de pontuar nos primeiros lugares, de queimar etapas com provas no estilo supletivo.

Orientados pelos diretores e professores do XV de Novembro, continuaram seus estudos para além do ginásio, além de Pernambuco. Os três foram para o seminário presbiteriano em Campinas. O curso era apertado, nota mínima 8. Estudava-se não apenas teologia. Saía-se de lá com várias licenciaturas, para o trabalho de professor do ensino médio. No seminário, o menino que recebera de Manezão o balde e a vassoura tinha tão bom desempenho, esforçava-se para falar português tão irretocável, que recebeu o apelido de "mulatinho pernóstico".

Ele dava de ombros, porque sabia dos seus sonhos e estava decidido a realizá-los: sonhava dirigir um colégio e, quando estivesse nessa situação de poder, dar bolsa a meninos pobres, como ele, que teriam então a chance que teve. Era isso que pedia nas orações que costumava fazer num morro de Garanhuns chamado Monte Sinai. Passava por lá entre um biscate e outro que fazia — de vendedor na feira a pintor — para ajudar a renda baixíssima e instável da família.

O pai era pedreiro em frente de obras, nem sempre tinha trabalho e renda.

Quando se mudou para o vale do rio Doce, fundou, em Caratinga, junto com outros líderes locais, o primeiro ginásio da região. Mais tarde, como diretor, fazia exatamente aquilo a que se propusera na adolescência: distribuía muita bolsa de estudo. Não o fazia em troca de trabalho. A alguns dos bolsistas mais velhos, muito pobres, também ofereceu trabalho assalariado no colégio.

Os três se dedicaram à educação, os três se dedicaram à igreja. Dividiam-se entre as duas frentes de trabalho. Como acreditavam no ensino laico, não misturavam as duas. Foram excelentes professores nas escolas onde ensinaram. Foram brilhantes oradores nas igrejas. A fé em Deus era inabalável, a paixão laica que tiveram era a educação. O mais novo e o mais velho também fizeram Direito. Dos três, o mais dedicado à educação foi o do meio, exatamente o menino franzino que tinha recebido o balde e a vassoura. Além do colégio que fundou e fez prosperar em cursos superiores, abriu escolas públicas em outras cidades, a pedido do governo do estado, na época da interiorização do ensino fundamental em Minas Gerais. Ele mesmo estudou a vida inteira, como autodidata e leitor voraz, os mais variados assuntos: da filosofia à física quântica.

Tiveram sempre orgulho de terem trabalhado para conquistar o direito de estudar num colégio de excelente qualidade de ensino. Nunca se deram conta de que trabalhar cedo demais era um absurdo. Achavam que fora uma troca justa à qual lhes coube corresponder. De Manezão, vingaram-se fazendo dele uma figura folclórica nas famílias que constituíram. "Brincadeira de Manezão" passou a ser a expressão que designava a atitude de humor grosseiro, da pessoa que agride quando tenta brincar.

O mais velho, Boanerges, morreu aos 62 anos. O mais novo, Nathanael, está vivo e lúcido aos 85 anos. O do meio, o menino franzino, alvo da brincadeira do Manezão, é Uriel, o meu pai. Ele morreu exatamente há 10 anos, em 29 de junho de 1998. Quando estava velando seu corpo, um homem se aproximou de mim e disse que tinha sido menino de rua até que meu pai lhe deu bolsa no colégio e no internato, e tinha virado juiz de direito. Outro contou que trabalhava na roça, era analfabeto, até a visita do meu pai. Passou a estudar e virou gerente de banco. Histórias assim foram me enchendo de orgulho naquele dia difícil.

Nathanael, meu tio, fez o sermão do culto de ação de graças pela vida dele. Ao lado do corpo do irmão, começou dizendo: "Este homem sonhou. Convém sonhar." Essa história sedimentou em mim a confiança na força da educação.

Este livro foi composto na tipologia Minion-Regular,
em corpo 11,5/16, impresso em papel off-white 80g/m²,
no Sistema Cameron da Divisão Gráfica
da Distribuidora Record.